Die neue Betriebsrente mit Riester-Förderung

D1723949

Die neue Betriebsrente mit Riester-Förderung

Textsammlung

Herausgegeben von der aba
Arbeitsgemeinschaft
für betriebliche Altersversorgung e. V., Heidelberg

Bearbeitet von
Rechtsanwältin Dr. Birgit Uebelhack,
Stellvertretende Geschäftsführerin und Justiziarin
der Arbeitsgemeinschaft für betriebliche Altersversorgung e. V.
und
Sabine Drochner, Rechtsreferentin
der Arbeitsgemeinschaft für betriebliche Altersversorgung e. V.

4., neu bearbeitete Auflage

CFM

C. F. Müller Verlag

ISBN 3-8114-3142-0

© 2005 C. F. Müller,
Verlagsgruppe Hüthig Jehle Rehm GmbH, Heidelberg

Satz: Janß, Pfungstadt
Druck: J. P. Himmer, Augsburg

Vorwort

Das komplexe Feld der betrieblichen Altersversorgung unterliegt einem ständigen Wandel. Das am 11. 6. 2004 verabschiedete Alterseinkünftegesetz, das in seinen wesentlichen Teilen zum 1. 1. 2005 in Kraft getreten ist, hat für den Bereich der betrieblichen Altersversorgung neue weitreichende Gesetzesänderungen mit sich gebracht. In der betrieblichen Altersversorgung wurde u.a. im Zuge der Neuordnung der Besteuerung von Alterseinkommen nicht nur ein weiterer Schritt hin zur nachgelagerten Besteuerung vollzogen, sondern es wurden auch die Abfindung und Übertragung von Versorgungsanrechten neu geregelt. Inzwischen gibt es mehrere Schreiben des BMF, die die Umsetzung der Regelungen des Alterseinkünftegesetzes regeln und sich zu einzelnen aufgetretenen Zweifels- und Auslegungsfragen äußern.

Wir haben die jüngsten Gesetzesänderungen zum Anlass genommen, eine Neuauflage der Textbroschüre zu erstellen. Ebenso wie die Vorauflage soll auch die vorliegende Textsammlung über alle wesentlichen gesetzlichen Bestimmungen, die im Zusammenhang mit der betrieblichen Altersversorgung von Bedeutung sind, informieren und dem Leser schon jetzt in handlicher Form einen raschen und zuverlässigen Überblick über den aktuell geltenden rechtlichen Rahmen geben.

Heidelberg, im April 2005   *Die Verfasser*

V

Inhaltsübersicht

I.
Gesetz zur Verbesserung der betrieblichen Altersversorgung (Betriebsrentengesetz – BetrAVG)

vom 19. 12. 1974 (BGBl. I S. 3610) – BGBl. III 800-22 –), zuletzt geändert durch Gesetz vom 9. 12. 2004 (BGBl. I S. 3242).

Erster Teil
Arbeitsrechtliche Vorschriften

Erster Abschnitt
Durchführung der betrieblichen Altersversorgung

§ 1
Zusage des Arbeitgebers auf betriebliche Altersversorgung

(1) [1]Werden einem Arbeitnehmer Leistungen der Alters-, Invaliditäts- oder Hinterbliebenenversorgung aus Anlass seines Arbeitsverhältnisses vom Arbeitgeber zugesagt (betriebliche Altersversorgung), gelten die Vorschriften dieses Gesetzes. [2]Die Durchführung der betrieblichen Altersversorgung kann unmittelbar über den Arbeitgeber oder über einen der in § 1b Abs. 2 bis 4 genannten Versorgungsträger erfolgen. [3]Der Arbeitgeber steht für die Erfüllung der von ihm zugesagten Leistungen auch dann ein, wenn die Durchführung nicht unmittelbar über ihn erfolgt.

(2) Betriebliche Altersversorgung liegt auch vor, wenn

1. der Arbeitgeber sich verpflichtet, bestimmte Beiträge in eine Anwartschaft auf Alters-, Invaliditäts- oder Hinterbliebenenversorgung umzuwandeln (beitragsorientierte Leistungszusage),

2. der Arbeitgeber sich verpflichtet, Beiträge zur Finanzierung von Leistungen der betrieblichen Altersversorgung an einen Pensionsfonds, eine Pensionskasse oder eine Direktversicherung zu zahlen und für Leistungen zur Altersversorgung das planmäßig zuzurechnende Versorgungskapital auf der Grundlage der gezahlten Beiträge (Beiträge und die daraus erzielten Erträge), mindestens die Summe der zugesagten Beiträge, soweit sie nicht rechnungsmäßig für einen biometrischen Risikoausgleich verbraucht wurden, hierfür zur Verfügung zu stellen (Beitragszusage mit Mindestleistung),

3. künftige Entgeltansprüche in eine wertgleiche Anwartschaft auf Versorgungsleistungen umgewandelt werden (Entgeltumwandlung) oder

1

4. der Arbeitnehmer Beiträge aus seinem Arbeitsentgelt zur Finanzierung von Leistungen der betrieblichen Altersversorgung an einen Pensionsfonds, eine Pensionskasse oder eine Direktversicherung leistet und die Zusage des Arbeitgebers auch die Leistungen aus diesen Beiträgen umfasst; die Regelungen für Entgeltumwandlung sind hierbei entsprechend anzuwenden, soweit die zugesagten Leistungen aus diesen Beiträgen im Wege der Kapitaldeckung finanziert werden.

§ 1a
Anspruch auf betriebliche Altersversorgung durch Entgeltumwandlung

(1) ¹Der Arbeitnehmer kann vom Arbeitgeber verlangen, dass von seinen künftigen Entgeltansprüchen bis zu 4 vom Hundert der jeweiligen Beitragsbemessungsgrenze in der allgemeinen Rentenversicherung durch Entgeltumwandlung für seine betriebliche Altersversorgung verwendet werden. ²Die Durchführung des Anspruchs des Arbeitnehmers wird durch Vereinbarung geregelt. ³Ist der Arbeitgeber zu einer Durchführung über einen Pensionsfonds oder eine Pensionskasse (§ 1b Abs. 3) bereit, ist die betriebliche Altersversorgung dort durchzuführen; andernfalls kann der Arbeitnehmer verlangen, dass der Arbeitgeber für ihn eine Direktversicherung (§ 1b Abs. 2) abschließt. ⁴Soweit der Anspruch geltend gemacht wird, muss der Arbeitnehmer jährlich einen Betrag in Höhe von mindestens einem Hundertsechzigstel der Bezugsgröße nach § 18 Abs. 1 des Vierten Buches Sozialgesetzbuch für seine betriebliche Altersversorgung verwenden. ⁵Soweit der Arbeitnehmer Teile seines regelmäßigen Entgelts für betriebliche Altersversorgung verwendet, kann der Arbeitgeber verlangen, dass während eines laufenden Kalenderjahres gleich bleibende monatliche Beträge verwendet werden.

(2) Soweit eine durch Entgeltumwandlung finanzierte betriebliche Altersversorgung besteht, ist der Anspruch des Arbeitnehmers auf Entgeltumwandlung ausgeschlossen.

(3) Soweit der Arbeitnehmer einen Anspruch auf Entgeltumwandlung für betriebliche Altersversorgung nach Absatz 1 hat, kann er verlangen, dass die Voraussetzungen für eine Förderung nach den §§ 10a, 82 Abs. 2 des Einkommensteuergesetzes erfüllt werden, wenn die betriebliche Altersversorgung über einen Pensionsfonds, eine Pensionskasse oder eine Direktversicherung durchgeführt wird.

(4) ¹Falls der Arbeitnehmer bei fortbestehendem Arbeitsverhältnis kein Entgelt erhält, hat er das Recht, die Versicherung oder Versorgung mit eige-

nen Beiträgen fortzusetzen. ²Der Arbeitgeber steht auch für die Leistungen aus diesen Beiträgen ein. ³Die Regelungen über Entgeltumwandlung gelten entsprechend.

§ 1b
Unverfallbarkeit und Durchführung der betrieblichen Altersversorgung

(1) ¹Einem Arbeitnehmer, dem Leistungen aus der betrieblichen Altersversorgung zugesagt worden sind, bleibt die Anwartschaft erhalten, wenn das Arbeitsverhältnis vor Eintritt des Versorgungsfalls, jedoch nach Vollendung des 30. Lebensjahres endet und die Versorgungszusage zu diesem Zeitpunkt mindestens fünf Jahre bestanden hat (unverfallbare Anwartschaft). ²Ein Arbeitnehmer behält seine Anwartschaft auch dann, wenn er auf Grund einer Vorruhestandsregelung ausscheidet und ohne das vorherige Ausscheiden die Wartezeit und die sonstigen Voraussetzungen für den Bezug von Leistungen der betrieblichen Altersversorgung hätte erfüllen können. ³Eine Änderung der Versorgungszusage oder ihre Übernahme durch eine andere Person unterbricht nicht den Ablauf der Fristen nach Satz 1. ⁴Der Verpflichtung aus einer Versorgungszusage stehen Versorgungsverpflichtungen gleich, die auf betrieblicher Übung oder dem Grundsatz der Gleichbehandlung beruhen. ⁵Der Ablauf einer vorgesehenen Wartezeit wird durch die Beendigung des Arbeitsverhältnisses nach Erfüllung der Voraussetzungen der Sätze 1 und 2 nicht berührt. ⁶Wechselt ein Arbeitnehmer vom Geltungsbereich dieses Gesetzes in einen anderen Mitgliedstaat der Europäischen Union, bleibt die Anwartschaft in gleichem Umfange wie für Personen erhalten, die auch nach Beendigung eines Arbeitsverhältnisses innerhalb des Geltungsbereichs dieses Gesetzes verbleiben.

(2) ¹Wird für die betriebliche Altersversorgung eine Lebensversicherung auf das Leben des Arbeitnehmers durch den Arbeitgeber abgeschlossen und sind der Arbeitnehmer oder seine Hinterbliebenen hinsichtlich der Leistungen des Versicherers ganz oder teilweise bezugsberechtigt (Direktversicherung), so ist der Arbeitgeber verpflichtet, wegen Beendigung des Arbeitsverhältnisses nach Erfüllung der in Absatz 1 Satz 1 und 2 genannten Voraussetzungen das Bezugsrecht nicht mehr zu widerrufen. ²Eine Vereinbarung, nach der das Bezugsrecht durch die Beendigung des Arbeitsverhältnisses nach Erfüllung der in Absatz 1 Satz 1 und 2 genannten Voraussetzungen auflösend bedingt ist, ist unwirksam. ³Hat der Arbeitgeber die Ansprüche aus dem Versicherungsvertrag abgetreten oder beliehen, so ist er verpflichtet, den Arbeitnehmer, dessen Arbeitsverhältnis nach Erfüllung der in Absatz 1 Satz 1 und 2 genannten Voraussetzungen geendet hat, bei

Eintritt des Versicherungsfalles so zu stellen, als ob die Abtretung oder Beleihung nicht erfolgt wäre. [4]Als Zeitpunkt der Erteilung der Versorgungszusage im Sinne des Absatzes 1 gilt der Versicherungsbeginn, frühestens jedoch der Beginn der Betriebszugehörigkeit.

(3) [1]Wird die betriebliche Altersversorgung von einer rechtsfähigen Versorgungseinrichtung durchgeführt, die dem Arbeitnehmer oder seinen Hinterbliebenen auf ihre Leistungen einen Rechtsanspruch gewährt (Pensionskasse und Pensionsfonds), so gilt Absatz 1 entsprechend. [2]Als Zeitpunkt der Erteilung der Versorgungszusage im Sinne des Absatzes 1 gilt der Versicherungsbeginn, frühestens jedoch der Beginn der Betriebszugehörigkeit.

(4) [1]Wird die betriebliche Altersversorgung von einer rechtsfähigen Versorgungseinrichtung durchgeführt, die auf ihre Leistungen keinen Rechtsanspruch gewährt (Unterstützungskasse), so sind die nach Erfüllung der in Absatz 1 Satz 1 und 2 genannten Voraussetzungen und vor Eintritt des Versorgungsfalles aus dem Unternehmen ausgeschiedenen Arbeitnehmer und ihre Hinterbliebenen den bis zum Eintritt des Versorgungsfalles dem Unternehmen angehörenden Arbeitnehmern und deren Hinterbliebenen gleichgestellt. [2]Die Versorgungszusage gilt in dem Zeitpunkt als erteilt im Sinne des Absatzes 1, von dem an der Arbeitnehmer zum Kreis der Begünstigten der Unterstützungskasse gehört.

(5) [1]Soweit betriebliche Altersversorgung durch Entgeltumwandlung erfolgt, behält der Arbeitnehmer seine Anwartschaft, wenn sein Arbeitsverhältnis vor Eintritt des Versorgungsfalles endet; in den Fällen der Absätze 2 und 3

1. dürfen die Übersschussanteile nur zur Verbesserung der Leistung verwendet,

2. muss dem ausgeschiedenen Arbeitnehmer das Recht zur Fortsetzung der Versicherung oder Versorgung mit eigenen Beiträgen eingeräumt und

3. muss das Recht zur Verpfändung, Abtretung oder Beleihung durch den Arbeitgeber ausgeschlossen werden.

[2]Im Fall einer Direktversicherung ist dem Arbeitnehmer darüber hinaus mit Beginn der Entgeltumwandlung ein unwiderrufliches Bezugsrecht einzuräumen.

§ 2
Höhe der unverfallbaren Anwartschaft

(1) [1]Bei Eintritt des Versorgungsfalles wegen Erreichens der Altersgrenze, wegen Invalidität oder Tod haben ein vorher ausgeschiedener Arbeitnehmer, dessen Anwartschaft nach § 1b fortbesteht, und seine Hinterbliebenen einen Anspruch mindestens in Höhe des Teiles der ohne das vorherige Ausscheiden zustehenden Leistung, der dem Verhältnis der Dauer der Betriebszugehörigkeit zu der Zeit vom Beginn der Betriebszugehörigkeit bis zur Vollendung des 65. Lebensjahres entspricht; an die Stelle des 65. Lebensjahres tritt ein früherer Zeitpunkt, wenn dieser in der Versorgungsregelung als feste Altersgrenze vorgesehen ist. [2]Der Mindestanspruch auf Leistungen wegen Invalidität oder Tod vor Erreichen der Altersgrenze ist jedoch nicht höher als der Betrag, den der Arbeitnehmer oder seine Hinterbliebenen erhalten hätten, wenn im Zeitpunkt des Ausscheidens der Versorgungsfall eingetreten wäre und die sonstigen Leistungsvoraussetzungen erfüllt gewesen wären.

(2) [1]Ist bei einer Direktversicherung der Arbeitnehmer nach Erfüllung der Voraussetzungen des § 1b Abs. 1 und 5 vor Eintritt des Versorgungsfalles ausgeschieden, so gilt Absatz 1 mit der Maßgabe, dass sich der vom Arbeitgeber zu finanzierende Teilanspruch nach Absatz 1, soweit er über die von dem Versicherer nach dem Versicherungsvertrag auf Grund der Beiträge des Arbeitgebers zu erbringende Versicherungsleistung hinausgeht, gegen den Arbeitgeber richtet. [2]An die Stelle der Ansprüche nach Satz 1 tritt auf Verlangen des Arbeitgebers die von dem Versicherer auf Grund des Versicherungsvertrages zu erbringende Versicherungsleistung, wenn

1. spätestens nach 3 Monaten seit dem Ausscheiden des Arbeitnehmers das Bezugsrecht unwiderruflich ist und eine Abtretung oder Beleihung des Rechts aus dem Versicherungsvertrag durch den Arbeitgeber und Beitragsrückstände nicht vorhanden sind,

2. vom Beginn der Versicherung, frühestens jedoch vom Beginn der Betriebszugehörigkeit an, nach dem Versicherungsvertrag die Überschussanteile nur zur Verbesserung der Versicherungsleistung zu verwenden sind und

3. der ausgeschiedene Arbeitnehmer nach dem Versicherungsvertrag das Recht zur Fortsetzung der Versicherung mit eigenen Beiträgen hat.

[3]Der Arbeitgeber kann sein Verlangen nach Satz 2 nur innerhalb von 3 Monaten seit dem Ausscheiden des Arbeitnehmers diesem und dem Versicherer mitteilen. [4]Der ausgeschiedene Arbeitnehmer darf die Ansprüche aus

dem Versicherungsvertrag in Höhe des durch Beitragszahlungen des Arbeitgebers gebildeten geschäftsplanmäßigen Deckungskapitals oder, soweit die Berechnung des Deckungskapitals nicht zum Geschäftsplan gehört, das nach § 176 Abs. 3 des Gesetzes über den Versicherungsvertrag berechneten Zeitwerts weder abtreten noch beleihen. [5]In dieser Höhe darf der Rückkaufswert auf Grund einer Kündigung des Versicherungsvertrages nicht in Anspruch genommen werden; im Falle einer Kündigung wird die Versicherung in eine prämienfreie Versicherung umgewandelt. [6]§ 176 Abs. 1 des Gesetzes über den Versicherungsvertrag findet insoweit keine Anwendung.

(3) [1]Für Pensionskassen gilt Absatz 1 mit der Maßgabe, dass sich der vom Arbeitgeber zu finanzierende Teilanspruch nach Absatz 1, soweit er über die von der Pensionskasse nach dem aufsichtsbehördlich genehmigten Geschäftsplan oder, soweit eine aufsichtsbehördliche Genehmigung nicht vorgeschrieben ist, nach den allgemeinen Versicherungsbedingungen und den fachlichen Geschäftsunterlagen im Sinne des § 5 Abs. 3 Nr. 2 Halbsatz 2 des Versicherungsaufsichtsgesetzes (Geschäftsunterlagen) auf Grund der Beiträge des Arbeitgebers zu erbringende Leistung hinausgeht, gegen den Arbeitgeber richtet. [2]An die Stelle der Ansprüche nach Satz 1 tritt auf Verlangen des Arbeitgebers die von der Pensionskasse auf Grund des Geschäftsplanes oder der Geschäftsunterlagen zu erbringende Leistung, wenn nach dem aufsichtsbehördlich genehmigten Geschäftsplan oder den Geschäftsunterlagen

1. vom Beginn der Versicherung, frühestens jedoch vom Beginn der Betriebszugehörigkeit an, Überschussanteile, die auf Grund des Finanzierungsverfahrens regelmäßig entstehen, nur zur Verbesserung der Versicherungsleistung zu verwenden sind oder die Steigerung der Versorgungsanwartschaften des Arbeitnehmers der Entwicklung seines Arbeitsentgeltes, soweit es unter den jeweiligen Beitragsbemessungsgrenzen der gesetzlichen Rentenversicherungen liegt, entspricht und

2. der ausgeschiedene Arbeitnehmer das Recht zur Fortsetzung der Versicherung mit eigenen Beiträgen hat.

[3]Der Absatz 2 Satz 3 bis 6 gilt entsprechend.

(3a) Für Pensionsfonds gilt Absatz 1 mit der Maßgabe, dass sich der vom Arbeitgeber zu finanzierende Teilanspruch, soweit er über die vom Pensionsfonds auf der Grundlage der nach dem geltenden Pensionsplan im Sinne des § 112 Abs. 1 Satz 2 in Verbindung mit § 113 Abs. 2 Nr. 5 des Versicherungsaufsichtsgesetzes berechnete Deckungsrückstellung hinausgeht, gegen den Arbeitgeber richtet.

(4) Eine Unterstützungskasse hat bei Eintritt des Versorgungsfalles einem vorzeitig ausgeschiedenen Arbeitnehmer, der nach § 1b Abs. 4 gleichgestellt ist, und seinen Hinterbliebenen mindestens den nach Absatz 1 berechneten Teil der Versorgung zu gewähren.

(5) [1]Bei der Berechnung des Teilanspruchs nach Absatz 1 bleiben Veränderungen der Versorgungsregelung und der Bemessungsgrundlagen für die Leistung der betrieblichen Altersversorgung, soweit sie nach dem Ausscheiden des Arbeitnehmers eintreten, außer Betracht; dies gilt auch für die Bemessungsgrundlagen anderer Versorgungsbezüge, die bei der Berechnung der Leistung der betrieblichen Altersversorgung zu berücksichtigen sind. [2]Ist eine Rente der gesetzlichen Rentenversicherung zu berücksichtigen, so kann das bei der Berechnung von Pensionsrückstellungen allgemein zulässige Verfahren zugrunde gelegt werden, wenn nicht der ausgeschiedene Arbeitnehmer die Anzahl der im Zeitpunkt des Ausscheidens erreichten Entgeltpunkte nachweist; bei Pensionskassen sind der aufsichtsbehördlich genehmigte Geschäftsplan oder die Geschäftsunterlagen maßgebend. [3]Bei Pensionsfonds sind der Pensionsplan und die sonstigen Geschäftsunterlagen maßgebend. [4]Versorgungsanwartschaften, die der Arbeitnehmer nach seinem Ausscheiden erwirbt, dürfen zu keiner Kürzung des Teilanspruchs nach Absatz 1 führen.

(5a) Bei einer unverfallbaren Anwartschaft aus Entgeltumwandlung tritt an die Stelle der Ansprüche nach Absatz 1, 3a oder 4 die vom Zeitpunkt der Zusage auf betriebliche Altersversorgung bis zum Ausscheiden des Arbeitnehmers erreichte Anwartschaft auf Leistungen aus den bis dahin umgewandelten Entgeltbestandteilen; dies gilt entsprechend für eine unverfallbare Anwartschaft aus Beiträgen im Rahmen einer beitragsorientierten Leistungszusage.

(5b) An die Stelle der Ansprüche nach den Absätzen 2, 3, 3a und 5a tritt bei einer Beitragszusage mit Mindestleistung das dem Arbeitnehmer planmäßig zuzurechnende Versorgungskapital auf der Grundlage der bis zu seinem Ausscheiden geleisteten Beiträge (Beiträge und die bis zum Eintritt des Versorgungsfalls erzielten Erträge), mindestens die Summe der bis dahin zugesagten Beiträge, soweit sie nicht rechnungsmäßig für einen biometrischen Risikoausgleich verbraucht wurden.

(6) *aufgehoben*

§ 3
Abfindung

(1) Unverfallbare Anwartschaften im Falle der Beendigung des Arbeitsverhältnisses und laufende Leistungen dürfen nur unter den Voraussetzungen der folgenden Absätze abgefunden werden.

(2) [1]Der Arbeitgeber kann eine Anwartschaft ohne Zustimmung des Arbeitnehmers abfinden, wenn der Monatsbetrag der aus der Anwartschaft resultierenden laufenden Leistung bei Erreichen der vorgesehenen Altersgrenze eins vom Hundert, bei Kapitalleistungen zwölf Zehntel der monatlichen Bezugsgröße nach § 18 des Vierten Buches Sozialgesetzbuch nicht übersteigen würde. [2]Dies gilt entsprechend für die Abfindung einer laufenden Leistung. [3]Die Abfindung ist unzulässig, wenn der Arbeitnehmer von seinem Recht auf Übertragung der Anwartschaft Gebrauch macht.

(3) Die Anwartschaft ist auf Verlangen des Arbeitnehmers abzufinden, wenn die Beiträge zur gesetzlichen Rentenversicherung erstattet worden sind.

(4) Der Teil der Anwartschaft, der während eines Insolvenzverfahrens erdient worden ist, kann ohne Zustimmung des Arbeitnehmers abgefunden werden, wenn die Betriebstätigkeit vollständig eingestellt und das Unternehmen liquidiert wird.

(5) Für die Berechnung des Abfindungsbetrages gilt § 4 Abs. 5 entsprechend.

(6) Die Abfindung ist gesondert auszuweisen und einmalig zu zahlen.

§ 4
Übertragung

(1) Unverfallbare Anwartschaften und laufende Leistungen dürfen nur unter den Voraussetzungen der folgenden Absätze übertragen werden.

(2) Nach Beendigung des Arbeitsverhältnisses kann im Einvernehmen des ehemaligen mit dem neuen Arbeitgeber sowie dem Arbeitnehmer

1. die Zusage vom neuen Arbeitgeber übernommen werden oder

2. der Wert der vom Arbeitnehmer erworbenen unverfallbaren Anwartschaft auf betriebliche Altersversorgung (Übertragungswert) auf den neuen Arbeitgeber übertragen werden, wenn dieser eine wertgleiche

Zusage erteilt; für die neue Anwartschaft gelten die Regelungen über Entgeltumwandlung entsprechend.

(3) [1]Der Arbeitnehmer kann innerhalb eines Jahres nach Beendigung des Arbeitsverhältnisses von seinem ehemaligen Arbeitgeber verlangen, dass der Übertragungswert auf den neuen Arbeitgeber übertragen wird, wenn

1. die betriebliche Altersversorgung über einen Pensionsfonds, eine Pensionskasse oder eine Direktversicherung durchgeführt worden ist und

2. der Übertragungswert die Beitragsbemessungsgrenze in der allgemeinen Rentenversicherung nicht übersteigt.

[2]Der Anspruch richtet sich gegen den Versorgungsträger, wenn der ehemalige Arbeitgeber die versicherungsförmige Lösung nach § 2 Abs. 2 oder 3 gewählt hat oder soweit der Arbeitnehmer die Versicherung oder Versorgung mit eigenen Beiträgen fortgeführt hat. [3]Der neue Arbeitgeber ist verpflichtet, eine dem Übertragungswert wertgleiche Zusage zu erteilen und über einen Pensionsfonds, eine Pensionskasse oder eine Direktversicherung durchzuführen. [4]Für die neue Anwartschaft gelten die Regelungen über Entgeltumwandlung entsprechend.

(4) [1]Wird die Betriebstätigkeit eingestellt und das Unternehmen liquidiert, kann eine Zusage von einer Pensionskasse oder einem Unternehmen der Lebensversicherung ohne Zustimmung des Arbeitnehmers oder Versorgungsempfängers übernommen werden, wenn sichergestellt ist, dass die Überschussanteile ab Rentenbeginn entsprechend § 16 Abs. 3 Nr. 2 verwendet werden. [2]§ 2 Abs. 2 Satz 4 bis 6 gilt entsprechend.

(5) [1]Der Übertragungswert entspricht bei einer unmittelbar über den Arbeitgeber oder über eine Unterstützungskasse durchgeführten betrieblichen Altersversorgung dem Barwert der nach § 2 bemessenen künftigen Versorgungsleistung im Zeitpunkt der Übertragung; bei der Berechnung des Barwerts sind die Rechnungsgrundlagen sowie die anerkannten Regeln der Versicherungsmathematik maßgebend. [2]Soweit die betriebliche Altersversorgung über einen Pensionsfonds, eine Pensionskasse oder eine Direktversicherung durchgeführt worden ist, entspricht der Übertragungswert dem gebildeten Kapital im Zeitpunkt der Übertragung.

(6) Mit der vollständigen Übertragung des Übertragungswertes erlischt die Zusage des ehemaligen Arbeitgebers.

§ 4a
Auskunftsanspruch

(1) Der Arbeitgeber oder der Versorgungsträger hat dem Arbeitnehmer bei einem berechtigten Interesse auf dessen Verlangen schriftlich mitzuteilen,

1. in welcher Höhe aus der bisher erworbenen unverfallbaren Anwartschaft bei Erreichen der in der Versorgungsregelung vorgesehenen Altersgrenze ein Anspruch auf Altersversorgung besteht und

2. wie hoch bei einer Übertragung der Anwartschaft nach § 4 Abs. 3 der Übertragungswert ist.

(2) Der neue Arbeitgeber oder der Versorgungsträger hat dem Arbeitnehmer auf dessen Verlangen schriftlich mitzuteilen, in welcher Höhe aus dem Übertragungswert ein Anspruch auf Altersversorgung und ob eine Invaliditäts- oder Hinterbliebenenversorgung bestehen würde.

Zweiter Abschnitt
Auszehrungsverbot

§ 5
Auszehrung und Anrechnung

(1) Die bei Eintritt des Versorgungsfalles festgesetzten Leistungen der betrieblichen Altersversorgung dürfen nicht mehr dadurch gemindert oder entzogen werden, dass Beträge, um die sich andere Versorgungsbezüge nach diesem Zeitpunkt durch Anpassung an die wirtschaftliche Entwicklung erhöhen, angerechnet oder bei der Begrenzung der Gesamtversorgung auf einen Höchstbetrag berücksichtigt werden.

(2) [1]Leistungen der betrieblichen Altersversorgung dürfen durch Anrechnung oder Berücksichtigung anderer Versorgungsbezüge, soweit sie auf eigenen Beiträgen des Versorgungsempfängers beruhen, nicht gekürzt werden. [2]Dies gilt nicht für Renten aus den gesetzlichen Rentenversicherungen, soweit sie auf Pflichtbeiträgen beruhen, sowie für sonstige Versorgungsbezüge, die mindestens zur Hälfte auf Beiträgen oder Zuschüssen des Arbeitgebers beruhen.

Dritter Abschnitt
Altersgrenze

§ 6
Vorzeitige Altersleistung

[1]Einem Arbeitnehmer, der die Altersrente aus der gesetzlichen Rentenversicherung vor Vollendung des 65. Lebensjahres als Vollrente in Anspruch nimmt, sind auf sein Verlangen nach Erfüllung der Wartezeit und sonstiger Leistungsvoraussetzungen Leistungen der betrieblichen Altersversorgung zu gewähren. [2]Fällt die Altersrente aus der gesetzlichen Rentenversicherung wieder weg oder wird sie auf einen Teilbetrag beschränkt, so können auch die Leistungen der betrieblichen Altersversorgung eingestellt werden. [3]Der ausgeschiedene Arbeitnehmer ist verpflichtet, die Aufnahme oder Ausübung einer Beschäftigung oder Erwerbstätigkeit, die zu einem Wegfall oder zu einer Beschränkung der Altersrente aus der gesetzlichen Rentenversicherung führt, dem Arbeitgeber oder sonstigen Versorgungsträger unverzüglich anzuzeigen.

Vierter Abschnitt
Insolvenzsicherung

§ 7
Umfang des Versicherungsschutzes

(1) [1]Versorgungsempfänger, deren Ansprüche aus einer unmittelbaren Versorgungszusage des Arbeitgebers nicht erfüllt werden, weil über das Vermögen des Arbeitgebers oder über seinen Nachlass das Insolvenzverfahren eröffnet worden ist, und ihre Hinterbliebenen haben gegen den Träger der Insolvenzsicherung einen Anspruch in Höhe der Leistung, die der Arbeitgeber auf Grund der Versorgungszusage zu erbringen hätte, wenn das Insolvenzverfahren nicht eröffnet worden wäre. [2]Satz 1 gilt entsprechend, wenn

1. Leistungen aus einer Direktversicherung auf Grund der in § 1b Abs. 2 Satz 3 genannten Tatbestände nicht gezahlt werden und der Arbeitgeber seiner Verpflichtung nach § 1b Abs. 2 Satz 3 wegen der Eröffnung des Insolvenzverfahrens nicht nachkommt,

2. eine Unterstützungskasse oder ein Pensionsfonds die nach ihrer Versorgungsregelung vorgesehene Versorgung nicht erbringt, weil über das Vermögen oder den Nachlass eines Arbeitgebers, der der Unterstüt-

zungskasse oder dem Pensionsfonds Zuwendungen leistet (Trägerunternehmen), das Insolvenzverfahren eröffnet worden ist. [3]§ 11 des Versicherungsvertragsgesetzes findet entsprechende Anwendung. [4]Der Eröffnung des Insolvenzverfahrens stehen bei der Anwendung der Sätze 1 bis 3 gleich

1. die Abweisung des Antrags auf Eröffnung des Insolvenzverfahrens mangels Masse,

2. der außergerichtliche Vergleich (Stundungs-, Quoten- oder Liquidationsvergleich) des Arbeitgebers mit seinen Gläubigern zur Abwendung eines Insolvenzverfahrens, wenn ihm der Träger der Insolvenzsicherung zustimmt,

3. die vollständige Beendigung der Betriebstätigkeit im Geltungsbereich dieses Gesetzes, wenn ein Antrag auf Eröffnung des Insolvenzverfahrens nicht gestellt worden ist und ein Insolvenzverfahren offensichtlich mangels Masse nicht in Betracht kommt.

(1a) [1]Der Anspruch gegen den Träger der Insolvenzsicherung entsteht mit dem Beginn des Kalendermonats, der auf den Eintritt des Sicherungsfalles folgt. [2]Der Anspruch endet mit Ablauf des Sterbemonats des Begünstigten, soweit in der Versorgungszusage des Arbeitgebers nicht etwas anderes bestimmt ist. [3]In den Fällen des Absatzes 1 Satz 1 und 4 Nr. 1 und 3 umfasst der Anspruch auch rückständige Versorgungsleistungen, soweit diese bis zu sechs Monaten vor Entstehen der Leistungspflicht des Trägers der Insolvenzsicherung entstanden sind.

(2) [1]Personen, die bei Eröffnung des Insolvenzverfahrens oder bei Eintritt der nach Absatz 1 Satz 4 gleichstehenden Voraussetzungen (Sicherungsfall) eine nach § 1b unverfallbare Versorgungsanwartschaft haben, und ihre Hinterbliebenen haben bei Eintritt des Versorgungsfalls einen Anspruch gegen den Träger der Insolvenzsicherung, wenn die Anwartschaft beruht

1. auf einer unmittelbaren Versorgungszusage des Arbeitgebers oder

2. auf einer Direktversicherung und der Arbeitnehmer hinsichtlich der Leistungen des Versicherers widerruflich bezugsberechtigt ist oder die Leistungen auf Grund der in § 1b Abs. 2 Satz 3 genannten Tatbestände nicht gezahlt werden und der Arbeitgeber seiner Verpflichtung aus § 1b Abs. 2 Satz 3 wegen der Eröffnung des Insolvenzverfahrens nicht nachkommt.

[2]Satz 1 gilt entsprechend für Personen, die zum Kreis der Begünstigten einer Unterstützungskasse oder eines Pensionsfonds gehören, wenn der

Sicherungsfall bei einem Trägerunternehmen eingetreten ist. [3]Die Höhe des Anspruchs richtet sich nach der Höhe der Leistungen gemäß § 2 Abs. 1, 2 Satz 2 und Abs. 5, bei Unterstützungskassen nach dem Teil der nach der Versorgungsregelung vorgesehenen Versorgung, der dem Verhältnis der Dauer der Betriebszugehörigkeit zu der Zeit vom Beginn der Betriebszugehörigkeit bis zum Erreichen der in der Versorgungsregelung vorgesehenen festen Altersgrenze entspricht, es sei denn, § 2 Abs. 5a ist anwendbar. [4]Für die Berechnung der Höhe des Anspruchs nach Satz 3 wird die Betriebszugehörigkeit bis zum Eintritt des Sicherungsfalles berücksichtigt. [5]Bei Pensionsfonds mit Leistungszusagen gelten für die Höhe des Anspruchs die Bestimmungen für unmittelbare Versorgungszusagen entsprechend, bei Beitragszusagen mit Mindestleistung gilt für die Höhe des Anspruchs § 2 Abs. 5b.

(3) [1]Ein Anspruch auf laufende Leistungen gegen den Träger der Insolvenzsicherung beträgt im Monat höchstens das Dreifache der im Zeitpunkt der ersten Fälligkeit maßgebenden monatlichen Bezugsgröße gemäß § 18 des Vierten Buches Sozialgesetzbuch. [2]Satz 1 gilt entsprechend bei einem Anspruch auf Kapitalleistungen mit der Maßgabe, dass zehn vom Hundert der Leistung als Jahresbetrag einer laufenden Leistung anzusetzen sind.

(4) [1]Ein Anspruch auf Leistungen gegen den Träger der Insolvenzsicherung vermindert sich in dem Umfang, in dem der Arbeitgeber oder sonstige Träger der Versorgung die Leistungen der betrieblichen Altersversorgung erbringt. [2]Wird im Insolvenzverfahren ein Insolvenzplan bestätigt, vermindert sich der Anspruch auf Leistungen gegen den Träger der Insolvenzsicherung insoweit, als nach dem Insolvenzplan der Arbeitgeber oder sonstige Träger der Versorgung einen Teil der Leistungen selbst zu erbringen hat. [3]Sieht der Insolvenzplan vor, dass der Arbeitgeber oder sonstige Träger der Versorgung die Leistungen der betrieblichen Altersversorgung von einem bestimmten Zeitpunkt an selbst zu erbringen hat, entfällt der Anspruch auf Leistungen gegen den Träger der Insolvenzsicherung von diesem Zeitpunkt an. [4]Die Sätze 2 und 3 sind für den außergerichtlichen Vergleich nach Absatz 1 Satz 4 Nr. 2 entsprechend anzuwenden. [5]Im Insolvenzplan soll vorgesehen werden, dass bei einer nachhaltigen Besserung der wirtschaftlichen Lage des Arbeitgebers die vom Träger der Insolvenzsicherung zu erbringenden Leistungen ganz oder zum Teil vom Arbeitgeber oder sonstigen Träger der Versorgung wieder übernommen werden.

(5) [1]Ein Anspruch gegen den Träger der Insolvenzsicherung besteht nicht, soweit nach den Umständen des Falles die Annahme gerechtfertigt ist, dass es der alleinige oder überwiegende Zweck der Versorgungszusage oder ih-

rer Verbesserung oder der für die Direktversicherung in § 1b Abs. 2 Satz 3 genannten Tatbestände gewesen ist, den Träger der Insolvenzsicherung in Anspruch zu nehmen. [2]Diese Annahme ist insbesondere dann gerechtfertigt, wenn bei Erteilung oder Verbesserung der Versorgungszusage wegen der wirtschaftlichen Lage des Arbeitgebers zu erwarten war, dass die Zusage nicht erfüllt werde. [3]Ein Anspruch auf Leistungen gegen den Träger der Insolvenzsicherung besteht bei Zusagen und Verbesserungen von Zusagen, die in den beiden letzten Jahren vor dem Eintritt des Sicherungsfalls erfolgt sind, nur

1. für ab dem 1. Januar 2002 gegebene Zusagen, soweit bei Entgeltumwandlung Beträge von bis zu 4 vom Hundert der Beitragsbemessungsgrenze in der allgemeinen Rentenversicherung für eine betriebliche Altersversorgung verwendet werden oder

2. für im Rahmen von Übertragungen gegebene Zusagen, soweit der Übertragungswert die Beitragsbemessungsgrenze in der allgemeinen Rentenversicherung nicht übersteigt.

(6) Ist der Sicherungsfall durch kriegerische Ereignisse, innere Unruhen, Naturkatastrophen oder Kernenergie verursacht worden, so kann der Träger der Insolvenzsicherung mit Zustimmung der Bundesanstalt für Finanzdienstleistungsaufsicht die Leistungen nach billigem Ermessen abweichend von den Absätzen 1 bis 5 festsetzen.

§ 8
Übertragung der Leistungspflicht und Abfindung

(1) Ein Anspruch gegen den Träger der Insolvenzsicherung auf Leistungen nach § 7 besteht nicht, wenn eine Pensionskasse oder ein Unternehmen der Lebensversicherung sich dem Träger der Insolvenzsicherung gegenüber verpflichtet, diese Leistungen zu erbringen, und die nach § 7 Berechtigten ein unmittelbares Recht erwerben, die Leistungen zu fordern.

(1a) [1]Der Träger der Insolvenzsicherung hat die gegen ihn gerichteten Ansprüche auf den Pensionsfonds, dessen Trägerunternehmen die Eintrittspflicht nach § 7 ausgelöst hat, im Sinne von Absatz 1 zu übertragen, wenn die zuständige Aufsichtsbehörde hierzu die Genehmigung erteilt. [2]Die Genehmigung kann nur erteilt werden, wenn durch Auflagen der Aufsichtsbehörde die dauernde Erfüllbarkeit der Leistungen aus dem Pensionsplan sichergestellt werden kann. [3]Die Genehmigung der Aufsichtsbehörde kann der Pensionsfonds nur innerhalb von drei Monaten nach Eintritt des Sicherungsfalles beantragen.

(2) [1]Der Träger der Insolvenzsicherung kann eine Anwartschaft ohne Zustimmung des Arbeitnehmers abfinden, wenn der Monatsbetrag der aus der Anwartschaft resultierenden laufenden Leistung bei Erreichen der vorgesehenen Altersgrenze eins vom Hundert, bei Kapitalleistungen zwölf Zehntel der monatlichen Bezugsgröße nach § 18 des Vierten Buches Sozialgesetzbuch nicht übersteigen würde oder wenn dem Arbeitnehmer die Beiträge zur gesetzlichen Rentenversicherung erstattet worden sind. [2]Dies gilt entsprechend für die Abfindung einer laufenden Leistung. [3]Die Abfindung ist darüber hinaus möglich, wenn sie an ein Unternehmen der Lebensversicherung gezahlt wird, bei dem der Versorgungsberechtigte im Rahmen einer Direktversicherung versichert ist. [4]§ 2 Abs. 2 Satz 4 bis 6 und § 3 Abs. 5 gelten entsprechend.

§ 9
Mitteilungspflicht; Forderungs- und Vermögensübergang

(1) [1]Der Träger der Insolvenzsicherung teilt dem Berechtigten die ihm nach § 7 oder § 8 zustehenden Ansprüche oder Anwartschaften schriftlich mit. [2]Unterbleibt die Mitteilung, so ist der Anspruch oder die Anwartschaft spätestens ein Jahr nach dem Sicherungsfall bei dem Träger der Insolvenzsicherung anzumelden; erfolgt die Anmeldung später, so beginnen die Leistungen frühestens mit dem Ersten des Monats der Anmeldung, es sei denn, dass der Berechtigte an der rechtzeitigen Anmeldung ohne sein Verschulden verhindert war.

(2) [1]Ansprüche oder Anwartschaften des Berechtigten gegen den Arbeitgeber auf Leistungen der betrieblichen Altersversorgung, die den Anspruch gegen den Träger der Insolvenzsicherung begründen, gehen im Falle eines Insolvenzverfahrens mit dessen Eröffnung, in den übrigen Sicherungsfällen dann auf den Träger der Insolvenzsicherung über, wenn dieser nach Absatz 1 Satz 1 dem Berechtigten die ihm zustehenden Ansprüche oder Anwartschaften mitteilt. [2]Der Übergang kann nicht zum Nachteil des Berechtigten geltend gemacht werden. [3]Die mit der Eröffnung des Insolvenzverfahrens übergegangenen Anwartschaften werden im Insolvenzverfahren als unbedingte Forderungen nach § 45 der Insolvenzordnung geltend gemacht.

(3) [1]Ist der Träger der Insolvenzsicherung zu Leistungen verpflichtet, die ohne den Eintritt des Sicherungsfalles eine Unterstützungskasse erbringen würde, geht deren Vermögen einschließlich der Verbindlichkeiten auf ihn über; die Haftung für die Verbindlichkeiten beschränkt sich auf das übergegangene Vermögen. [2]Wenn die übergegangenen Vermögenswerte den Bar-

wert der Ansprüche und Anwartschaften gegen den Träger der Insolvenzsicherung übersteigen, hat dieser den übersteigenden Teil entsprechend der Satzung der Unterstützungskasse zu verwenden. [3]Bei einer Unterstützungskasse mit mehreren Trägerunternehmen hat der Träger der Insolvenzsicherung einen Anspruch gegen die Unterstützungskasse auf einen Betrag, der dem Teil des Vermögens der Kasse entspricht, der auf das Unternehmen entfällt, bei dem der Sicherungsfall eingetreten ist. [4]Die Sätze 1 bis 3 gelten nicht, wenn der Sicherungsfall auf den in § 7 Abs. 1 Satz 4 Nr. 2 genannten Gründen beruht, es sei denn, dass das Trägerunternehmen seine Betriebstätigkeit nach Eintritt des Sicherungsfalls nicht fortsetzt und aufgelöst wird (Liquidationsvergleich).

(3a) Absatz 3 findet entsprechende Anwendung auf einen Pensionsfonds, wenn die zuständige Aufsichtsbehörde die Genehmigung für die Übertragung der Leistungspflicht durch den Träger der Insolvenzsicherung nach § 8 Abs. 1a nicht erteilt.

(4) [1]In einem Insolvenzplan, der die Fortführung des Unternehmens oder eines Betriebes vorsieht, kann für den Träger der Insolvenzsicherung eine besondere Gruppe gebildet werden. [2]Sofern im Insolvenzplan nichts anderes vorgesehen ist, kann der Träger der Insolvenzsicherung, wenn innerhalb von drei Jahren nach der Aufhebung des Insolvenzverfahrens ein Antrag auf Eröffnung eines neuen Insolvenzverfahrens über das Vermögen des Arbeitgebers gestellt wird, in diesem Verfahren als Insolvenzgläubiger Erstattung der von ihm erbrachten Leistungen verlangen.

(5) Dem Träger der Insolvenzsicherung steht gegen den Beschluss, durch den das Insolvenzverfahren eröffnet wird, die sofortige Beschwerde zu.

§ 10
Beitragspflicht und Beitragsbemessung

(1) Die Mittel für die Durchführung der Insolvenzsicherung werden auf Grund öffentlich-rechtlicher Verpflichtung durch Beiträge aller Arbeitgeber aufgebracht, die Leistungen der betrieblichen Altersversorgung unmittelbar zugesagt haben oder eine betriebliche Altersversorgung über eine Unterstützungskasse, eine Direktversicherung der in § 7 Abs. 1 Satz 2 und Absatz 2 Satz 1 Nr. 2 bezeichneten Art oder einen Pensionsfonds durchführen.

(2) [1]Die Beiträge müssen den Barwert der im laufenden Kalenderjahr entstehenden Ansprüche auf Leistungen der Insolvenzsicherung, die im gleichen Zeitraum entstehenden Verwaltungskosten und sonstigen Kosten, die

mit der Gewährung der Leistungen zusammenhängen, und die Zuführung zu einem von der Bundesanstalt für Finanzdienstleistungsaufsicht festgesetzten Ausgleichsfonds decken; § 37 des Gesetzes über die Beaufsichtigung der privaten Versicherungsunternehmungen bleibt unberührt. ²Der Rechnungszinsfuß bei der Berechnung des Barwertes bestimmt sich nach § 65 des Versicherungsaufsichtsgesetzes. ³Auf die am Ende des Kalenderjahres fälligen Beiträge können Vorschüsse erhoben werden; reichen die Vorschüsse zur Deckung der Aufwendungen nach Satz 1 nicht aus, so kann der Ausgleichsfonds in einem von der Bundesanstalt für Finanzdienstleistungsaufsicht zu genehmigenden Umfang zur Ermäßigung der Beiträge herangezogen werden.

(3) ¹Die nach Absatz 2 erforderlichen Beiträge werden auf die Arbeitgeber nach Maßgabe der nachfolgenden Beträge umgelegt, soweit sie sich auf die laufenden Versorgungsleistungen und die nach § 1b unverfallbaren Versorgungsanwartschaften beziehen (Beitragsbemessungsgrundlage); diese Beträge sind festzustellen auf den Schluss des Wirtschaftsjahres des Arbeitgebers, das im abgelaufenen Kalenderjahr geendet hat:

1. Bei Arbeitgebern, die Leistungen der betrieblichen Altersversorgung unmittelbar zugesagt haben, ist Beitragsbemessungsgrundlage der Teilwert der Pensionsverpflichtung (§ 6a Abs. 3 des Einkommensteuergesetzes).

2. Bei Arbeitgebern, die eine betriebliche Altersversorgung über eine Direktversicherung mit widerruflichem Bezugsrecht durchführen, ist Beitragsbemessungsgrundlage das geschäftsplanmäßige Deckungskapital oder, soweit die Berechnung des Deckungskapitals nicht zum Geschäftsplan gehört, die Deckungsrückstellung. ²Für Versicherungen, bei denen der Versicherungsfall bereits eingetreten ist, und für Versicherungsanwartschaften, für die ein unwiderrufliches Bezugsrecht eingeräumt ist, ist das Deckungskapital oder die Deckungsrückstellung nur insoweit zu berücksichtigen, als die Versicherungen abgetreten oder beliehen sind.

3. Bei Arbeitgebern, die eine betriebliche Altersversorgung über eine Unterstützungskasse durchführen, ist Beitragsbemessungsgrundlage das Deckungskapital für die laufenden Leistungen (§ 4d Abs. 1 Nr. 1 Buchstabe a des Einkommensteuergesetzes) zuzüglich des Zwanzigfachen der nach § 4d Abs. 1 Nr. 1 Buchstabe b Satz 1 des Einkommensteuergesetzes errechneten jährlichen Zuwendungen für Leistungsanwärter im Sinne von § 4d Abs. 1 Nr. 1 Buchstabe b Satz 2 des Einkommensteuergesetzes.

4. Bei Arbeitgebern, soweit sie betriebliche Altersversorgung über einen Pensionsfonds durchführen, ist Beitragsbemessungsgrundlage 20 vom Hundert des entsprechend Nummer 1 ermittelten Betrages.

(4) [1]Aus den Beitragsbescheiden des Trägers der Insolvenzsicherung findet die Zwangsvollstreckung in entsprechender Anwendung der Vorschriften der Zivilprozessordnung statt. [2]Die vollstreckbare Ausfertigung erteilt der Träger der Insolvenzsicherung.

§ 10a
Säumniszuschläge; Zinsen; Verjährung

(1) Für Beiträge, die wegen Verstoßes des Arbeitgebers gegen die Meldepflicht erst nach Fälligkeit erhoben werden, kann der Träger der Insolvenzsicherung für jeden angefangenen Monat vom Zeitpunkt der Fälligkeit an einen Säumniszuschlag in Höhe von bis zu eins vom Hundert der nacherhobenen Beiträge erheben.

(2) [1]Für festgesetzte Beiträge und Vorschüsse, die der Arbeitgeber nach Fälligkeit zahlt, erhebt der Träger der Insolvenzsicherung für jeden Monat Verzugszinsen in Höhe von 0,5 vom Hundert der rückständigen Beiträge. [2]Angefangene Monate bleiben außer Ansatz.

(3) [1]Vom Träger der Insolvenzsicherung zu erstattende Beiträge werden vom Tag der Fälligkeit oder bei Feststellung des Erstattungsanspruchs durch gerichtliche Entscheidung vom Tage der Rechtshängigkeit an für jeden Monat mit 0,5 vom Hundert verzinst. [2]Angefangene Monate bleiben außer Ansatz.

(4) [1]Ansprüche auf Zahlung der Beiträge zur Insolvenzsicherung gemäß § 10 sowie Erstattungsansprüche nach Zahlung nicht geschuldeter Beiträge zur Insolvenzsicherung verjähren in sechs Jahren. [2]Die Verjährungsfrist beginnt mit Ablauf des Kalenderjahres, in dem die Beitragspflicht entstanden oder der Erstattungsanspruch fällig geworden ist. [3]Auf die Verjährung sind die Vorschriften des Bürgerlichen Gesetzbuchs anzuwenden.

§ 11
Melde-, Auskunfts- und Mitteilungspflichten

(1) [1]Der Arbeitgeber hat dem Träger der Insolvenzsicherung eine betriebliche Altersversorgung nach § 1b Abs. 1 bis 4 für seine Arbeitnehmer innerhalb von 3 Monaten nach Erteilung der unmittelbaren Versorgungszusage, dem Abschluss einer Direktversicherung oder der Errichtung einer

Unterstützungskasse oder eines Pensionsfonds mitzuteilen. ²Der Arbeitgeber, der sonstige Träger der Versorgung, Insolvenzverwalter und die nach § 7 Berechtigten sind verpflichtet, dem Träger der Insolvenzsicherung alle Auskünfte zu erteilen, die zur Durchführung der Vorschriften dieses Abschnittes erforderlich sind, sowie Unterlagen vorzulegen, aus denen die erforderlichen Angaben ersichtlich sind.

(2) ¹Ein beitragspflichtiger Arbeitgeber hat dem Träger der Insolvenzsicherung spätestens bis zum 30. September eines jeden Kalenderjahres die Höhe des nach § 10 Abs. 3 für die Bemessung des Beitrages maßgebenden Betrages bei unmittelbaren Versorgungszusagen und Pensionsfonds auf Grund eines versicherungsmathematischen Gutachtens, bei Direktversicherungen auf Grund einer Bescheinigung des Versicherers und bei Unterstützungskassen auf Grund einer nachprüfbaren Berechnung mitzuteilen. ²Der Arbeitgeber hat die in Satz 1 bezeichneten Unterlagen mindestens 6 Jahre aufzubewahren.

(3) ¹Der Insolvenzverwalter hat dem Träger der Insolvenzsicherung die Eröffnung des Insolvenzverfahrens, Namen und Anschriften der Versorgungsempfänger und die Höhe ihrer Versorgung nach § 7 unverzüglich mitzuteilen. ²Er hat zugleich Namen und Anschriften der Personen, die bei Eröffnung des Insolvenzverfahrens eine nach § 1 unverfallbare Versorgungsanwartschaft haben, sowie die Höhe ihrer Anwartschaft nach § 7 mitzuteilen.

(4) Der Arbeitgeber, der sonstige Träger der Versorgung und die nach § 7 Berechtigten sind verpflichtet, dem Insolvenzverwalter Auskünfte über alle Tatsachen zu erteilen, auf die sich die Mitteilungspflicht nach Absatz 3 bezieht.

(5) In den Fällen, in denen ein Insolvenzverfahren nicht eröffnet wird (§ 7 Abs. 1 Satz 4) oder nach § 207 der Insolvenzordnung eingestellt worden ist, sind die Pflichten des Insolvenzverwalters nach Absatz 3 vom Arbeitgeber oder dem sonstigen Träger der Versorgung zu erfüllen.

(6) Kammern und andere Zusammenschlüsse von Unternehmen oder anderen selbständigen Berufstätigen, die als Körperschaften des öffentlichen Rechts errichtet sind, ferner Verbände und andere Zusammenschlüsse, denen Unternehmer oder andere selbständige Berufstätige kraft Gesetzes angehören oder anzugehören haben, haben den Träger der Insolvenzsicherung bei der Ermittlung der nach § 10 beitragspflichtigen Arbeitgeber zu unterstützen.

(7) Die nach den Absätzen 1 bis 3 und 5 zu Mitteilungen und Auskünften und die nach Absatz 6 zur Unterstützung Verpflichteten haben die vom Träger der Insolvenzsicherung vorgesehenen Vordrucke zu verwenden.

(8) [1]Zur Sicherung der vollständigen Erfassung der nach § 10 beitragspflichtigen Arbeitgeber können die Finanzämter dem Träger der Insolvenzsicherung mitteilen, welche Arbeitgeber für die Beitragspflicht in Betracht kommen. [2]Die Bundesregierung wird ermächtigt, durch Rechtsverordnung mit Zustimmung des Bundesrates das Nähere zu bestimmen und Einzelheiten des Verfahrens zu regeln.

§ 12
Ordnungswidrigkeit

(1) Ordnungswidrig handelt, wer vorsätzlich oder fahrlässig

1. entgegen § 11 Abs. 1 Satz 1, Abs. 2 Satz 1, Abs. 3 oder Abs. 5 eine Mitteilung nicht, nicht richtig, nicht vollständig oder nicht rechtzeitig vornimmt,

2. entgegen § 11 Abs. 1 Satz 2 oder Abs. 4 eine Auskunft nicht, nicht richtig, nicht vollständig oder nicht rechtzeitig erteilt oder

3. entgegen § 11 Abs. 1 Satz 2 Unterlagen nicht, nicht richtig, nicht vollständig oder nicht rechtzeitig vorlegt oder entgegen § 11 Abs. 2 Satz 2 Unterlagen nicht aufbewahrt.

(2) Die Ordnungswidrigkeit kann mit einer Geldbuße bis zu zweitausendfünfhundert Euro geahndet werden.

(3) Verwaltungsbehörde im Sinne des § 36 Abs. 1 Nr. 1 des Gesetzes über Ordnungswidrigkeiten ist die Bundesanstalt für Finanzdienstleistungsaufsicht.

§ 13
(aufgehoben)

§ 14
Träger Insolvenzsicherung

(1) [1]Träger der Insolvenzsicherung ist der Pensions-Sicherungs-Verein Versicherungsverein auf Gegenseitigkeit. [2]Er ist zugleich Träger der Insolvenzsicherung von Versorgungszusagen Luxemburger Unternehmen nach Maßgabe des Abkommens vom 22. September 2000 zwischen der Bundesrepublik Deutschland und dem Großherzogtum Luxemburg über

Zusammenarbeit im Bereich der Insolvenzsicherung betrieblicher Altersversorgung. [3]Er unterliegt der Aufsicht durch die Bundesanstalt für Finanzdienstleistungsaufsicht. [4]Die Vorschriften des Versicherungsaufsichtsgesetzes gelten, soweit dieses Gesetz nichts anderes bestimmt.

(2) [1]Der Bundesminister für Arbeit und Sozialordnung weist durch Rechtsverordnung mit Zustimmung des Bundesrates die Stellung des Trägers der Insolvenzsicherung der Deutschen Ausgleichsbank zu, bei der ein Fonds zur Insolvenzsicherung der betrieblichen Altersversorgung gebildet wird, wenn

1. bis zum 31. Dezember 1974 nicht nachgewiesen worden ist, dass der in Absatz 1 genannte Träger die Erlaubnis der Aufsichtsbehörde zum Geschäftsbetrieb erhalten hat,

2. der in Absatz 1 genannte Träger aufgelöst worden ist oder

3. die Aufsichtsbehörde den Geschäftsbetrieb des in Absatz 1 genannten Trägers untersagt oder die Erlaubnis zum Geschäftsbetrieb widerruft.

[2]In den Fällen der Nummern 2 und 3 geht das Vermögen des in Absatz 1 genannten Trägers einschließlich der Verbindlichkeiten auf die Deutsche Ausgleichsbank über, die es dem Fonds zur Insolvenzsicherung der betrieblichen Altersversorgung zuweist.

(3) [1]Wird die Insolvenzsicherung von der Deutschen Ausgleichsbank durchgeführt, gelten die Vorschriften dieses Abschnittes mit folgenden Abweichungen:

1. In § 7 Abs. 6 entfällt die Zustimmung der Bundesanstalt für Finanzdienstleistungsaufsicht.

2. § 10 Abs. 2 findet keine Anwendung. [2]Die von der Deutschen Ausgleichsbank zu erhebenden Beiträge müssen den Bedarf für die laufenden Leistungen der Insolvenzsicherung im laufenden Kalenderjahr und die im gleichen Zeitraum entstehenden Verwaltungskosten und sonstigen Kosten, die mit der Gewährung der Leistungen zusammenhängen, decken. [3]Bei einer Zuweisung nach Absatz 2 Nr. 1 beträgt der Beitrag für die ersten 3 Jahre mindestens 0,1 vom Hundert der Beitragsbemessungsgrundlage gemäß § 10 Abs. 3; der nicht benötigte Teil dieses Beitragsaufkommens wird einer Betriebsmittelreserve zugeführt. [4]Bei einer Zuweisung nach Absatz 2 Nr. 2 oder 3 wird in den ersten 3 Jahren zu dem Beitrag nach Nummer 2 Satz 2 ein Zuschlag von 0,08 vom Hundert der Beitragsbemessungsgrundlage gemäß § 10 Abs. 3 zur Bildung einer Betriebsmittelreserve erhoben. [5]Auf die Beiträge können Vorschüsse erhoben werden.

3. In § 12 Abs. 3 tritt an die Stelle der Bundesanstalt für Finanzdienstleistungsaufsicht die Deutsche Ausgleichsbank.

[2]Die Deutsche Ausgleichsbank verwaltet den Fonds im eigenen Namen. [3]Für Verbindlichkeiten des Fonds haftet sie nur mit dem Vermögen des Fonds. [4]Dieser haftet nicht für die sonstigen Verbindlichkeiten der Bank. [5]§ 14 Abs. 1 Satz 1 des Gesetzes über die Lastenausgleichsbank vom 28. Oktober 1954 (BGBl. I S. 293), geändert durch das Einundzwanzigste Gesetz zur Änderung des Lastenausgleichsgesetzes vom 18. August 1969 (BGBl. I S. 1232), gilt auch für den Fonds.

§ 15
Verschwiegenheitspflicht

[1]Personen, die bei dem Träger der Insolvenzsicherung beschäftigt oder für ihn tätig sind, dürfen fremde Geheimnisse, insbesondere Betriebs- oder Geschäftsgeheimnisse, nicht unbefugt offenbaren oder verwerten. [2]Sie sind nach dem Gesetz über die förmliche Verpflichtung nichtbeamteter Personen vom 2. März 1974 (BGBl. I S. 469, 547) von der Bundesanstalt für Finanzdienstleistungsaufsicht auf die gewissenhafte Erfüllung ihrer Obliegenheiten zu verpflichten.

Fünfter Abschnitt
Anpassung

§ 16
Anpassungsprüfungspflicht

(1) Der Arbeitgeber hat alle drei Jahre eine Anpassung der laufenden Leistungen der betrieblichen Altersversorgung zu prüfen und hierüber nach billigem Ermessen zu entscheiden; dabei sind insbesondere die Belange des Versorgungsempfängers und die wirtschaftliche Lage des Arbeitgebers zu berücksichtigen.

(2) Die Verpflichtung nach Absatz 1 gilt als erfüllt, wenn die Anpassung nicht geringer ist als der Anstieg

1. des Verbraucherpreisindexes für Deutschland oder

2. der Nettolöhne vergleichbarer Arbeitnehmergruppen des Unternehmens im Prüfungszeitraum.

(3) Die Verpflichtung nach Absatz 1 entfällt, wenn

1. der Arbeitgeber sich verpflichtet, die laufenden Leistungen jährlich um wenigstens eins vom Hundert anzupassen,

2. die betriebliche Altersversorgung über eine Direktversicherung im Sinne von § 1b Abs. 2 oder über eine Pensionskasse im Sinne von § 1b Abs. 3 durchgeführt wird, ab Rentenbeginn sämtliche auf den Rentenbestand entfallende Überschussanteile zur Erhöhung der laufenden Leistungen verwendet werden und zur Berechnung der garantierten Leistung der nach § 65 Abs. 1 Nr. 1 Buchstabe a des Versicherungsaufsichtsgesetzes festgesetzte Höchstzinssatz zur Berechnung der Deckungsrückstellung nicht überschritten wird oder

3. eine Beitragszusage mit Mindestleistung erteilt wurde; Absatz 5 findet insoweit keine Anwendung.

(4) [1]Sind laufende Leistungen nach Absatz 1 nicht oder nicht in vollem Umfang anzupassen (zu Recht unterbliebene Anpassung), ist der Arbeitgeber nicht verpflichtet, die Anpassung zu einem späteren Zeitpunkt nachzuholen. [2]Eine Anpassung gilt als zu Recht unterblieben, wenn der Arbeitgeber dem Versorgungsempfänger die wirtschaftliche Lage des Unternehmens schriftlich dargelegt, der Versorgungsempfänger nicht binnen drei Kalendermonaten nach Zugang der Mitteilung schriftlich widersprochen hat und er auf die Rechtsfolgen eines nicht fristgemäßen Widerspruchs hingewiesen wurde.

(5) Soweit betriebliche Altersversorgung durch Entgeltumwandlung finanziert wird, ist der Arbeitgeber verpflichtet, die Leistungen mindestens entsprechend Absatz 3 Nr. 1 anzupassen oder im Falle der Durchführung über eine Direktversicherung oder eine Pensionskasse sämtliche Überschussanteile entsprechend Absatz 3 Nr. 2 zu verwenden.

(6) Eine Verpflichtung zur Anpassung besteht nicht für monatliche Raten im Rahmen eines Auszahlungsplans sowie für Renten ab Vollendung des 85. Lebensjahres im Anschluss an einen Auszahlungsplan.

Sechster Abschnitt
Geltungsbereich

§ 17
Persönlicher Geltungsbereich und Tariföffnungsklausel

(1) [1]Arbeitnehmer im Sinne der §§ 1 bis 16 sind Arbeiter und Angestellte einschließlich der zu ihrer Berufsausbildung Beschäftigten; ein Berufsausbildungsverhältnis steht einem Arbeitsverhältnis gleich. [2]Die §§ 1 bis 16 gel-

ten entsprechend für Personen, die nicht Arbeitnehmer sind, wenn ihnen Leistungen der Alters-, Invaliditäts- oder Hinterbliebenenversorgung aus Anlass ihrer Tätigkeit für ein Unternehmen zugesagt worden sind. ³Arbeitnehmer im Sinne von § 1a Abs. 1 sind nur Personen nach den Sätzen 1 und 2, soweit sie aufgrund der Beschäftigung oder Tätigkeit bei dem Arbeitgeber, gegen den sich der Anspruch nach § 1a richten würde, in der gesetzlichen Rentenversicherung pflichtversichert sind.

(2) Die §§ 7 bis 15 gelten nicht für den Bund, die Länder, die Gemeinden sowie die Körperschaften, Stiftungen und Anstalten des öffentlichen Rechts, bei denen das Insolvenzverfahren nicht zulässig ist, und solche juristische Personen des öffentlichen Rechts, bei denen der Bund, ein Land oder eine Gemeinde kraft Gesetzes die Zahlungsfähigkeit sichert.

(3) ¹Von den §§ 1a, 2 bis 5, 16, 18a Satz 1, §§ 27 und 28 kann in Tarifverträgen abgewichen werden. ²Die abweichenden Bestimmungen haben zwischen nichttarifgebundenen Arbeitgebern und Arbeitnehmern Geltung, wenn zwischen diesen die Anwendung der einschlägigen tariflichen Regelung vereinbart ist. ³Im übrigen kann von den Bestimmungen dieses Gesetzes nicht zuungunsten des Arbeitnehmers abgewichen werden.

(4) Gesetzliche Regelungen über Leistungen der betrieblichen Altersversorgung werden unbeschadet des § 18 durch die §§ 1 bis 16 und 26 bis 30 nicht berührt.

(5) Soweit Entgeltansprüche auf einem Tarifvertrag beruhen, kann für diese eine Entgeltumwandlung nur vorgenommen werden, soweit dies durch Tarifvertrag vorgesehen oder durch Tarifvertrag zugelassen ist.

§ 18
Sonderregelungen für den öffentlichen Dienst

(1) Für Personen, die

1. bei der Versorgungsanstalt des Bundes und der Länder (VBL) oder einer kommunalen oder kirchlichen Zusatzversorgungseinrichtung pflichtversichert sind, oder

2. bei einer anderen Zusatzversorgungseinrichtung pflichtversichert sind, die mit einer der Zusatzversorgungseinrichtungen nach Nummer 1 ein Überleitungsabkommen abgeschlossen hat oder auf Grund satzungsrechtlicher Vorschriften der Zusatzversorgungseinrichtungen nach Nummer 1 ein solches Abkommen abschließen kann, oder

3. unter das Gesetz über die zusätzliche Alters- und Hinterbliebenenver-

sorgung für Angestellte und Arbeiter der Freien und Hansestadt Hamburg (Erstes Ruhegeldgesetz – 1. RGG), das Gesetz zur Neuregelung der zusätzlichen Alters- und Hinterbliebenenversorgung für Angestellte und Arbeiter der Freien und Hansestadt Hamburg (Zweites Ruhegeldgesetz – 2. RGG) oder unter das Bremische Ruhelohngesetz in ihren jeweiligen Fassungen fallen oder auf die diese Gesetze sonst Anwendung finden,

gelten die §§ 2, 5, 16, 27 und 28 nicht, soweit sich aus den nachfolgenden Regelungen nichts Abweichendes ergibt; § 4 gilt nicht, wenn die Anwartschaft oder die laufende Leistung ganz oder teilweise umlage- oder haushaltsfinanziert ist.

(2) ¹Bei Eintritt des Versorgungsfalles erhalten die in Absatz 1 Nr. 1 und 2 bezeichneten Personen, deren Anwartschaft nach § 1b fortbesteht und deren Arbeitsverhältnis vor Eintritt des Versorgungsfalles geendet hat, von der Zusatzversorgungseinrichtung eine Zusatzrente nach folgenden Maßgaben:

1. Der monatliche Betrag der Zusatzrente beträgt für jedes Jahr der auf Grund des Arbeitsverhältnisses bestehenden Pflichtversicherung bei einer Zusatzversorgungseinrichtung 2,25 vom Hundert, höchstens jedoch 100 vom Hundert der Leistung, die bei dem höchstmöglichen Versorgungssatz zugestanden hätte (Voll-Leistung). ²Für die Berechnung der Voll-Leistung

   a) ist der Versicherungsfall der Regelaltersrente maßgebend,

   b) ist das Arbeitsentgelt maßgebend, das nach der Versorgungsregelung für die Leistungsbemessung maßgebend wäre, wenn im Zeitpunkt des Ausscheidens der Versicherungsfall im Sinne der Versorgungsregelung eingetreten wäre,

   c) finden § 2 Abs. 5 Satz 1 und § 2 Abs. 6 entsprechend Anwendung,

   d) ist im Rahmen einer Gesamtversorgung der im Falle einer Teilzeitbeschäftigung oder Beurlaubung nach der Versorgungsregelung für die gesamte Dauer des Arbeitsverhältnisses maßgebliche Beschäftigungsquotient nach der Versorgungsregelung als Beschäftigungsquotient auch für die übrige Zeit maßgebend,

   e) finden die Vorschriften der Versorgungsregelung über eine Mindestleistung keine Anwendung und

   f) ist eine anzurechnende Grundversorgung nach dem bei der Berechnung von Pensionsrückstellungen für die Berücksichtigung von Renten aus der gesetzlichen Rentenversicherung allgemein zulässigen

Verfahren zu ermitteln. [2]Hierbei ist das Arbeitsentgelt nach Buchstabe b zugrunde zu legen und – soweit während der Pflichtversicherung Teilzeitbeschäftigung bestand – diese nach Maßgabe der Versorgungsregelung zu berücksichtigen.

2. Die Zusatzrente vermindert sich um 0,3 vom Hundert für jeden vollen Kalendermonat, den der Versorgungsfall vor Vollendung des 65. Lebensjahres eintritt, höchstens jedoch um den in der Versorgungsregelung für die Voll-Leistung vorgesehenen Vomhundertsatz.

3. Übersteigt die Summe der Vomhundertsätze nach Nummer 1 aus unterschiedlichen Arbeitsverhältnissen 100, sind die einzelnen Leistungen im gleichen Verhältnis zu kürzen.

4. Die Zusatzrente muss monatlich mindestens den Betrag erreichen, der sich auf Grund des Arbeitsverhältnisses nach der Versorgungsregelung als Versicherungsrente aus den jeweils maßgeblichen Vomhundertsätzen der zusatzversorgungspflichtigen Entgelte oder der gezahlten Beiträge und Erhöhungsbeträge ergibt.

5. Die Vorschriften der Versorgungsregelung über das Erlöschen, das Ruhen und die Nichtleistung der Versorgungsrente gelten entsprechend. [2]Soweit die Versorgungsregelung eine Mindestleistung in Ruhensfällen vorsieht, gilt dies nur, wenn die Mindestleistung der Leistung im Sinne der Nummer 4 entspricht.

6. Verstirbt die in Absatz 1 genannte Person, erhält eine Witwe oder ein Witwer 60 vom Hundert, eine Witwe oder ein Witwer im Sinne des § 46 Abs. 1 des Sechsten Buches Sozialgesetzbuch 42 vom Hundert, eine Halbwaise 12 vom Hundert und eine Vollwaise 20 vom Hundert der unter Berücksichtigung der in diesem Absatz genannten Maßgaben zu berechnenden Zusatzrente; die §§ 46, 48, 103 bis 105 des Sechsten Buches Sozialgesetzbuch sind entsprechend anzuwenden. [2]Die Leistungen an mehrere Hinterbliebene dürfen den Betrag der Zusatzrente nicht übersteigen; gegebenenfalls sind die Leistungen im gleichen Verhältnis zu kürzen.

7. Versorgungsfall ist der Versicherungsfall im Sinne der Versorgungsregelung.

(3) Personen, auf die bis zur Beendigung ihres Arbeitsverhältnisses die Regelungen des Ersten Ruhegeldgesetzes, des Zweiten Ruhegeldgesetzes oder des Bremischen Ruhelohngesetzes in ihren jeweiligen Fassungen Anwendung gefunden haben, haben Anspruch gegenüber ihrem ehemaligen Arbeitgeber auf Leistungen in sinngemäßer Anwendung des Absatzes 2

mit Ausnahme von Absatz 2 Nr. 3 und 4 sowie Nr. 5 Satz 2; bei Anwendung des Zweiten Ruhegeldgesetzes bestimmt sich der monatliche Betrag der Zusatzrente abweichend von Absatz 2 nach der nach dem Zweiten Ruhegeldgesetz maßgebenden Berechnungsweise.

(4) Die Leistungen nach den Absätzen 2 und 3 werden, mit Ausnahme der Leistungen nach Absatz 2 Nr. 4, jährlich zum 1. Juli um 1 vom Hundert erhöht, soweit in diesem Jahr eine allgemeine Erhöhung der Versorgungsrenten erfolgt.

(5) Besteht bei Eintritt des Versorgungsfalles neben dem Anspruch auf Zusatzrente oder auf die in Absatz 3 oder Absatz 7 bezeichneten Leistungen auch Anspruch auf eine Versorgungsrente oder Versicherungsrente der in Absatz 1 Satz 1 Nr. 1 und 2 bezeichneten Zusatzversorgungseinrichtungen oder Anspruch auf entsprechende Versorgungsleistungen der Versorgungsanstalt der deutschen Kulturorchester oder der Versorgungsanstalt der deutschen Bühnen oder nach den Regelungen des Ersten Ruhegeldgesetzes, des Zweiten Ruhegeldgesetzes oder des Bremischen Ruhelohngesetzes, in deren Berechnung auch die der Zusatzrente zugrunde liegenden Zeiten berücksichtigt sind, ist nur die im Zahlbetrag höhere Rente zu leisten.

(6) Eine Anwartschaft auf Zusatzrente nach Absatz 2 oder auf Leistungen nach Absatz 3 kann bei Übertritt der anwartschaftsberechtigten Person in ein Versorgungssystem einer überstaatlichen Einrichtung in das Versorgungssystem dieser Einrichtung übertragen werden, wenn ein entsprechendes Abkommen zwischen der Zusatzversorgungseinrichtung oder der Freien und Hansestadt Hamburg oder der Freien Hansestadt Bremen und der überstaatlichen Einrichtung besteht.

(7) [1]Für Personen, die bei der Versorgungsanstalt der deutschen Kulturorchester oder der Versorgungsanstalt der deutschen Bühnen pflichtversichert sind, gelten die §§ 2 bis 5, 16, 27 und 28 nicht. [2]Bei Eintritt des Versorgungsfalles treten an die Stelle der Zusatzrente und der Leistungen an Hinterbliebene nach Absatz 2 und an die Stelle der Regelung in Absatz 4 die satzungsgemäß vorgesehenen Leistungen; Absatz 2 Nr. 5 findet entsprechend Anwendung. [3]Die Höhe der Leistungen kann nach dem Ausscheiden aus dem Beschäftigungsverhältnis nicht mehr geändert werden. [4]Als pflichtversichert gelten auch die freiwillig Versicherten der Versorgungsanstalt der deutschen Kulturorchester und der Versorgungsanstalt der deutschen Bühnen.

(8) Gegen Entscheidungen der Zusatzversorgungseinrichtungen über An-

sprüche nach diesem Gesetz ist der Rechtsweg gegeben, der für Versicherte der Einrichtung gilt.

(9) Bei Personen, die aus einem Arbeitsverhältnis ausscheiden, in dem sie nach § 5 Abs. 1 Satz 1 Nr. 2 des Sechsten Buches Sozialgesetzbuch versicherungsfrei waren, dürfen die Ansprüche nach § 2 Abs. 1 Satz 1 und 2 nicht hinter dem Rentenanspruch zurückbleiben, der sich ergeben hätte, wenn der Arbeitnehmer für die Zeit der versicherungsfreien Beschäftigung in der gesetzlichen Rentenversicherung nachversichert worden wäre; die Vergleichsberechnung ist im Versorgungsfall auf Grund einer Auskunft der Deutschen Rentenversicherung Bund vorzunehmen.

§ 18a
Verjährung

[1]Der Anspruch auf Leistungen aus der betrieblichen Altersversorgung verjährt in 30 Jahren. [2]Ansprüche auf regelmäßig wiederkehrende Leistungen unterliegen der regelmäßigen Verjährungsfrist nach den Vorschriften des Bürgerlichen Gesetzbuchs.

Zweiter Teil[1)]
Steuerrechtliche Vorschriften

§ 19
Änderung des Einkommensteuergesetzes

§ 20
Änderung des Körperschaftsteuergesetzes

§ 21
Änderung des Gewerbesteuergesetzes

§ 22
Änderung des Vermögensteuergesetzes

§ 23
Änderung des Versicherungsteuergesetzes

§ 24
Änderung des Umsatzsteuergesetzes

---

1 §§ 19–24 nicht abgedruckt.

§ 25
Aufhebung des Zuwendungsgesetzes

Das Gesetz über die Behandlung von Zuwendungen an betriebliche Pensionskassen und Unterstützungskassen bei den Steuern vom Einkommen und Ertrag vom 26. März 1952 (BGBl. I S. 206) wird hinsichtlich der Unterstützungskassen mit Wirkung für Wirtschaftsjahre, die nach dem 31. Dezember 1974 enden, im übrigen mit Wirkung für Wirtschaftsjahre, die nach dem 21. Dezember 1974 enden, aufgehoben.

Dritter Teil
Übergangs- und Schlussvorschriften

§ 26

Die §§ 1 bis 4 und 18 gelten nicht, wenn das Arbeitsverhältnis oder Dienstverhältnis vor dem In-Kraft-Treten des Gesetzes beendet worden ist.

§ 27

§ 2 Abs. 2 Satz 2 Nr. 2 und 3 und Abs. 3 Satz 2 Nr. 1 und 2 gelten in Fällen, in denen vor dem In-Kraft-Treten des Gesetzes die Direktversicherung abgeschlossen worden ist oder die Versicherung des Arbeitnehmers bei einer Pensionskasse begonnen hat, mit der Maßgabe, dass die in diesen Vorschriften genannten Voraussetzungen spätestens für die Zeit nach Ablauf eines Jahres seit dem In-Kraft-Treten des Gesetzes erfüllt sein müssen.

§ 28

§ 5 gilt für Fälle, in denen der Versorgungsfall vor dem In-Kraft-Treten des Gesetzes eingetreten ist, mit der Maßgabe, dass diese Vorschrift bei der Berechnung der nach dem In-Kraft-Treten des Gesetzes fällig werdenden Versorgungsleistungen anzuwenden ist.

§ 29

§ 6 gilt für die Fälle, in denen das Altersruhegeld der gesetzlichen Rentenversicherung bereits vor dem In-Kraft-Treten des Gesetzes in Anspruch genommen worden ist, mit der Maßgabe, dass die Leistungen der betrieblichen Altersversorgung vom In-Kraft-Treten des Gesetzes an zu gewähren sind.

§ 30

[1]Ein Anspruch gegen den Träger der Insolvenzsicherung nach § 7 besteht nur, wenn der Sicherungsfall nach dem In-Kraft-Treten der §§ 7 bis 15 eingetreten ist; er kann erstmals nach dem Ablauf von sechs Monaten nach diesem Zeitpunkt geltend gemacht werden. [2]Die Beitragspflicht des Arbeitgebers beginnt mit dem In-Kraft-Treten der §§ 7 bis 15.

§ 30a

(1)[1]Männlichen Arbeitnehmern,

1. die vor dem 1. Januar 1952 geboren sind,

2. die das 60. Lebensjahr vollendet haben,

3. die nach Vollendung des 40. Lebensjahres mehr als 10 Jahre Pflichtbeiträge für eine in der gesetzlichen Rentenversicherung versicherte Beschäftigung oder Tätigkeit nach den Vorschriften des Sechsten Buches Sozialgesetzbuch haben,

4. die die Wartezeit von 15 Jahren in der gesetzlichen Rentenversicherung erfüllt haben und

5. deren Arbeitsentgelt oder Arbeitseinkommen die Hinzuverdienstgrenze nach § 34 Abs. 3 Nr. 1 des Sechsten Buches Sozialgesetzbuch nicht überschreitet,

sind auf deren Verlangen nach Erfüllung der Wartezeit und sonstiger Leistungsvoraussetzungen der Versorgungsregelung für nach dem 17. Mai 1990 zurückgelegte Beschäftigungszeiten Leistungen der betrieblichen Altersversorgung zu gewähren. [2]§ 6 Satz 3 gilt entsprechend.

(2) Haben der Arbeitnehmer oder seine anspruchsberechtigten Angehörigen vor dem 17. Mai 1990 gegen die Versagung der Leistungen der betrieblichen Altersversorgung Rechtsmittel eingelegt, ist Absatz 1 für Beschäftigungszeiten nach dem 8. April 1976 anzuwenden.

(3) Die Vorschriften des Bürgerlichen Gesetzbuchs über die Verjährung von Ansprüchen aus dem Arbeitsverhältnis bleiben unberührt.

§ 30b

§ 4 Abs. 3 gilt nur für Zusagen, die nach dem 31. Dezember 2004 erteilt wurden.

§ 30c

(1) § 16 Abs. 3 Nr. 1 gilt nur für laufende Leistungen, die auf Zusagen beruhen, die nach dem 31. Dezember 1998 erteilt werden.

(2) § 16 Abs. 4 gilt nicht für vor dem 1. Januar 1999 zu Recht unterbliebene Anpassungen.

(3) § 16 Abs. 5 gilt nur für laufende Leistungen, die auf Zusagen beruhen, die nach dem 31. Dezember 2000 erteilt werden.

(4) Für die Erfüllung der Anpassungsprüfungspflicht für Zeiträume vor dem 1. Januar 2003 gilt § 16 Abs. 2 Nr. 1 mit der Maßgabe, dass an die Stelle des Verbraucherpreisindexes für Deutschland der Preisindex für die Lebenshaltung von 4-Personen-Haushalten von Arbeitern und Angestellten mit mittlerem Einkommen tritt.

§ 30d
Übergangsregelung zu § 18

(1) [1]Ist der Versorgungsfall vor dem 1. Januar 2001 eingetreten oder ist der Arbeitnehmer vor dem 1. Januar 2001 aus dem Beschäftigungsverhältnis bei einem öffentlichen Arbeitgeber ausgeschieden und der Versorgungsfall nach dem 31. Dezember 2000 eingetreten, sind für die Berechnung der Voll-Leistung die Regelungen der Zusatzversorgungseinrichtungen nach § 18 Abs. 1 Satz 1 Nr. 1 und 2 oder die Gesetze im Sinne des § 18 Abs. 1 Satz 1 Nr. 3 sowie die weiteren Berechnungsfaktoren jeweils in der am 31. Dezember 2000 geltenden Fassung maßgebend; § 18 Abs. 2 Nr. 1 Buchstabe b bleibt unberührt. [2]Die Steuerklasse III/0 ist zugrunde zu legen. [3]Ist der Versorgungsfall vor dem 1. Januar 2001 eingetreten, besteht der Anspruch auf Zusatzrente mindestens in der Höhe, wie er sich aus § 18 in der Fassung vom 18. Dezember 1997 (BGBl. I S. 2998) ergibt.

(2) Die Anwendung des § 18 ist in den Fällen des Absatzes 1 ausgeschlossen, soweit eine Versorgungsrente der in § 18 Abs. 1 Satz 1 Nr. 1 und 2 bezeichneten Zusatzversorgungseinrichtungen oder eine entsprechende Leistung auf Grund der Regelungen des Ersten Ruhegeldgesetzes, des Zweiten Ruhegeldgesetzes oder des Bremischen Ruhelohngesetzes bezogen wird, oder eine Versicherungsrente abgefunden wurde.

(3) [1]Für Arbeitnehmer im Sinne des § 18 Abs. 1 Satz 1 Nr. 4, 5 und 6 in der bis zum 31. Dezember 1998 geltenden Fassung, für die bis zum 31. Dezember 1998 ein Anspruch auf Nachversicherung nach § 18 Abs. 6 entstanden ist, gilt Absatz 1 Satz 1 für die auf Grund der Nachversicherung zu ermittelnde

Voll-Leistung entsprechend mit der Maßgabe, dass sich der nach § 2 zu ermittelnde Anspruch gegen den ehemaligen Arbeitgeber richtet. [2]Für den nach § 2 zu ermittelnden Anspruch gilt § 18 Abs. 2 Nr. 1 Buchstabe b entsprechend; für die übrigen Bemessungsfaktoren ist auf die Rechtslage am 31. Dezember 2000 abzustellen. [3]Leistungen der gesetzlichen Rentenversicherung, die auf einer Nachversicherung wegen Ausscheidens aus einem Dienstordnungsverhältnis beruhen, und Leistungen, die die zuständige Versorgungseinrichtung auf Grund von Nachversicherungen im Sinne des § 18 Abs. 6 in der am 31. Dezember 1998 geltenden Fassung gewährt, werden auf den Anspruch nach § 2 angerechnet. [4]Hat das Arbeitsverhältnis im Sinne des § 18 Abs. 9 bereits am 31. Dezember 1998 bestanden, ist in die Vergleichsberechnung nach § 18 Abs. 9 auch die Zusatzrente nach § 18 in der bis zum 31. Dezember 1998 geltenden Fassung einzubeziehen.

§ 30e

(1) § 1 Abs. 2 Nr. 4 zweiter Halbsatz gilt für Zusagen, die nach dem 31. Dezember 2002 erteilt werden.

(2) [1]§ 1 Abs. 2 Nr. 4 zweiter Halbsatz findet auf Pensionskassen, deren Leistungen der betrieblichen Altersversorgung durch Beiträge der Arbeitnehmer und Arbeitgeber gemeinsam finanziert und die als beitragsorientierte Leistungszusage oder als Leistungszusage durchgeführt werden, mit der Maßgabe Anwendung, dass dem ausgeschiedenen Arbeitnehmer das Recht zur Fortführung mit eigenen Beiträgen nicht eingeräumt werden und eine Überschussverwendung gemäß § 1b Abs. 5 Nr. 1 nicht erfolgen muss. [2]Wird dem ausgeschiedenen Arbeitnehmer ein Recht zur Fortführung nicht eingeräumt, gilt für die Höhe der unverfallbaren Anwartschaft § 2 Abs. 5a entsprechend. [3]Für die Anpassung laufender Leistungen gelten die Regelungen nach § 16 Abs. 1 bis 4. [4]Die Regelung in Absatz 1 bleibt unberührt.

§ 30f

[1]Wenn Leistungen der betrieblichen Altersversorgung vor dem 1. Januar 2001 zugesagt worden sind, ist § 1b Abs. 1 mit der Maßgabe anzuwenden, dass die Anwartschaft erhalten bleibt, wenn das Arbeitsverhältnis vor Eintritt des Versorgungsfalles, jedoch nach Vollendung des 35. Lebensjahres endet und die Versorgungszusage zu diesem Zeitpunkt

1. mindestens zehn Jahre oder

2. bei mindestens zwölfjähriger Betriebszugehörigkeit mindestens drei Jahre

bestanden hat (unverfallbare Anwartschaft); in diesen Fällen bleibt die Anwartschaft auch erhalten, wenn die Zusage ab dem 1. Januar 2001 fünf Jahre
bestanden hat und bei Beendigung des Arbeitsverhältnisses das 30. Lebensjahr vollendet ist. [2]§ 1b Abs. 5 findet für Anwartschaften aus diesen Zusagen keine Anwendung.

§ 30g

(1) [1]§ 2 Abs. 5a gilt nur für Anwartschaften, die auf Zusagen beruhen, die
nach dem 31. Dezember 2000 erteilt worden sind. [2]Im Einvernehmen zwischen Arbeitgeber und Arbeitnehmer kann § 2 Abs. 5a auch auf Anwartschaften angewendet werden, die auf Zusagen beruhen, die vor dem 1. Januar 2001 erteilt worden sind.

(2) § 3 findet keine Anwendung auf laufende Leistungen, die vor dem 1. Januar 2005 erstmals gezahlt worden sind.

§ 30h

§ 17 Abs. 5 gilt für Entgeltumwandlungen, die auf Zusagen beruhen, die
nach dem 29. Juni 2001 erteilt werden.

§ 31

Auf Sicherungsfälle, die vor dem 1. Januar 1999 eingetreten sind, ist dieses
Gesetz in der bis zu diesem Zeitpunkt geltenden Fassung anzuwenden.

§ 32

[1]Dieses Gesetz tritt vorbehaltlich des Satzes 2 am Tage nach seiner Verkün-
dung in Kraft. [2]Die §§ 7 bis 15 treten am 1. Januar 1975 in Kraft.

II.
Einkommensteuergesetz

in der Fassung der Bekanntmachung vom 19. 10. 2002 (BGBl. I S. 4210),
zuletzt geändert durch Gesetz vom 15. 12. 2004 (BGBl. II S. 1653).

– Auszug –

...

§ 3
Steuerfreie Einnahmen

Steuerfrei sind

...

(9) [1]Abfindungen wegen einer vom Arbeitgeber veranlassten oder gericht-
lich ausgesprochenen Auflösung des Dienstverhältnisses, höchstens jedoch
7.200 Euro. [2]Hat der Arbeitnehmer das 50. Lebensjahr vollendet und hat
das Dienstverhältnis mindestens 15 Jahre bestanden, so beträgt der Höchstbetrag 9.000 Euro, hat der Arbeitnehmer das 55. Lebensjahr vollendet und
hat das Dienstverhältnis mindestens 20 Jahre bestanden, so beträgt der
Höchstbetrag 11.000 Euro;

...

(55) der in den Fällen des § 4 Abs. 2 Nr. 2 und Abs. 3 des Betriebsrentengesetzes vom 19. Dezember 1974 (BGBl. I S. 3610), das zuletzt durch Artikel 8 des Gesetzes vom 5. Juli 2004 (BGBl. I S. 1427) geändert worden ist,
in der jeweils geltenden Fassung geleistete Übertragungswert nach § 4
Abs. 5 des Betriebsrentengesetzes, wenn die betriebliche Altersversorgung beim ehemaligen und neuen Arbeitgeber über einen Pensionsfonds,
eine Pensionskasse oder ein Unternehmen der Lebensversicherung
durchgeführt wird. [2]Satz 1 gilt auch, wenn der Übertragungswert vom ehemaligen Arbeitgeber oder von einer Unterstützungskasse an den neuen
Arbeitgeber oder eine andere Unterstützungskasse geleistet wird. [3]Die
Leistungen des neuen Arbeitgebers, der Unterstützungskasse, des Pensionsfonds, der Pensionskasse oder des Unternehmens der Lebensversicherung auf Grund des Betrages nach Satz 1 und 2 gehören zu den Einkünften, zu denen die Leistungen gehören würden, wenn die Übertragung
nach § 4 Abs. 2 Nr. 2 und Abs. 3 des Betriebsrentengesetzes nicht stattgefunden hätte;

...

(63) [1]Beiträge des Arbeitgebers aus dem ersten Dienstverhältnis an einen Pensionsfonds, eine Pensionskasse oder für eine Direktversicherung zum Aufbau einer kapitalgedeckten betrieblichen Altersversorgung, bei der eine Auszahlung der zugesagten Alters-, Invaliditäts- oder Hinterbliebenenversorgungsleistungen in Form einer Rente oder eines Auszahlungsplans (§ 1 Abs. 1 Satz 1 Nr. 4 des Altersvorsorgeverträge-Zertifizierungsgesetzes vom 26. Juni 2001 (BGBl. I S. 1310, 1322), das zuletzt durch Artikel 7 des Gesetzes vom 5. Juli 2004 (BGBl. I S. 1427) geändert worden ist, in der jeweils geltenden Fassung) vorgesehen ist, soweit die Beiträge im Kalenderjahr 4 vom Hundert der Beitragsbemessungsgrenze in der allgemeinen Rentenversicherung nicht übersteigen. [2]Dies gilt nicht, soweit der Arbeitnehmer nach § 1a Abs. 3 des Betriebsrentengesetzes verlangt hat, dass die Voraussetzungen für eine Förderung nach § 10a oder Abschnitt XI erfüllt werden. [3]Der Höchstbetrag nach Satz 1 erhöht sich um 1.800 Euro, wenn die Beiträge im Sinne des Satzes 1 auf Grund einer Versorgungszusage geleistet werden, die nach dem 31. Dezember 2004 erteilt wurde. [4]Aus Anlass der Beendigung des Dienstverhältnisses geleistete Beiträge im Sinne des Satzes 1 sind steuerfrei, soweit sie 1.800 Euro vervielfältigt mit der Anzahl der Kalenderjahre, in denen das Dienstverhältnis des Arbeitnehmers zu dem Arbeitgeber bestanden hat, nicht übersteigen; der vervielfältigte Betrag vermindert sich um die nach den Sätzen 1 und 3 steuerfreien Beiträge, die der Arbeitgeber in dem Kalenderjahr, in dem das Dienstverhältnis beendet wird, und in den sechs vorangegangenen Kalenderjahren erbracht hat; Kalenderjahre vor 2005 sind dabei jeweils nicht zu berücksichtigen;

...

(65) [1]Beiträge des Trägers der Insolvenzsicherung (§ 14 des Betriebsrentengesetzes) zugunsten eines Versorgungsberechtigten und seiner Hinterbliebenen an eine Pensionskasse oder ein Unternehmen der Lebensversicherung zur Ablösung von Verpflichtungen, die der Träger der Insolvenzsicherung im Sicherungsfall gegenüber dem Versorgungsberechtigten und seinen Hinterbliebenen hat. [2]Das Gleiche gilt für Leistungen zur Übernahme von Versorgungsleistungen oder unverfallbaren Versorgungsanwartschaften durch eine Pensionskasse oder ein Unternehmen der Lebensversicherung in den in § 4 Abs. 4 des Betriebsrentengesetzes bezeichneten Fällen. [3]Die Leistungen der Pensionskasse oder des Unternehmens der Lebensversiche-

rung aufgrund der Beiträge nach Satz 1 oder in den Fällen des Satzes 2 gehören zu den Einkünften, zu denen die Versorgungsleistungen gehören würden, die ohne Eintritt des Sicherungsfalls oder Übernahmefalls zu erbringen wären. [4]Soweit sie zu den Einkünften aus nichtselbständiger Arbeit im Sinne des § 19 gehören, ist von ihnen Lohnsteuer einzubehalten. [5]Für die Erhebung der Lohnsteuer gelten die Pensionskasse oder das Unternehmen der Lebensversicherung als Arbeitgeber und der Leistungsempfänger als Arbeitnehmer;

(66) Leistungen eines Arbeitgebers oder einer Unterstützungskasse an einen Pensionsfonds zur Übernahme bestehender Versorgungsverpflichtungen oder Versorgungsanwartschaften durch den Pensionsfonds, wenn ein Antrag nach § 4d Abs. 3 oder § 4e Abs. 3 gestellt worden ist;

...

§ 4b
Direktversicherung

[1]Der Versicherungsanspruch aus einer Direktversicherung, die von einem Steuerpflichtigen aus betrieblichem Anlass abgeschlossen wird, ist dem Betriebsvermögen des Steuerpflichtigen nicht zuzurechnen, soweit am Schluss des Wirtschaftsjahrs hinsichtlich der Leistungen des Versicherers die Person, auf deren Leben die Lebensversicherung abgeschlossen ist, oder ihre Hinterbliebenen bezugsberechtigt sind. [2]Das gilt auch, wenn der Steuerpflichtige die Ansprüche aus dem Versicherungsvertrag abgetreten oder beliehen hat, sofern er sich der bezugsberechtigten Person gegenüber schriftlich verpflichtet, sie bei Eintritt des Versicherungsfalls so zu stellen, als ob die Abtretung oder Beleihung nicht erfolgt wäre.

§ 4c
Zuwendungen an Pensionskassen

(1) [1]Zuwendungen an eine Pensionskasse dürfen von dem Unternehmen, das die Zuwendungen leistet (Trägerunternehmen), als Betriebsausgaben abgezogen werden, soweit sie auf einer in der Satzung oder im Geschäftsplan der Kasse festgelegten Verpflichtung oder auf einer Anordnung der Versicherungsaufsichtsbehörde beruhen oder der Abdeckung von Fehlbeträgen bei der Kasse dienen. [2]Soweit die allgemeinen Versicherungsbedingungen und die fachlichen Geschäftsunterlagen im Sinne des § 5 Abs. 3 Nr. 2 Halbsatz 2 des Versicherungsaufsichtsgesetzes nicht zum Geschäftsplan gehören, gelten diese als Teil des Geschäftsplans.

(2) Zuwendungen im Sinne des Absatzes 1 dürfen als Betriebsausgaben nicht abgezogen werden, soweit die Leistungen der Kasse, wenn sie vom Trägerunternehmen unmittelbar erbracht würden, bei diesem nicht betrieblich veranlasst wären.

§ 4d
Zuwendungen an Unterstützungskassen

(1) [1]Zuwendungen an eine Unterstützungskasse dürfen von dem Unternehmen, das die Zuwendungen leistet (Trägerunternehmen), als Betriebsausgaben abgezogen werden, soweit die Leistungen der Kasse, wenn sie vom Trägerunternehmen unmittelbar erbracht würden, bei diesem betrieblich veranlasst wären und sie die folgenden Beträge nicht übersteigen:

1. bei Unterstützungskassen, die lebenslänglich laufende Leistungen gewähren:

   a) das Deckungskapital für die laufenden Leistungen nach der dem Gesetz als Anlage 1 beigefügten Tabelle. [2]Leistungsempfänger ist jeder ehemalige Arbeitnehmer des Trägerunternehmens, der von der Unterstützungskasse Leistungen erhält; soweit die Kasse Hinterbliebenenversorgung gewährt, ist Leistungsempfänger der Hinterbliebene eines ehemaligen Arbeitnehmers des Trägerunternehmens, der von der Kasse Leistungen erhält. [3]Dem ehemaligen Arbeitnehmer stehen andere Personen gleich, denen Leistungen der Alters-, Invaliditäts- oder Hinterbliebenenversorgung aus Anlass ihrer ehemaligen Tätigkeit für das Trägerunternehmen zugesagt worden sind;

   b) in jedem Wirtschaftsjahr für jeden Leistungsanwärter,

      aa) wenn die Kasse nur Invaliditätsversorgung oder nur Hinterbliebenenversorgung gewährt, jeweils 6 vom Hundert,

      bb) wenn die Kasse Altersversorgung mit oder ohne Einschluss von Invaliditätsversorgung oder Hinterbliebenenversorgung gewährt, 25 vom Hundert

   der jährlichen Versorgungsleistungen, die der Leistungsanwärter oder, wenn nur Hinterbliebenenversorgung gewährt wird, dessen Hinterbliebene nach den Verhältnissen am Schluss des Wirtschaftsjahrs der Zuwendung im letzten Zeitpunkt der Anwartschaft, spätestens im Zeitpunkt der Vollendung des 65. Lebensjahrs erhalten können. [2]Leistungsanwärter ist jeder Arbeitnehmer des Trägerunternehmens, der von der Unterstützungskasse schriftlich zugesagte Leistungen erhalten kann und am Schluss des Wirtschaftsjahrs, in dem die Zuwendung erfolgt, das 28. Lebensjahr vollendet hat; soweit die Kasse nur Hinterbliebenenversorgung gewährt, gilt als Leistungsanwärter jeder Arbeitnehmer oder ehemalige Arbeitnehmer des Trägerunternehmens, der am Schluss des Wirtschaftsjahrs, in dem die Zuwendung erfolgt, das 28. Lebensjahr vollendet hat und dessen Hinterbliebene die Hinterbliebenenversorgung erhalten können. [3]Das Trägerunternehmen kann bei der Berechnung nach Satz 1 statt des dort maßgebenden Betrags den Durchschnittsbetrag der von der Kasse im Wirtschaftsjahr an Leistungsempfänger im Sinne des Buchstabens a Satz 2 gewährten Leistungen zugrunde legen. [4]In diesem Fall sind Leistungsanwärter im Sinne des Satzes 2 nur die Arbeitnehmer oder ehemaligen Arbeitnehmer des Trägerunternehmens, die am Schluss des Wirtschaftsjahrs, in dem die Zuwendung erfolgt, das 50. Lebensjahr vollendet haben. [5]Dem Arbeitnehmer oder ehemaligen Arbeitnehmer als Leistungsanwärter stehen andere Personen gleich, denen schriftlich Leistungen der Alters-, Invaliditäts- oder Hinterbliebenenversorgung aus Anlass ihrer Tätigkeit für das Trägerunternehmen zugesagt worden sind;

c) den Betrag des Beitrags, den die Kasse an einen Versicherer zahlt, soweit sie sich die Mittel für ihre Versorgungsleistungen, die der Leistungsanwärter oder Leistungsempfänger nach den Verhältnissen am Schluss des Wirtschaftsjahrs der Zuwendung erhalten kann, durch Abschluss einer Versicherung verschafft. [2]Bei Versicherungen für einen Leistungsanwärter ist der Abzug des Beitrags nur zulässig, wenn der Leistungsanwärter die in Buchstabe b Satz 2 und 5 genannten Voraussetzungen erfüllt, die Versicherung für die Dauer bis zu dem Zeitpunkt abgeschlossen ist, für den erstmals Leistungen der Altersversorgung vorgesehen sind, mindestens jedoch bis zu dem Zeitpunkt, an dem der Leistungsanwärter das 55. Lebensjahr vollendet hat, und während dieser Zeit jährlich Beiträge gezahlt werden, die der Höhe nach gleichbleiben oder steigen. [3]Das Gleiche gilt für Leistungsanwärter, die das 28. Lebensjahr noch nicht vollendet haben, für Leistungen der Invaliditäts- oder Hinterbliebenenversorgung, für Leistungen der Altersversorgung unter der Voraussetzung, dass die Leistungsanwartschaft bereits unverfallbar ist. [4]Ein Abzug ist ausgeschlossen, wenn die Ansprüche aus der Versicherung der Sicherung eines Darlehens dienen. [5]Liegen die Voraussetzungen der Sätze 1 bis 4 vor, sind die Zuwendungen nach den Buchstaben a und b in dem Verhältnis zu vermindern, in dem die Leistungen der Kasse durch die Versicherung gedeckt sind;

d) den Betrag, den die Kasse einem Leistungsanwärter im Sinne des Buchstabens b Satz 2 und 5 vor Eintritt des Versorgungsfalls als Abfindung für künftige Versorgungsleistungen gewährt, den Übertragungswert nach § 4 Abs. 5 des Betriebsrentengesetzes oder den Betrag, den sie an einen anderen Versorgungsträger zahlt, der eine ihr obliegende Versorgungsverpflichtung übernommen hat.

[2]Zuwendungen dürfen nicht als Betriebsausgaben abgezogen werden, wenn das Vermögen der Kasse ohne Berücksichtigung künftiger Versorgungsleistungen am Schluss des Wirtschaftsjahrs das zulässige Kassenvermögen übersteigt. [3]Bei der Ermittlung des Vermögens der Kasse ist am Schluss des Wirtschaftsjahrs vorhandener Grundbesitz mit 200 vom Hundert der Einheitswerte anzusetzen, die zu dem Feststellungszeitpunkt maßgebend sind, der dem Schluss des Wirtschaftsjahrs folgt; Ansprüche aus einer Versicherung sind mit dem Wert des geschäftsplanmäßigen Deckungskapitals zuzüglich der Guthaben aus Beitragsrückerstattung am Schluss des Wirtschaftsjahrs anzusetzen und das übrige Vermögen ist mit dem gemeinen Wert am Schluss des Wirtschaftsjahrs zu bewerten. [4]Zulässiges Kassenvermögen ist die Summe aus dem Deckungskapital für alle am Schluss des Wirtschaftsjahrs laufenden Leistungen nach der dem Gesetz als Anlage 1 beigefügten Tabelle für Leistungsempfänger im Sinne des Satzes 1 Buchstabe a und dem Achtfachen der nach Satz 1 Buchstabe b abzugsfähigen Zuwendungen. [5]Soweit sich die Kasse die Mittel für ihre Leistungen durch Abschluss einer Versicherung verschafft, ist, wenn die Voraussetzungen für den Abzug des Beitrags nach Satz 1 Buchstabe c erfüllt sind, zulässiges Kassenvermögen der Wert des geschäftsplanmäßigen Deckungskapitals aus der Versicherung am Schluss des Wirtschaftsjahrs; in diesem Fall ist das zulässige Kassenvermögen nach Satz 4 in dem Verhältnis zu vermindern, in dem die Leistungen der Kasse durch die Versicherung gedeckt sind. [6]Soweit die Berechnung des Deckungskapitals nicht zum Geschäftsplan gehört, tritt an die Stelle des geschäftsplanmäßigen Deckungskapitals der nach § 176 Abs. 3 des Gesetzes über den Versicherungsvertrag berechnete Zeitwert beim zulässigen Kassenvermögen ohne Berücksichtigung des Guthabens aus Beitragsrückerstattung. [7]Gewährt eine Unterstützungskasse an Stelle von lebenslänglich laufenden Leistungen eine einmalige Kapitalleistung, so gelten 10 vom Hundert der Kapitalleistung als Jahresbetrag einer lebenslänglich laufenden Leistung;

2. bei Kassen, die keine lebenslänglich laufenden Leistungen gewähren, für jedes Wirtschaftsjahr 0,2 vom Hundert der Lohn- und Gehaltssumme des Trägerunternehmens, mindestens jedoch den Betrag der von der Kasse in

einem Wirtschaftsjahr erbrachten Leistungen, soweit dieser Betrag höher ist als die in den vorangegangenen fünf Wirtschaftsjahren vorgenommenen Zuwendungen abzüglich der in dem gleichen Zeitraum erbrachten Leistungen. [2]Diese Zuwendungen dürfen nicht als Betriebsausgaben abgezogen werden, wenn das Vermögen der Kasse am Schluss des Wirtschaftsjahrs das zulässige Kassenvermögen übersteigt. [3]Als zulässiges Kassenvermögen kann 1 vom Hundert der durchschnittlichen Lohn- und Gehaltssumme der letzten drei Jahre angesetzt werden. [4]Hat die Kasse bereits 10 Wirtschaftsjahre bestanden, darf das zulässige Kassenvermögen zusätzlich die Summe der in den letzten 10 Wirtschaftsjahren gewährten Leistungen nicht übersteigen. [5]Für die Bewertung des Vermögens der Kasse gilt Nummer 1 Satz 3 entsprechend. [6]Bei der Berechnung der Lohn- und Gehaltssumme des Trägerunternehmens sind Löhne und Gehälter von Personen, die von der Kasse keine nicht lebenslänglich laufenden Leistungen erhalten können, auszuscheiden.

[2]Gewährt eine Kasse lebenslänglich laufende und nicht lebenslänglich laufende Leistungen, so gilt Satz 1 Nr. 1 und 2 nebeneinander. [3]Leistet ein Trägerunternehmen Zuwendungen an mehrere Unterstützungskassen, so sind diese Kassen bei der Anwendung der Nummern 1 und 2 als Einheit zu behandeln.

(2) [1]Zuwendungen im Sinne des Absatzes 1 sind von dem Trägerunternehmen in dem Wirtschaftsjahr als Betriebsausgaben abzuziehen, in dem sie geleistet werden. [2]Zuwendungen, die bis zum Ablauf eines Monats nach Aufstellung oder Feststellung der Bilanz des Trägerunternehmens für den Schluss eines Wirtschaftsjahrs geleistet werden, können von dem Trägerunternehmen noch für das abgelaufene Wirtschaftsjahr durch eine Rückstellung gewinnmindernd berücksichtigt werden. [3]Übersteigen die in einem Wirtschaftsjahr geleisteten Zuwendungen die nach Absatz 1 abzugsfähigen Beträge, so können die übersteigenden Beträge im Wege der Rechnungsabgrenzung auf die folgenden drei Wirtschaftsjahre vorgetragen und im Rahmen der für diese Wirtschaftsjahre abzugsfähigen Beträge als Betriebsausgaben behandelt werden. [4]§ 5 Abs. 1 Satz 2 ist nicht anzuwenden.

(3) [1]Abweichend von Absatz 1 Satz 1 Nr. 1 Satz 1 Buchstabe d und Absatz 2 können auf Antrag die insgesamt erforderlichen Zuwendungen an die Unterstützungskasse für den Betrag, den die Kasse an einen Pensionsfonds zahlt, der eine ihr obliegende Versorgungsverpflichtung ganz oder teilweise übernommen hat, nicht im Wirtschaftsjahr der Zuwendung, sondern erst in den dem Wirtschaftsjahr der Zuwendung folgenden zehn Wirtschaftsjahren gleichmäßig verteilt als Betriebsausgaben abgezogen werden.

[2]Der Antrag ist unwiderruflich; der jeweilige Rechtsnachfolger ist an den Antrag gebunden.

§ 4e
Beiträge an Pensionsfonds

(1) Beiträge an einen Pensionsfonds im Sinne des § 112 des Versicherungsaufsichtsgesetzes dürfen von dem Unternehmen, das die Beiträge leistet (Trägerunternehmen), als Betriebsausgaben abgezogen werden, soweit sie auf einer festgelegten Verpflichtung beruhen oder der Abdeckung von Fehlbeträgen bei dem Fonds dienen.

(2) Beiträge im Sinne des Absatzes 1 dürfen als Betriebsausgaben nicht abgezogen werden, soweit die Leistungen des Fonds, wenn sie vom Trägerunternehmen unmittelbar erbracht würden, bei diesem nicht betrieblich veranlasst wären.

(3) [1]Der Steuerpflichtige kann auf Antrag die insgesamt erforderlichen Leistungen an einen Pensionsfonds zur teilweisen oder vollständigen Übernahme einer bestehenden Versorgungsverpflichtung oder Versorgungsanwartschaft durch den Pensionsfonds erst in den dem Wirtschaftsjahr der Übertragung folgenden zehn Wirtschaftsjahren gleichmäßig verteilt als Betriebsausgaben abziehen. [2]Der Antrag ist unwiderruflich; der jeweilige Rechtsnachfolger ist an den Antrag gebunden. [3]Ist eine Pensionsrückstellung nach § 6a gewinnerhöhend aufzulösen, ist Satz 1 mit der Maßgabe anzuwenden, dass die Leistungen an den Pensionsfonds im Wirtschaftsjahr der Übertragung in Höhe der aufgelösten Rückstellung als Betriebsausgaben abgezogen werden können; der die aufgelöste Rückstellung übersteigende Betrag ist in den dem Wirtschaftsjahr der Übertragung folgenden zehn Wirtschaftsjahren gleichmäßig verteilt als Betriebsausgaben abzuziehen. [4]Satz 3 gilt entsprechend, wenn es im Zuge der Leistungen des Arbeitgebers an den Pensionsfonds zu Vermögensübertragungen einer Unterstützungskasse an den Arbeitgeber kommt.

...

§ 6a
Pensionsrückstellung

(1) Für eine Pensionsverpflichtung darf eine Rückstellung (Pensionsrückstellung) nur gebildet werden, wenn und soweit

1. der Pensionsberechtigte einen Rechtsanspruch auf einmalige oder laufende Pensionsleistungen hat,

2. die Pensionszusage keine Pensionsleistungen in Abhängigkeit von künftigen gewinnabhängigen Bezügen vorsieht und keinen Vorbehalt enthält, dass die Pensionsanwartschaft oder die Pensionsleistung gemindert oder entzogen werden kann, oder ein solcher Vorbehalt sich nur auf Tatbestände erstreckt, bei deren Vorliegen nach allgemeinen Rechtsgrundsätzen unter Beachtung billigen Ermessens eine Minderung oder ein Entzug der Pensionsanwartschaft oder der Pensionsleistung zulässig ist, und

3. die Pensionszusage schriftlich erteilt ist; die Pensionszusage muss eindeutige Angaben zu Art, Form, Voraussetzungen und Höhe der in Aussicht gestellten künftigen Leistungen enthalten.

(2) Eine Pensionsrückstellung darf erstmals gebildet werden

1. vor Eintritt des Versorgungsfalls für das Wirtschaftsjahr, in dem die Pensionszusage erteilt wird, frühestens jedoch für das Wirtschaftsjahr, bis zu dessen Mitte der Pensionsberechtigte das 28. Lebensjahr vollendet oder für das Wirtschaftsjahr, in dessen Verlauf die Pensionsanwartschaft gemäß den Vorschriften des Betriebsrentengesetzes unverfallbar wird,

2. nach Eintritt des Versorgungsfalls für das Wirtschaftsjahr, in dem der Versorgungsfall eintritt.

(3) ¹Eine Pensionsrückstellung darf höchstens mit dem Teilwert der Pensionsverpflichtung angesetzt werden. ²Als Teilwert einer Pensionsverpflichtung gilt

1. vor Beendigung des Dienstverhältnisses des Pensionsberechtigten der Barwert der künftigen Pensionsleistungen am Schluss des Wirtschaftsjahrs abzüglich des sich auf denselben Zeitpunkt ergebenden Barwerts betragsmäßig gleich bleibender Jahresbeträge, bei einer Entgeltumwandlung im Sinne von § 1 Abs. 2 des Betriebsrentengesetzes mindestens jedoch der Barwert der gemäß den Vorschriften des Betriebsrentengesetzes unverfallbaren künftigen Pensionsleistungen am Schluss des Wirtschaftsjahrs. ²Die Jahresbeträge sind so zu bemessen, dass am Beginn des Wirtschaftsjahrs, in dem das Dienstverhältnis begonnen hat, ihr Barwert gleich dem Barwert der künftigen Pensionsleistungen ist; die künftigen Pensionsleistungen sind dabei mit dem Betrag anzusetzen, der sich nach den Verhältnissen am Bilanzstichtag ergibt. ³Es sind die Jahresbeträge zugrunde zu legen, die vom Beginn des Wirtschaftsjahrs, in dem das Dienstverhältnis begonnen hat, bis zu dem in der Pensionszusage vorgesehenen Zeitpunkt des Eintritts des Versorgungsfalls rechnungsmäßig aufzubringen sind. ⁴Erhöhungen oder Ver-

minderungen der Pensionsleistungen nach dem Schluss des Wirtschaftsjahrs, die hinsichtlich des Zeitpunkts ihres Wirksamwerdens oder ihres Umfangs ungewiss sind, sind bei der Berechnung des Barwerts der künftigen Pensionsleistungen und der Jahresbeträge erst zu berücksichtigen, wenn sie eingetreten sind. [5]Wird die Pensionszusage erst nach dem Beginn des Dienstverhältnisses erteilt, so ist die Zwischenzeit für die Berechnung der Jahresbeträge nur insoweit als Wartezeit zu behandeln, als sie in der Pensionszusage als solche bestimmt ist. [6]Hat das Dienstverhältnis schon vor der Vollendung des 28. Lebensjahrs des Pensionsberechtigten bestanden, so gilt es als zu Beginn des Wirtschaftsjahrs begonnen, bis zu dessen Mitte der Pensionsberechtigte das 28. Lebensjahr vollendet; in diesem Fall gilt für davor liegende Wirtschaftsjahre als Teilwert der Barwert der gemäß den Vorschriften des Betriebsrentengesetzes unverfallbaren künftigen Pensionsleistungen am Schluss des Wirtschaftsjahrs;

2. nach Beendigung des Dienstverhältnisses des Pensionsberechtigten unter Aufrechterhaltung seiner Pensionsanwartschaft oder nach Eintritt des Versorgungsfalls der Barwert der künftigen Pensionsleistungen am Schluss des Wirtschaftsjahrs; Nummer 1 Satz 4 gilt sinngemäß.

[3]Bei der Berechnung des Teilwerts der Pensionsverpflichtung sind ein Rechnungszinsfuß von 6 vom Hundert und die anerkannten Regeln der Versicherungsmathematik anzuwenden.

(4) [1]Eine Pensionsrückstellung darf in einem Wirtschaftsjahr höchstens um den Unterschied zwischen dem Teilwert der Pensionsverpflichtung am Schluss des Wirtschaftsjahrs und am Schluss des vorangegangenen Wirtschaftsjahrs erhöht werden. [2]Soweit der Unterschiedsbetrag auf der erstmaligen Anwendung neuer oder geänderter biometrischer Rechnungsgrundlagen beruht, kann er nur auf mindestens drei Wirtschaftsjahre gleichmäßig verteilt der Pensionsrückstellung zugeführt werden; Entsprechendes gilt beim Wechsel auf andere biometrische Rechnungsgrundlagen. [3]In dem Wirtschaftsjahr, in dem mit der Bildung einer Pensionsrückstellung frühestens begonnen werden darf (Erstjahr), darf die Rückstellung bis zur Höhe des Teilwerts der Pensionsverpflichtung am Schluss des Wirtschaftsjahrs gebildet werden; diese Rückstellung kann auf das Erstjahr und die beiden folgenden Wirtschaftsjahre gleichmäßig verteilt werden. [4]Erhöht sich in einem Wirtschaftsjahr gegenüber dem vorangegangenen Wirtschaftsjahr der Barwert der künftigen Pensionsleistungen um mehr als 25 vom Hundert, so kann die für dieses Wirtschaftsjahr zulässige Erhöhung der Pensionsrückstellung auf dieses Wirtschaftsjahr und die beiden folgenden Wirtschafts-

jahre gleichmäßig verteilt werden. [5]Am Schluss des Wirtschaftsjahrs, in dem das Dienstverhältnis des Pensionsberechtigten unter Aufrechterhaltung seiner Pensionsanwartschaft endet oder der Versorgungsfall eintritt, darf die Pensionsrückstellung stets bis zur Höhe des Teilwerts der Pensionsverpflichtung gebildet werden; die für dieses Wirtschaftsjahr zulässige Erhöhung der Pensionsrückstellung kann auf dieses Wirtschaftsjahr und die beiden folgenden Wirtschaftsjahre gleichmäßig verteilt werden. [6]Satz 2 gilt in den Fällen der Sätze 3 bis 5 entsprechend.

(5) Die Absätze 3 und 4 gelten entsprechend, wenn der Pensionsberechtigte zu dem Pensionsverpflichteten in einem anderen Rechtsverhältnis als einem Dienstverhältnis steht.

...

§ 9a
Pauschbeträge für Werbungskosten

[1]Für Werbungskosten sind bei der Ermittlung der Einkünfte die folgenden Pauschbeträge abzuziehen, wenn nicht höhere Werbungskosten nachgewiesen werden:

1. a) von den Einnahmen aus nichtselbständiger Arbeit vorbehaltlich Buchstabe b):
      ein Arbeitnehmer-Pauschbetrag von 920 Euro;

   b) von den Einnahmen aus nichtselbständiger Arbeit, soweit es sich um Versorgungsbezüge im Sinne des § 19 Abs. 2 handelt:
      ein Pauschbetrag von 120 Euro;

2. von den Einnahmen aus Kapitalvermögen:
   ein Pauschbetrag von 51 Euro;

   bei Ehegatten, die nach den §§ 26, 26b zusammen veranlagt werden, erhöht sich dieser Pauschbetrag auf insgesamt 102 Euro;

3. von den Einnahmen im Sinne des § 22 Nr. 1, 1a und 5:
   ein Pauschbetrag von insgesamt 102 Euro.

[2]Der Pauschbetrag nach Satz 1 Nr. 1 Buchstabe b) darf nur bis zur Höhe der um den Versorgungsfreibetrag einschließlich des Zuschlags zum Versorgungsfreibetrag (§ 19 Abs. 2) geminderten Einnahmen, die Pauschbeträge nach Satz 1 Nr. 1 Buchstabe a, Nr. 2 und 3 dürfen nur bis zur Höhe der Einnahmen abgezogen werden.

...

§ 10
Sonderausgaben

(1) Sonderausgaben sind die folgenden Aufwendungen, wenn sie weder Betriebsausgaben noch Werbungskosten sind:

...

2. a) Beiträge zu den gesetzlichen Rentenversicherungen oder landwirtschaftlichen Alterskassen sowie zu berufsständischen Versorgungseinrichtungen, die den gesetzlichen Rentenversicherungen vergleichbare Leistungen erbringen;

   b) Beiträge des Steuerpflichtigen zum Aufbau einer eigenen kapitalgedeckten Altersversorgung, wenn der Vertrag nur die Zahlung einer monatlichen auf das Leben des Steuerpflichtigen bezogenen lebenslangen Leibrente nicht vor Vollendung des 60. Lebensjahres oder die ergänzende Absicherung des Eintritts der Berufsunfähigkeit (Berufsunfähigkeitsrente), der verminderten Erwerbsfähigkeit (Erwerbsminderungsrente) oder von Hinterbliebenen (Hinterbliebenenrente) vorsieht; Hinterbliebene in diesem Sinne sind der Ehegatte des Steuerpflichtigen und die Kinder, für die er Kindergeld oder einen Freibetrag nach § 32 Abs. 6 erhält; der Anspruch auf Waisenrente darf längstens für den Zeitraum bestehen, in dem der Rentenberechtigte die Voraussetzungen für die Berücksichtigung als Kind im Sinne des § 32 erfüllt; die genannten Ansprüche dürfen nicht vererblich, nicht übertragbar, nicht beleihbar, nicht veräußerbar und nicht kapitalisierbar sein und es darf darüber hinaus kein Anspruch auf Auszahlungen bestehen.

²Zu den Beiträgen nach Buchstabe a und b ist der nach § 3 Nr. 62 steuerfreie Arbeitgeberanteil zur gesetzlichen Rentenversicherung und ein diesem gleichgestellter steuerfreier Zuschuss des Arbeitgebers hinzuzurechnen.

...

(2) Voraussetzung für den Abzug der in Absatz 1 Nr. 2 und 3 bezeichneten Beträge (Vorsorgeaufwendungen) ist, dass sie

1. nicht in unmittelbarem wirtschaftlichen Zusammenhang mit steuerfreien Einnahmen stehen,

2. a) an Versicherungsunternehmen, die ihren Sitz oder ihre Geschäftsleitung in einem Mitgliedstaat der Europäischen Gemeinschaft oder einem anderen Vertragsstaat des Europäischen Wirtschaftsraums ha-

ben und das Versicherungsgeschäft im Inland betreiben dürfen, und Versicherungsunternehmen, denen die Erlaubnis zum Geschäftsbetrieb im Inland erteilt ist,

b) an berufsständische Versorgungseinrichtungen oder

c) an einen Sozialversicherungsträger

geleistet werden.

(3) [1]Vorsorgeaufwendungen nach Absatz 1 Nr. 2 Satz 2 sind bis zu 20.000 Euro zu berücksichtigen. [2]Bei zusammenveranlagten Ehegatten verdoppelt sich der Höchstbetrag. [3]Der Höchstbetrag nach Satz 1 oder 2 ist bei Steuerpflichtigen, die zum Personenkreis des § 10c Abs. 3 Nr. 1 und 2 gehören oder Einkünfte im Sinne des § 22 Nr. 4 erzielen und die ganz oder teilweise ohne eigene Beitragsleistungen einen Anspruch auf Altersversorgung erwerben, um den Betrag zu kürzen, der, bezogen auf die Einnahmen aus der Tätigkeit, die die Zugehörigkeit zum genannten Personenkreis begründen, dem Gesamtbeitrag (Arbeitgeber- und Arbeitnehmeranteil) zur allgemeinen Rentenversicherung entspricht. [4]Im Kalenderjahr 2005 sind 60 vom Hundert der nach den Sätzen 1 bis 3 ermittelten Vorsorgeaufwendungen anzusetzen. [5]Der sich danach ergebende Betrag vermindert um den nach § 3 Nr. 62 steuerfreien Arbeitgeberanteil zur gesetzlichen Rentenversicherung und einen diesem gleichgestellten steuerfreien Zuschuss des Arbeitgebers ist als Sonderausgabe abziehbar. [6]Der Vomhundertsatz in Satz 4 erhöht sich in den folgenden Kalenderjahren bis zum Kalenderjahr 2025 um je 2 vom-Hundert-Punkte je Kalenderjahr.

(4) [1]Vorsorgeaufwendungen im Sinne des Absatzes 1 Nr. 3 können je Kalenderjahr bis 2.400 Euro abgezogen werden. [2]Der Höchstbetrag beträgt 1.500 Euro bei Steuerpflichtigen, die ganz oder teilweise ohne eigene Aufwendungen einen Anspruch auf vollständige oder teilweise Erstattung oder Übernahme von Krankheitskosten haben oder für deren Krankenversicherung Leistungen im Sinne des § 3 Nr. 62 oder § 3 Nr. 14 erbracht werden. [3]Bei zusammenveranlagten Ehegatten bestimmt sich der gemeinsame Höchstbetrag aus der Summe der jedem Ehegatten unter den Voraussetzungen der Sätze 1 und 2 zustehenden Höchstbeträge.

(4a) Ist in den Kalenderjahren 2005 bis 2019 der Abzug der Vorsorgeaufwendungen nach Absatz 1 Nr. 2 und 3 in der für das Kalenderjahr 2004 geltenden Fassung des § 10 Abs. 3 mit folgenden Höchstbeträgen für den Vorwegabzug günstiger, ist der sich danach ergebende Betrag anstelle des Abzugs nach Absatz 3 und 4 anzusetzen.

...

Kalenderjahr	Vorwegabzug für den Steuerpflichtigen	Vorwegabzug im Falle der Zusammenveranlagung von Ehegatten
2005	3.068	6.136
2006	3.068	6.136
2007	3.068	6.136
2008	3.068	6.136
2009	3.068	6.136
2010	3.068	6.136
2011	2.700	5.400
2012	2.400	4.800
2013	2.100	4.200
2014	1.800	3.600
2015	1.500	3.000
2016	1.200	2.400
2017	900	1.800
2018	600	1.200
2019	300	600

§ 10a
Zusätzliche Altersvorsorge

(1) [1]In der gesetzlichen Rentenversicherung Pflichtversicherte können Altersvorsorgebeiträge (§ 82) zuzüglich der dafür nach Abschnitt XI zustehenden Zulage

in den Veranlagungszeiträumen
2002 und 2003 bis zu   525 Euro,

in den Veranlagungszeiträumen
2004 und 2005 bis zu   1.050 Euro,

in den Veranlagungszeiträumen
2006 und 2007 bis zu   1.575 Euro,

ab dem Veranlagungszeitraum
2008 jährlich bis zu   2.100 Euro

als Sonderausgaben abziehen; das Gleiche gilt für

1. Empfänger von Besoldung nach dem Bundesbesoldungsgesetz,

2. Empfänger von Amtsbezügen aus einem Amtsverhältnis, deren Versorgungsrecht die entsprechende Anwendung des $\S$ 69e Abs. 3 und 4 des Beamtenversorgungsgesetzes vorsieht, und

3. die nach $\S$ 5 Abs. 1 Satz 1 Nr. 2 und 3 des Sechsten Buches Sozialgesetzbuch versicherungsfrei Beschäftigten, die nach $\S$ 6 Abs. 1 Satz 1 Nr. 2 oder nach $\S$ 230 Abs. 2 Satz 2 des Sechsten Buches Sozialgesetzbuch von der Versicherungspflicht befreiten Beschäftigten, deren Versorgungsrecht die entsprechende Anwendung des $\S$ 69e Abs. 3 und 4 des Beamtenversorgungsgesetzes vorsieht,

4. Beamte, Richter, Berufssoldaten und Soldaten auf Zeit, die ohne Besoldung beurlaubt sind, für die Zeit einer Beschäftigung, wenn während der Beurlaubung die Gewährleistung einer Versorgungsanwartschaft unter den Voraussetzungen des $\S$ 5 Abs. 1 Satz 1 des Sechsten Buches Sozialgesetzbuch auf diese Beschäftigung erstreckt wird und

5. Steuerpflichtige im Sinne der Nummern 1 bis 4, die wegen der Erziehung eines Kindes beurlaubt sind und deshalb keine Besoldung, Amtsbezüge oder Entgelt erhalten, sofern sie eine Anrechnung von Kindererziehungszeiten nach $\S$ 56 des Sechsten Buches Sozialgesetzbuch in Anspruch nehmen könnten, wenn die Versicherungsfreiheit in der gesetzlichen Rentenversicherung nicht bestehen würde,

wenn sie spätestens bis zum Ablauf des zweiten Kalenderjahres, das auf das Beitragsjahr ($\S$ 88) folgt, gegenüber der zuständigen Stelle ($\S$ 81a) schriftlich eingewilligt haben, dass diese der zentralen Stelle ($\S$ 81) jährlich mitteilt, dass der Steuerpflichtige zum begünstigten Personenkreis gehört, dass die zuständige Stelle der zentralen Stelle die für die Ermittlung des Mindesteigenbeitrags ($\S$ 86) und die Gewährung der Kinderzulage ($\S$ 85) erforderlichen Daten übermittelt und die zentrale Stelle diese Daten für das Zulageverfahren verwenden darf. [2]Bei der Erteilung der Einwilligung ist der Steuerpflichtige darauf hinzuweisen, dass er die Einwilligung vor Beginn des Kalenderjahres, für das sie erstmals nicht mehr gelten soll, gegenüber der zuständigen Stelle widerrufen kann. [3]Versicherungspflichtige nach dem Gesetz über die Alterssicherung der Landwirte sowie Personen, die wegen Arbeitslosigkeit bei einem inländischen Arbeitsamt als Arbeitsuchende gemeldet sind und der Versicherungspflicht in der Rentenversicherung nicht unterliegen, weil sie eine Leistung nach dem Dritten Buch Sozialgesetzbuch nur wegen des zu berücksichtigenden Einkommens oder Vermögens nicht beziehen, stehen Pflichtversicherten gleich.

(1a) Sofern eine Zulagenummer (§ 90 Abs. 1 Satz 2) durch die zentrale Stelle oder eine Versicherungsnummer nach § 147 des Sechsten Buches Sozialgesetzbuch noch nicht vergeben ist, haben die in Absatz 1 Satz 1 Nr. 1 bis 5 genannten Steuerpflichtigen über die zuständige Stelle eine Zulagenummer bei der zentralen Stelle zu beantragen.

(2) [1]Ist der Sonderausgabenabzug nach Absatz 1 für den Steuerpflichtigen günstiger als der Anspruch auf die Zulage nach Abschnitt XI, erhöht sich die unter Berücksichtigung des Sonderausgabenabzugs ermittelte tarifliche Einkommensteuer um den Anspruch auf Zulage. [2]In den anderen Fällen scheidet der Sonderausgabenabzug aus. [3]Die Günstigerprüfung wird von Amts wegen vorgenommen.

(3) [1]Der Abzugsbetrag nach Absatz 1 steht im Falle der Veranlagung von Ehegatten nach § 26 Abs. 1 jedem Ehegatten unter den Voraussetzungen des Absatz 1 gesondert zu. [2]Gehört nur ein Ehegatte zu dem nach Absatz 1 begünstigten Personenkreis und ist der andere Ehegatte nach § 79 Satz 2 zulageberechtigt, sind bei dem nach Absatz 1 abzugsberechtigten Ehegatten die von beiden Ehegatten geleisteten Altersvorsorgebeiträge und die dafür zustehenden Zulagen bei der Anwendung der Absätze 1 und 2 zu berücksichtigen.

(4) [1]Im Falle des Absatzes 2 Satz 1 stellt das Finanzamt die über den Zulagenanspruch nach Abschnitt XI hinausgehende Steuerermäßigung gesondert fest und teilt diese der zentralen Stelle (§ 81) mit; § 10d Abs. 4 Satz 3 bis 5 gilt entsprechend. [2]Sind Altersvorsorgebeiträge zugunsten von mehreren Verträgen geleistet worden, erfolgt die Zurechnung im Verhältnis der nach Absatz 1 berücksichtigten Altersvorsorgebeiträge. [3]Ehegatten ist der nach Satz 1 festzustellende Betrag auch im Falle der Zusammenveranlagung jeweils getrennt zuzurechnen; die Zurechnung erfolgt im Verhältnis der nach Absatz 1 berücksichtigten Altersvorsorgebeiträge. [4]Werden Altersvorsorgebeiträge nach Absatz 3 Satz 2 berücksichtigt, die der nach § 79 Satz 2 zulageberechtigte Ehegatte zugunsten eines auf seinen Namen lautenden Vertrages geleistet hat, ist die hierauf entfallende Steuerermäßigung dem Vertrag zuzurechnen, zu dessen Gunsten die Altersvorsorgebeiträge geleistet wurden. [5]Die Übermittlung an die zentrale Stelle erfolgt unter Angabe der Vertrags- und Steuernummer sowie der Zulage- oder Versicherungsnummer nach § 147 des Sechsten Buches Sozialgesetzbuch.

(5) [1]Der Steuerpflichtige hat die zu berücksichtigenden Altersvorsorgebeiträge durch eine vom Anbieter auszustellende Bescheinigung nach amtlich vorgeschriebenem Vordruck nachzuweisen. [2]Diese Bescheinigung ist auch

auszustellen, wenn im Falle der mittelbaren Zulageberechtigung (§ 79 Satz 2) keine Altersvorsorgebeiträge geleistet wurden. [3]Die übrigen Voraussetzungen für den Sonderausgabenabzug nach den Absätzen 1 bis 3 werden im Wege der Datenerhebung und des automatisierten Datenabgleichs nach § 91 überprüft.

...

§ 19
Nichtselbständige Arbeit

(1) [1]Zu den Einkünften aus nichtselbständiger Arbeit gehören

1. Gehälter, Löhne, Gratifikationen, Tantiemen und andere Bezüge und Vorteile für eine Beschäftigung im öffentlichen oder privaten Dienst;

2. Wartegelder, Ruhegelder, Witwen- und Waisengelder und andere Bezüge und Vorteile aus früheren Dienstleistungen.

[2]Es ist gleichgültig, ob es sich um laufende oder um einmalige Bezüge handelt und ob ein Rechtsanspruch auf sie besteht.

(2) [1]Von Versorgungsbezügen bleiben ein nach einem Vomhundertsatz ermittelter, auf einen Höchstbetrag begrenzter Betrag (Versorgungsfreibetrag) und ein Zuschlag zum Versorgungsfreibetrag steuerfrei. [2]Versorgungsbezüge sind

1. das Ruhegehalt, Witwen- oder Waisengeld, der Unterhaltsbeitrag oder ein gleichartiger Bezug

   a) auf Grund beamtenrechtlicher oder entsprechender gesetzlicher Vorschriften,

   b) nach beamtenrechtlichen Grundsätzen von Körperschaften, Anstalten oder Stiftungen des öffentlichen Rechts oder öffentlich-rechtlichen Verbänden von Körperschaften

   oder

2. in anderen Fällen Bezüge und Vorteile aus früheren Dienstleistungen wegen Erreichens einer Altersgrenze, verminderter Erwerbsfähigkeit oder Hinterbliebenenbezüge; Bezüge wegen Erreichens einer Altersgrenze gelten erst dann als Versorgungsbezüge, wenn der Steuerpflichtige das 63. Lebensjahr oder, wenn er schwerbehindert ist, das 60. Lebensjahr vollendet hat.

³Der maßgebende Vomhundertsatz, der Höchstbetrag des Versorgungsfreibetrags und der Zuschlag zum Versorgungsfreibetrag sind der nachstehenden Tabelle zu entnehmen:

Jahr des Ver- sorgungsbeginns	Versorgungsfreibetrag		Zuschlag zum Versorgungsfrei- betrag in Euro
	in v. H. der Ver- sorgungsbezüge	Höchstbetrag in Euro	
bis 2005	40,0	3000	900
ab 2006	38,4	2880	864
2007	36,8	2760	828
2008	35,2	2640	792
2009	33,6	2520	756
2010	32,0	2400	720
2011	30,4	2280	684
2012	28,8	2160	648
2013	27,2	2040	612
2014	25,6	1920	576
2015	24,0	1800	540
2016	22,4	1680	504
2017	20,8	1560	468
2018	19,2	1440	432
2019	17,6	1320	396
2020	16,0	1200	360
2021	15,2	1140	342
2022	14,4	1080	324
2023	13,6	1020	306
2024	12,8	960	288
2025	12,0	900	270
2026	11,2	840	252
2027	10,4	780	234
2028	9,6	720	216
2029	8,8	660	198
2030	8,0	600	180
2031	7,2	540	162
2032	6,4	480	144
2033	5,6	420	126
2034	4,8	360	108
2035	4,0	300	90
2036	3,2	240	72
2037	2,4	180	54
2038	1,6	120	36
2039	0,8	60	18
2040	0,0	0	0

[4]Bemessungsgrundlage für den Versorgungsfreibetrag ist

a) bei Versorgungsbeginn vor 2005

   das Zwölffache des Versorgungsbezugs für Januar 2005,

b) bei Versorgungsbeginn ab 2005

   das Zwölffache des Versorgungsbezugs für den ersten vollen Monat,

jeweils zuzüglich voraussichtlicher Sonderzahlungen im Kalenderjahr, auf die zu diesem Zeitpunkt ein Rechtsanspruch besteht. [5]Der Zuschlag zum Versorgungsfreibetrag darf nur bis zur Höhe der um den Versorgungsfreibetrag geminderten Bemessungsgrundlage berücksichtigt werden. [6]Bei mehreren Versorgungsbezügen mit unterschiedlichem Bezugsbeginn bestimmen sich der insgesamt berücksichtigungsfähige Höchstbetrag des Versorgungsfreibetrags und der Zuschlag zum Versorgungsfreibetrag nach dem Jahr des Beginns des ersten Versorgungsbezugs. [7]Folgt ein Hinterbliebenenbezug einem Versorgungsbezug, bestimmen sich der Vomhundertsatz, der Höchstbetrag des Versorgungsfreibetrags und der Zuschlag zum Versorgungsfreibetrag für den Hinterbliebenenbezug nach dem Jahr des Beginns des Versorgungsbezugs. [8]Der nach den Sätzen 3 bis 7 berechnete Versorgungsfreibetrag und Zuschlag zum Versorgungsfreibetrag gelten für die gesamte Laufzeit des Versorgungsbezugs. [9]Regelmäßige Anpassungen des Versorgungsbezugs führen nicht zu einer Neuberechnung. [10]Abweichend hiervon sind der Versorgungsfreibetrag und der Zuschlag zum Versorgungsfreibetrag neu zu berechnen, wenn sich der Versorgungsbezug wegen Anwendung von Anrechnungs-, Ruhens-, Erhöhungs- oder Kürzungsregelungen erhöht oder vermindert. [11]In diesen Fällen sind die Sätze 3 bis 7 mit dem geänderten Versorgungsbezug als Bemessungsgrundlage im Sinne des Satzes 4 anzuwenden; im Kalenderjahr der Änderung sind der höchste Versorgungsfreibetrag und Zuschlag zum Versorgungsfreibetrag maßgebend. [12]Für jeden vollen Kalendermonat, für den keine Versorgungsbezüge gezahlt werden, ermäßigen sich der Versorgungsfreibetrag und der Zuschlag zum Versorgungsfreibetrag in diesem Kalenderjahr um je ein Zwölftel.

§ 20
Kapitalvermögen

(1) Zu den Einkünften aus Kapitalvermögen gehören

...

6. der Unterschiedsbetrag zwischen der Versicherungsleistung und der Summe der auf sie entrichteten Beiträge (Erträge) im Erlebensfall oder bei Rückkauf des Vertrags bei Rentenversicherungen mit Kapitalwahl-

recht, soweit nicht die Rentenzahlung gewählt wird, und bei Kapitalversicherungen mit Sparanteil, wenn der Vertrag nach dem 31. Dezember 2004 abgeschlossen worden ist. [2]Wird die Versicherungsleistung nach Vollendung des 60. Lebensjahres des Steuerpflichtigen und nach Ablauf von zwölf Jahren seit dem Vertragsabschluss ausgezahlt, ist die Hälfte des Unterschiedsbetrags anzusetzen. [3]Die Sätze 1 und 2 sind auf Erträge aus fondsgebundenen Lebensversicherungen entsprechend anzuwenden;

...

§ 22
Arten der sonstigen Einkünfte

Sonstige Einkünfte sind

1. a) bis b) ...

    [3]Zu den in Satz 1 bezeichneten Einkünften gehören auch

    a) Leibrenten und andere Leistungen,

       aa) die aus den gesetzlichen Rentenversicherungen, den landwirtschaftlichen Alterskassen, den berufsständischen Versorgungseinrichtungen und aus Rentenversicherungen im Sinne des § 10 Abs. 1 Nr. 2 Buchstabe b erbracht werden, soweit sie jeweils der Besteuerung unterliegen. [2]Bemessungsgrundlage für den der Besteuerung unterliegenden Anteil ist der Jahresbetrag der Rente. [3]Der der Besteuerung unterliegende Anteil ist nach dem Jahr des Rentenbeginns und dem in diesem Jahr maßgebenden Vomhundertsatz aus der nachstehenden Tabelle zu entnehmen:

Jahr des Rentenbeginns	Besteuerungsanteil in v. H.
bis 2005	50
ab 2006	52
2007	54
2008	56
2009	58
2010	60
2011	62
2012	64
2013	66
2014	68
2015	70
2016	72
2017	74
2018	76

Jahr des Rentenbeginns	Besteuerungsanteil in v. H.
2019	78
2020	80
2021	81
2022	82
2023	83
2024	84
2025	85
2026	86
2027	87
2028	88
2029	89
2030	90
2031	91
2032	92
2033	93
2034	94
2035	95
2036	96
2037	97
2038	98
2039	99
2040	100

[4]Der Unterschiedsbetrag zwischen dem Jahresbetrag der Rente und dem der Besteuerung unterliegenden Anteil der Rente ist der steuerfreie Teil der Rente. [5]Dieser gilt ab dem Jahr, das dem Jahr des Rentenbeginns folgt, für die gesamte Laufzeit des Rentenbezugs. [6]Abweichend hiervon ist der steuerfreie Teil der Rente bei einer Veränderung des Jahresbetrags der Rente in dem Verhältnis anzupassen, in dem der veränderte Jahresbetrag der Rente zum Jahresbetrag der Rente steht, der der Ermittlung des steuerfreien Teils der Rente zugrunde liegt. [7]Regelmäßige Anpassungen des Jahresbetrags der Rente führen nicht zu einer Neuberechnung und bleiben bei einer Neuberechnung außer Betracht. [8]Folgen nach dem 31. Dezember 2004 Renten aus derselben Versicherung einander nach, gilt für die spätere Rente Satz 3 mit der Maßgabe, dass sich der Vomhundertsatz nach dem Jahr richtet, das sich ergibt, wenn die Laufzeit der vorhergehenden Renten von dem Jahr des Beginns der späteren Rente abgezogen wird; der Vomhundertsatz kann jedoch nicht niedriger bemessen werden als der für das Jahr 2005;

bb) die nicht solche im Sinne des Doppelbuchstaben aa sind und bei denen in den einzelnen Bezügen Einkünfte aus Erträgen des Rentenrechts enthalten sind. [2]Dies gilt auf Antrag auch für Leibrenten und andere Leistungen, soweit diese auf bis zum 31. Dezember 2004 geleisteten Beiträgen beruhen, welche oberhalb des Betrags des Höchstbeitrags zur gesetzlichen Rentenversicherung gezahlt wurden; der Steuerpflichtige muss nachweisen, dass der Betrag des Höchstbeitrags mindestens zehn Jahre überschritten wurde. [3]Als Ertrag des Rentenrechts gilt für die gesamte Dauer des Rentenbezugs der Unterschiedsbetrag zwischen dem Jahresbetrag der Rente und dem Betrag, der sich bei gleichmäßiger Verteilung des Kapitalwerts der Rente auf ihre voraussichtliche Laufzeit ergibt; dabei ist der Kapitalwert nach dieser Laufzeit zu berechnen. [4]Der Ertrag des Rentenrechts (Ertragsanteil) ist aus der nachstehenden Tabelle zu entnehmen:

Bei Beginn der Rente vollendetes Lebensjahr des Rentenberechtigten	Ertragsanteil in v. H.	Bei Beginn der Rente vollendetes Lebensjahr des Rentenberechtigten	Ertragsanteil in v. H.
0 bis 1	59	39 bis 40	38
2 bis 3	58	41	37
4 bis 5	57	42	36
6 bis 8	56	43 bis 44	35
9 bis 10	55	45	34
11 bis 12	54	46 bis 47	33
13 bis 14	53	48	32
15 bis 16	52	49	31
17 bis 18	51	50	30
19 bis 20	50	51 bis 52	29
21 bis 22	49	53	28
23 bis 24	48	54	27
25 bis 26	47	55 bis 56	26
27	46	57	25
28 bis 29	45	58	24
30 bis 31	44	59	23
32	43	60 bis 61	22
33 bis 34	42	62	21
35	41	63	20
36 bis 37	40	64	19
38	39	65 bis 66	18

Bei Beginn der Rente vollendetes Lebensjahr des Rentenberechtigten	Ertragsanteil in v. H.	Bei Beginn der Rente vollendetes Lebensjahr des Rentenberechtigten	Ertragsanteil in v. H.
67	17	80	8
68	16	81 bis 82	7
69 bis 70	15	83 bis 84	6
71	14	85 bis 87	5
72 bis 73	13	88 bis 91	4
74	12	92 bis 93	3
75	11	94 bis 96	2
76 bis 77	10	ab 97	1
78 bis 79	9		

[5]Die Ermittlung des Ertrags aus Leibrenten, die vor dem 1. Januar 1955 zu laufen begonnen haben, und aus Renten, deren Dauer von der Lebenszeit mehrerer Personen oder einer anderen Person als des Rentenberechtigten abhängt, sowie aus Leibrenten, die auf eine bestimmte Zeit beschränkt sind, wird durch eine Rechtsverordnung bestimmt;

b) Einkünfte aus Zuschüssen und sonstigen Vorteilen, die als wiederkehrende Bezüge gewährt werden;

1a. bis 3. ...

4. [1]Entschädigungen, Amtszulagen, Zuschüsse zu Kranken- und Pflegeversicherungsbeiträgen, Übergangsgelder, Überbrückungsgelder, Sterbegelder, Versorgungsabfindungen, Versorgungsbezüge, die auf Grund des Abgeordnetengesetzes oder des Europaabgeordnetengesetzes, sowie vergleichbare Bezüge, die auf Grund der entsprechenden Gesetze der Länder gezahlt werden. [2]Werden zur Abgeltung des durch das Mandat veranlassten Aufwandes Aufwandsentschädigungen gezahlt, so dürfen die durch das Mandat veranlassten Aufwendungen nicht als Werbungskosten abgezogen werden. [3]Wahlkampfkosten zur Erlangung eines Mandats im Bundestag, im Europäischen Parlament oder im Parlament eines Landes dürfen nicht als Werbungskosten abgezogen werden. [4]Es gelten entsprechend

a) ...

b) für Versorgungsbezüge § 19 Abs. 2 nur bezüglich des Versorgungsfreibetrages; beim Zusammentreffen mit Versorgungsbezügen im

Sinne des § 19 Abs. 2 Satz 2 bleibt jedoch insgesamt höchstens ein Betrag in Höhe des Versorgungsfreibetrages nach § 19 Abs. 2 Satz 2 im Veranlagungszeitraum steuerfrei,

c) ...;

5. [1]Leistungen aus Altersvorsorgeverträgen (§ 1 Abs. 1 des Altersvorsorgeverträge-Zertifizierungsgesetzes), auch wenn sie von inländischen Sondervermögen oder ausländischen Investmentgesellschaften erbracht werden, sowie aus Direktversicherungen, Pensionsfonds und Pensionskassen, soweit die Leistungen auf Altersvorsorgebeiträgen im Sinne des § 82, auf die § 3 Nr. 63, § 10a oder Abschnitt XI angewendet wurden, auf Zulagen im Sinne des Abschnitts XI oder auf steuerfreien Leistungen im Sinne des § 3 Nr. 66 beruhen. [2]Auf Leistungen aus Lebensversicherungsverträgen einschließlich der Direktversicherungen, Pensionsfonds und Pensionskassen, die auf Kapital beruhen, das nicht aus nach § 3 Nr. 63 oder 66 von der Einkommensteuer befreiten oder nicht nach § 10a oder Abschnitt XI geförderten Beiträgen gebildet wurde, ist Nummer 1 Satz 3 Buchstabe a anzuwenden. [3]Bei allen anderen Altersvorsorgeverträgen gehören zu den Leistungen im Sinne des Satzes 1 auch Erträge, soweit sie auf Kapital beruhen, das nicht aus nach § 3 Nr. 63 von der Einkommensteuer befreiten oder nicht nach § 10a oder Abschnitt XI geförderten Beiträgen gebildet wurde. [4]In den Fällen des § 93 Abs. 1 Satz 1 und 2 und des § 95 gilt als Leistung im Sinne des Satzes 1 das ausgezahlte geförderte Altersvorsorgevermögen nach Abzug der Eigenbeiträge und der Beträge der steuerlichen Förderung nach Abschnitt XI. [5]Dies gilt auch in den Fällen des § 92a Abs. 3 und 4 Satz 1 und 2; darüber hinaus gilt in diesen Fällen als Leistung im Sinne des Satzes 1 der Betrag, der sich aus der Verzinsung (Zins und Zinseszins) des nicht zurückgezahlten Altersvorsorge-Eigenheimbetrags mit 5 vom Hundert für jedes volle Kalenderjahr zwischen dem Zeitpunkt der Verwendung des Altersvorsorge-Eigenheimbetrags (§ 92a Abs. 2) und dem Eintritt des Zahlungsrückstandes oder dem Zeitpunkt ergibt, ab dem die Wohnung auf Dauer nicht mehr zu eigenen Wohnzwecken dient. [6]Bei Altersvorsorgeverträgen im Sinne des § 1 Abs. 1 Satz 2 des Altersvorsorgeverträge-Zertifizierungsgesetzes gehören zu den Leistungen im Sinne des Satzes 1 in den Fällen des § 93 Abs. 1 Satz 1 und 2 und des § 95 auch die bei diesen Verträgen angesammelten noch nicht besteuerten Erträge. [7]Bei erstmaligem Bezug von Leistungen, in den Fällen des § 93 Abs. 1 und des § 95 sowie bei Änderung der im Kalenderjahr auszuzahlenden Leistung hat der Anbieter (§ 80) nach Ablauf des Kalenderjahrs dem Steuerpflichtigen nach amtlich vorgeschriebenem Vordruck den

Betrag der im abgelaufenen Kalenderjahr zugeflossenen Leistungen im Sinne der Sätze 1 bis 6 je gesondert mitzuteilen.

§ 22a
Rentenbezugsmitteilungen an die zentrale Stelle

(1) [1]Die Träger der gesetzlichen Rentenversicherung, der Gesamtverband der landwirtschaftlichen Alterskassen für die Träger der Alterssicherung der Landwirte, die berufsständischen Versorgungseinrichtungen, die Pensionskassen, die Pensionsfonds, die Versicherungsunternehmen, die Unternehmen, die Verträge im Sinne des § 10 Abs. 1 Nr. 2 Buchstabe b anbieten, und die Anbieter im Sinne des § 80 (Mitteilungspflichtige) haben der zentralen Stelle (§ 81) bis zum 31. Mai des Jahres, das auf das Jahr folgt, in dem eine Leibrente oder andere Leistung nach § 22 Nr. 1 Satz 3 Buchstabe a und § 22 Nr. 5 einem Leistungsempfänger zugeflossen ist, folgende Daten zu übermitteln (Rentenbezugsmitteilung):

1. Identifikationsnummer (§ 139b der Abgabenordnung), Familienname, Vorname, Geburtsdatum und Geburtsort des Leistungsempfängers;

2. je gesondert den Betrag der Leibrenten und anderen Leistungen im Sinne des § 22 Nr. 1 Satz 3 Buchstabe a Doppelbuchstabe aa, bb Satz 4 und Doppelbuchstabe bb Satz 5 in Verbindung mit § 55 Abs. 2 der Einkommensteuer-Durchführungsverordnung 2000 sowie im Sinne des § 22 Nr. 5. [2]Der im Betrag der Rente enthaltene Teil, der ausschließlich auf einer Anpassung der Rente beruht, ist gesondert mitzuteilen;

3. Zeitpunkt des Beginns und des Endes des jeweiligen Leistungsbezugs; folgen nach dem 31. Dezember 2004 Renten aus derselben Versicherung einander nach, ist auch die Laufzeit der vorhergehenden Renten mitzuteilen;

4. Bezeichnung und Anschrift des Mitteilungspflichtigen.

[2]Die Datenübermittlung hat nach amtlich vorgeschriebenem Datensatz auf amtlich vorgeschriebenen automatisiert verarbeitbaren Datenträgern oder durch Datenfernübertragung zu erfolgen. [3]Im Übrigen ist § 150 Abs. 6 der Abgabenordnung entsprechend anzuwenden. [4]Die zentrale Stelle kann auf Antrag eine Übermittlung nach amtlich vorgeschriebenem Vordruck zulassen, wenn eine Übermittlung nach Satz 2 eine unbillige Härte mit sich bringen würde.

(2) [1]Der Leistungsempfänger hat dem Mitteilungspflichtigen seine Identifikationsnummer mitzuteilen. [2]Teilt der Leistungsempfänger die Identifikationsnummer dem Mitteilungspflichtigen trotz Aufforderung nicht mit,

übermittelt das Bundesamt für Finanzen dem Mitteilungspflichtigen auf dessen Anfrage die Identifikationsnummer des Leistungsempfängers; weitere Daten dürfen nicht übermittelt werden. [3]In der Anfrage dürfen nur die in § 139b Abs. 3 der Abgabenordnung genannten Daten des Leistungsempfängers angegeben werden, soweit sie dem Mitteilungspflichtigen bekannt sind. [4]Der Mitteilungspflichtige darf die Identifikationsnummer nur verwenden, soweit dies für die Erfüllung der Mitteilungspflicht nach Absatz 1 Satz 1 erforderlich ist.

(3) Der Mitteilungspflichtige hat den Leistungsempfänger jeweils darüber zu unterrichten, dass die Leistung der zentralen Stelle mitgeteilt wird.

...

§ 24a
Altersentlastungsbetrag

[1]Der Altersentlastungsbetrag ist bis zu einem Höchstbetrag im Kalenderjahr ein nach einem Vomhundertsatz ermittelter Betrag des Arbeitslohns und der positiven Summe der Einkünfte, die nicht solche aus nichtselbständiger Arbeit sind. [2]Versorgungsbezüge im Sinne des § 19 Abs. 2, Einkünfte aus Leibrenten im Sinne des § 22 Nr. 1 Satz 3 Buchstabe a und Einkünfte im Sinne des § 22 Nr. 4 Satz 4 Buchstabe b bleiben bei der Bemessung des Betrags außer Betracht. [3]Der Altersentlastungsbetrag wird einem Steuerpflichtigen gewährt, der vor dem Beginn des Kalenderjahres, in dem er sein Einkommen bezogen hat, das 64. Lebensjahr vollendet hatte. [4]Im Fall der Zusammenveranlagung von Ehegatten zur Einkommensteuer sind die Sätze 1 bis 3 für jeden Ehegatten gesondert anzuwenden. [5]Der maßgebende Vomhundertsatz und der Höchstbetrag des Altersentlastungsbetrags sind der nachstehenden Tabelle zu entnehmen:

Das auf die Vollendung des 64. Lebensjahres folgende Kalenderjahr	Altersentlastungsbetrag	
	in v. H. der Einkünfte	Höchstbetrag in Euro
2005	40,0	1900
2006	38,4	1824
2007	36,8	1748
2008	35,2	1672
2009	33,6	1596
2010	32,0	1520
2011	30,4	1444
2012	28,8	1368
2013	27,2	1292

Das auf die Vollendung des 64. Lebensjahres folgende Kalenderjahr	Altersentlastungsbetrag	
	in v. H. der Einkünfte	Höchstbetrag in Euro
2014	25,6	1216
2015	24,0	1140
2016	22,4	1064
2017	20,8	988
2018	19,2	912
2019	17,6	836
2020	16,0	760
2021	15,2	722
2022	14,4	684
2023	13,6	646
2024	12,8	608
2025	12,0	570
2026	11,2	532
2027	10,4	494
2028	9,6	456
2029	8,8	418
2030	8,0	380
2031	7,2	342
2032	6,4	304
2033	5,6	266
2034	4,8	228
2035	4,0	190
2036	3,2	152
2037	2,4	114
2038	1,6	76
2039	0,8	38
2040	0,0	0

§ 40b
Pauschalierung der Lohnsteuer bei bestimmten Zukunftssicherungsleistungen

(Fassung bis 31. 12. 2004)

(1) [1]Der Arbeitgeber kann die Lohnsteuer von den Beiträgen für eine Direktversicherung des Arbeitnehmers und von den Zuwendungen an eine Pensionskasse mit einem Pauschsteuersatz von 20 vom

(Fassung ab 1. 1. 2005)

(1) Der Arbeitgeber kann die Lohnsteuer von den Zuwendungen zum Aufbau einer nicht kapitalgedeckten betrieblichen Altersversorgung an eine Pensionskasse mit einem Pauschsteuersatz von 20 vom

(Fassung bis 31. 12. 2004)

Hundert der Beiträge und Zuwendungen erheben. [2]Die pauschale Erhebung der Lohnsteuer von Beiträgen für eine Direktversicherung ist nur zulässig, wenn die Versicherung nicht auf den Erlebensfall eines früheren als des 60. Lebensjahres abgeschlossen und eine vorzeitige Kündigung des Versicherungsvertrags durch den Arbeitnehmer ausgeschlossen worden ist.

(2) [1]Absatz 1 gilt nicht, soweit die zu besteuernden Beiträge und Zuwendungen des Arbeitgebers für den Arbeitnehmer 1752 Euro im Kalenderjahr übersteigen oder nicht aus seinem ersten Dienstverhältnis bezogen werden. [2]Sind mehrere Arbeitnehmer gemeinsam in einem Direktversicherungsvertrag oder in einer Pensionskasse versichert, so gilt als Beitrag oder Zuwendung für den einzelnen Arbeitnehmer der Teilbetrag, der sich bei einer Aufteilung der gesamten Beiträge oder der gesamten Zuwendungen durch die Zahl der begünstigten Arbeitnehmer ergibt, wenn dieser Teilbetrag 1752 Euro nicht übersteigt; hierbei sind Arbeitnehmer, für die Beiträge und Zuwendungen von mehr als 2148 Euro im Kalenderjahr geleistet werden, nicht einzubeziehen. [3]Für Beiträge und Zuwendungen, die der Arbeitgeber für den Arbeitnehmer aus Anlass der Beendigung des Dienstverhältnisses erbracht hat, vervielfältigt sich der

(Fassung ab 1. 1. 2005)

Hundert der Zuwendungen erheben.

(2) [1]Absatz 1 gilt nicht, soweit die zu besteuernden Zuwendungen des Arbeitgebers für den Arbeitnehmer 1752 Euro im Kalenderjahr übersteigen oder nicht aus seinem ersten Dienstverhältnis bezogen werden. [2]Sind mehrere Arbeitnehmer gemeinsam in der Pensionskasse versichert, so gilt als Zuwendung für den einzelnen Arbeitnehmer der Teilbetrag, der sich bei einer Aufteilung der gesamten Zuwendungen durch die Zahl der begünstigten Arbeitnehmer ergibt, wenn dieser Teilbetrag 1752 Euro nicht übersteigt; hierbei sind Arbeitnehmer, für die Zuwendungen von mehr als 2148 Euro im Kalenderjahr geleistet werden, nicht einzubeziehen. [3]Für Zuwendungen, die der Arbeitgeber für den Arbeitnehmer aus Anlass der Beendigung des Dienstverhältnisses erbracht hat, vervielfältigt sich der Betrag von 1752 Euro mit der Anzahl der Kalenderjahre, in denen das Dienstverhältnis des Arbeitnehmers zu dem

(Fassung bis 31. 12. 2004)

Betrag von 1752 Euro mit der Anzahl der Kalenderjahre, in denen das Dienstverhältnis des Arbeitnehmers zu dem Arbeitgeber bestanden hat; in diesem Fall ist Satz 2 nicht anzuwenden. [4]Der vervielfältigte Betrag vermindert sich um die nach Absatz 1 pauschal besteuerten Beiträge und Zuwendungen, die der Arbeitgeber in dem Kalenderjahr, in dem das Dienstverhältnis beendet wird, und in den sechs vorangegangenen Kalenderjahren erbracht hat.

(Fassung ab 1. 1. 2005)

Arbeitgeber bestanden hat; in diesem Fall ist Satz 2 nicht anzuwenden. [4]Der vervielfältigte Betrag vermindert sich um die nach Absatz 1 pauschal besteuerten Zuwendungen, die der Arbeitgeber in dem Kalenderjahr, in dem das Dienstverhältnis beendet wird, und in den sechs vorangegangenen Kalenderjahren erbracht hat. [5]Scheidet ein Arbeitgeber aus einer Pensionskasse aus und muss er anlässlich des Ausscheidens an die Pensionskasse Zuwendungen für Versorgungsverpflichtungen und Versorgungsanwartschaften leisten, die bestehen bleiben, gelten die Sätze 1 bis 4 für diese Zuwendungen nicht.

(3) Von den Beiträgen für eine Unfallversicherung des Arbeitnehmers kann der Arbeitgeber die Lohnsteuer mit einem Pauschsteuersatz von 20 vom Hundert der Beiträge erheben, wenn mehrere Arbeitnehmer gemeinsam in einem Unfallversicherungsvertrag versichert sind und der Teilbetrag, der sich bei einer Aufteilung der gesamten Beiträge nach Abzug der Versicherungsteuer durch die Zahl der begünstigten Arbeitnehmer ergibt, 62 Euro im Kalendejahr nicht übersteigt.

(4) [1]$\S\,40$ Abs. 3 ist anzuwenden. [2]Die Anwendung des $\S\,40$ Abs. 1 Satz 1 Nr. 1 auf Bezüge im Sinne des *Absatzes 1 Satz 1* (*ab 1. 1. 2005:* des Absatzes 1) und des Absatzes 3 ist ausgeschlossen.

...

$\S\,52$
Anwendungsvorschriften

(1) [1]Diese Fassung des Gesetzes ist, soweit in den folgenden Absätzen nichts anderes bestimmt ist, erstmals für den Veranlagungszeitraum 2005 anzuwenden. [2]Beim Steuerabzug vom Arbeitslohn gilt Satz 1 mit der Maßgabe, dass diese Fassung erstmals auf den laufenden Arbeitslohn anzuwenden ist, der für einen nach dem 31. Dezember 2004 endenden Lohn-

zahlungszeitraum gezahlt wird, und auf sonstige Bezüge, die nach dem 31. Dezember 2004 zufließen.

(2) § 1a Abs. 1 ist für Staatsangehörige eines Mitgliedstaates der Europäischen Union auf Antrag auch für Veranlagungszeiträume vor 1996 anzuwenden, soweit Steuerbescheide noch nicht bestandskräftig sind; für Staatsangehörige und für das Hoheitsgebiet Finnlands, Islands, Norwegens, Österreichs und Schwedens gilt dies ab dem Veranlagungszeitraum 1994.

...

(6) ¹§ 3 Nr. 63 ist bei Beiträgen für eine Direktversicherung nicht anzuwenden, wenn die entsprechende Versorgungszusage vor dem 1. Januar 2005 erteilt wurde und der Arbeitnehmer gegenüber dem Arbeitgeber für diese Beiträge auf die Anwendung des § 3 Nr. 63 verzichtet hat. ²Der Verzicht gilt für die Dauer des Dienstverhältnisses; er ist bis zum 30. Juni 2005 oder bei einem späteren Arbeitgeberwechsel bis zur ersten Beitragsleistung zu erklären. ³§ 3 Nr. 63 Satz 3 und 4 ist nicht anzuwenden, wenn § 40b Abs. 1 und 2 in der am 31. Dezember 2004 geltenden Fassung angewendet wird.

...

(12a) § 4d Abs. 1 Satz 1 Nr. 1 Satz 1 Buchstabe b Satz 2 und Buchstabe c Satz 3 in der Fassung des Artikels 6 des Gesetzes vom 26. Juni 2001 (BGBl. I S. 1310) ist bei Begünstigten anzuwenden, denen das Trägerunternehmen erstmals nach dem 31. Dezember 2000 Leistungen der betrieblichen Altersversorgung zugesagt hat.

(12b) § 4e in der Fassung des Artikels 6 des Gesetzes vom 26. Juni 2001 (BGBl. I S. 1310) ist erstmals für das Wirtschaftsjahr anzuwenden, das nach dem 31. Dezember 2001 endet.

...

(16b) § 6a Abs. 2 Nr. 1 erste Alternative und Abs. 3 Satz 2 Nr. 1 Satz 6 erster Halbsatz in der Fassung des Artikels 6 des Gesetzes vom 26. Juni 2001 (BGBl. I S. 1310) ist bei Pensionsverpflichtungen gegenüber Berechtigten anzuwenden, denen der Pensionsverpflichtete erstmals eine Pensionszusage nach dem 31. Dezember 2000 erteilt hat; § 6a Abs. 2 Nr. 1 zweite Alternative sowie § 6a Abs. 3 Satz 2 Nr. 1 Satz 1 und § 6a Abs. 3 Satz 2 Nr. 1 Satz 6 zweiter Halbsatz sind bei Pensionsverpflichtungen anzuwenden, die auf einer nach dem 31. Dezember 2000 vereinbarten Entgeltumwandlung im Sinne von § 1 Abs. 2 des Betriebsrentengesetzes beruhen.

(17) [1]§ 6a Abs. 4 Satz 2 und 6 ist erstmals für das Wirtschaftsjahr anzuwenden, das nach dem 30. September 1998 endet. [2]In 1998 veröffentlichte neue oder geänderte biometrische Rechnungsgrundlagen sind erstmals für das Wirtschaftsjahr anzuwenden, das nach dem 31. Dezember 1998 endet; § 6a Abs. 4 Satz 2 und 6 ist in diesen Fällen mit der Maßgabe anzuwenden, dass die Verteilung gleichmäßig auf drei Wirtschaftsjahre vorzunehmen ist. [3]Satz 2 erster Halbsatz ist bei der Bewertung von anderen Rückstellungen, bei denen ebenfalls anerkannte Grundsätze der Versicherungsmathematik zu berücksichtigen sind, entsprechend anzuwenden.

...

(34b) [1]Bezieht ein Steuerpflichtiger Einnahmen im Sinne des § 22 Nr. 5 aus einem Pensionsfonds infolge einer Versorgungsverpflichtung oder einer Versorgungsanwartschaft, die bereits vor dem 1. Januar 2002 zu entsprechenden Leistungen auf Grund einer Versorgungszusage im Sinne des § 1b Abs. 1 des Betriebsrentengesetzes oder durch eine Unterstützungskasse im Sinne des § 1b Abs. 4 des Betriebsrentengesetzes geführt hatten, sind hierauf § 9a Satz 1 Nr. 1 und § 19 Abs. 2 anzuwenden. [2]Bezieht ein Steuerpflichtiger Einnahmen im Sinne des § 22 Nr. 5 auf Grund eines Rechtsanspruchs im Sinne des § 1b Abs. 2 oder 3 des Betriebsrentengesetzes, der bereits vor dem 1. Januar 2002 zu entsprechenden Leistungen geführt hat, ist hierauf § 22 Nr. 1 Satz 3 Buchstabe a Doppelbuchstabe bb weiter anzuwenden, auch wenn der Rechtsanspruch auf einen Pensionsfonds übertragen worden ist.

...

(36) ... [5]Für Kapitalerträge aus Versicherungsverträgen, die vor dem 1. Januar 2005 abgeschlossen worden sind, ist § 20 Abs. 1 Nr. 6 in der am 31. Dezember 2004 geltenden Fassung weiterhin anzuwenden.

...

(38) ... [2]Bei Erträgen aus Altersvorsorgeverträgen im Sinne des § 1 Abs. 1 Satz 3 des Altersvorsorgeverträge-Zertifizierungsgesetzes in der am 31. Dezember 2004 geltenden Fassung, die vor dem 1. Januar 2005 abgeschlossen worden sind, ist § 22 Nr. 5 Satz 6 in der am 31. Dezember 2004 geltenden Fassung weiterhin anzuwenden.

(38a) Abweichend von § 22a Abs. 1 kann das Bundesamt für Finanzen den Zeitpunkt der erstmaligen Übermittlung von Rentenbezugsmitteilungen durch ein im Bundessteuerblatt zu veröffentlichendes Schreiben mitteilen.

...

(47) [1]§ 34 Abs. 1 Satz 1 in der Fassung des Gesetzes vom 23. Oktober 2000 (BGBl. I S. 1433) ist erstmals für den Veranlagungszeitraum 1999 anzuwen-

den. [2]Auf § 34 Abs. 2 Nr. 1 in der Fassung des Gesetzes vom 23. Oktober 2000 (BGBl. I S. 1433) ist Absatz 4a in der Fassung des Gesetzes vom 23. Oktober 2000 (BGBl. I S. 1433) entsprechend anzuwenden. [3]Satz 2 gilt nicht für die Anwendung des § 34 Abs. 3 in der Fassung des Gesetzes vom 19. Dezember 2000 (BGBl. I S. 1812). [4]In den Fällen, in denen nach dem 31. Dezember eines Jahres mit zulässiger steuerlicher Rückwirkung eine Vermögensübertragung nach dem Umwandlungssteuergesetz erfolgt oder ein Veräußerungsgewinn im Sinne des § 34 Abs. 2 Nr. 1 in der Fassung des Gesetzes vom 23. Oktober 2000 (BGBl. I S. 1433) erzielt wird, gelten die außerordentlichen Einkünfte als nach dem 31. Dezember dieses Jahres erzielt. [5]§ 34 Abs. 3 Satz 1 in der Fassung des Gesetzes vom 19. Dezember 2000 (BGBl. I S. 1812) ist ab dem Veranlagungszeitraum 2002 mit der Maßgabe anzuwenden, dass an die Stelle der Angabe „10 Millionen Deutsche Mark" die Angabe „5 Millionen Euro" tritt. [6]§ 34 Abs. 3 Satz 2 in der Fassung des Artikels 9 des Gesetzes vom 29. Dezember 2003 (BGBl. I S. 3076) ist erstmals für den Veranlagungszeitraum 2005 mit der Maßgabe anzuwenden, dass an die Stelle der Angabe „16 vom Hundert" die Angabe „15 vom Hundert" tritt. [7]Für die Anwendung des § 34 Abs. 3 Satz 4 in der Fassung des Gesetzes vom 19. Dezember 2000 (BGBl. I S. 1812) ist die Inanspruchnahme einer Steuerermäßigung nach § 34 in Veranlagungszeiträumen vor dem 1. Januar 2001 unbeachtlich.

...

(52a) [1]§ 40b Abs. 1 und 2 in der am 31. Dezember 2004 geltenden Fassung ist weiter anzuwenden auf Beiträge für eine Direktversicherung des Arbeitnehmers und Zuwendungen an eine Pensionskasse, die auf Grund einer Versorgungszusage geleistet werden, die vor dem 1. Januar 2005 erteilt wurde. [2]Sofern die Beiträge für eine Direktversicherung die Voraussetzungen des § 3 Nr. 63 erfüllen, gilt dies nur, wenn der Arbeitnehmer nach Absatz 6 gegenüber dem Arbeitgeber für diese Beiträge auf die Anwendung des § 3 Nr. 63 verzichtet hat.

...

XI.
Altersvorsorgezulage

§ 79
Zulageberechtigte

[1]Nach § 10a Abs. 1 begünstigte unbeschränkt steuerpflichtige Personen haben Anspruch auf eine Altersvorsorgezulage (Zulage). [2]Liegen bei Ehegat-

ten die Voraussetzungen des § 26 Abs. 1 vor und ist nur ein Ehegatte nach Satz 1 begünstigt, so ist auch der andere Ehegatte zulageberechtigt, wenn ein auf seinen Namen lautender Altersvorsorgevertrag besteht.

§ 80
Anbieter

Anbieter im Sinne dieses Gesetzes sind Anbieter von Altersvorsorgeverträgen gemäß § 1 Abs. 2 des Altersvorsorgeverträge-Zertifizierungsgesetzes sowie die in § 82 Abs. 2 genannten Versorgungseinrichtungen.

§ 81
Zentrale Stelle

Zentrale Stelle im Sinne dieses Gesetzes ist die Deutsche Rentenversicherung Bund.

...

§ 82
Altersvorsorgebeiträge

(1) ¹Geförderte Altersvorsorgebeiträge sind im Rahmen der in § 10a genannten Grenzen Beiträge, die der Zulageberechtigte (§ 79) zugunsten eines auf seinen Namen lautenden Vertrags leistet, der nach § 5 des Altersvorsorgeverträge-Zertifizierungsgesetzes zertifiziert ist (Altersvorsorgevertrag). ²Die Zertifizierung ist Grundlagenbescheid im Sinne des § 171 Abs. 10 der Abgabenordnung.

(2) ¹Zu den Altersvorsorgebeiträgen gehören auch

a) die aus dem individuell versteuerten Arbeitslohn des Arbeitnehmers geleisteten Beiträge an einen Pensionsfonds, eine Pensionskasse oder eine Direktversicherung zum Aufbau einer kapitalgedeckten betrieblichen Altersversorgung und

b) Beiträge des Arbeitnehmers und des ausgeschiedenen Arbeitnehmers, die dieser im Fall der zunächst durch Entgeltumwandlung (§ 1a des Betriebsrentengesetzes) finanzierten und nach § 3 Nr. 63 oder § 10a und diesem Abschnitt geförderten kapitalgedeckten betrieblichen Altersversorgung nach Maßgabe des § 1a Abs. 4 und § 1b Abs. 5 Satz 1 Nr. 2 des Betriebsrentengesetzes selbst erbringt,

wenn eine Auszahlung der zugesagten Altersversorgungsleistung in Form einer Rente oder eines Auszahlungsplans (§ 1 Abs. 1 Satz 1 Nr. 4 des Altersvorsorgeverträge-Zertifizierungsgesetzes) vorgesehen ist. [2]§§ 3 und 4 des Betriebsrentengesetzes stehen dem vorbehaltlich des § 93 nicht entgegen.

(3) Zu den Altersvorsorgebeiträgen gehören auch die Beitragsanteile, die zur Absicherung der verminderten Erwerbsfähigkeit des Zulageberechtigten und zur Hinterbliebenenversorgung verwendet werden, wenn in der Leistungsphase die Auszahlung in Form einer Rente erfolgt.

(4) Nicht zu den Altersvorsorgebeiträgen zählen

1. Aufwendungen, die vermögenswirksame Leistungen nach dem Fünften Vermögensbildungsgesetz in der Fassung der Bekanntmachung vom 4. März 1994 (BGBl. I S. 406), zuletzt geändert durch Artikel 19 des Gesetzes vom 29. Dezember 2003 (BGBl. I S. 3076), in der jeweils geltenden Fassung darstellen,

2. prämienbegünstigte Aufwendungen nach dem Wohnungsbau-Prämiengesetz in der Fassung der Bekanntmachung vom 30. Oktober 1997 (BGBl. I S. 2678), zuletzt geändert durch Artikel 5 des Gesetzes vom 29. Dezember 2003 (BGBl. I S. 3076), in der jeweils geltenden Fassung,

3. Aufwendungen, die im Rahmen des § 10 als Sonderausgaben geltend gemacht werden, oder

4. Rückzahlungsbeträge nach § 92a Abs. 2.

§ 83
Altersvorsorgezulage

In Abhängigkeit von den geleisteten Altersvorsorgebeiträgen wird eine Zulage gezahlt, die sich aus einer Grundzulage (§ 84) und einer Kinderzulage (§ 85) zusammensetzt.

§ 84
Grundzulage

Jeder Zulageberechtigte erhält eine Grundzulage; diese beträgt

in den Jahren 2002 und 2003	38 Euro,
in den Jahren 2004 und 2005	76 Euro,
in den Jahren 2006 und 2007	114 Euro,
ab dem Jahr 2008 jährlich	154 Euro.

§ 85
Kinderzulage

(1) [1]Die Kinderzulage beträgt für jedes Kind, für das dem Zulageberechtigten Kindergeld ausgezahlt wird,

in den Jahren 2002 und 2003	46 Euro,
in den Jahren 2004 und 2005	92 Euro,
in den Jahren 2006 und 2007	138 Euro,
ab dem Jahr 2008 jährlich	185 Euro.

[2]Der Anspruch auf Kinderzulage entfällt für den Veranlagungszeitraum, für den das Kindergeld insgesamt zurückgefordert wird. [3]Erhalten mehrere Zulageberechtigte für dasselbe Kind Kindergeld, steht die Kinderzulage demjenigen zu, dem für den ersten Anspruchszeitraum (§ 66 Abs. 2) im Kalenderjahr Kindergeld ausgezahlt worden ist.

(2) [1]Bei Eltern, die die Voraussetzungen des § 26 Abs. 1 erfüllen, wird die Kinderzulage der Mutter zugeordnet, auf Antrag beider Eltern dem Vater. [2]Der Antrag kann jeweils nur für ein Beitragsjahr gestellt und nicht zurückgenommen werden.

§ 86
Mindesteigenbetrag

(1) [1]Die Zulage nach den §§ 84 und 85 wird gekürzt, wenn der Zulageberechtigte nicht den Mindesteigenbeitrag leistet. [2]Dieser beträgt

in den Jahren 2002 und 2003	1 vom Hundert,
in den Jahren 2004 und 2005	2 vom Hundert,
in den Jahren 2006 und 2007	3 vom Hundert,
ab dem Jahr 2008 jährlich	4 vom Hundert

der Summe der in dem dem Kalenderjahr vorangegangenen Kalenderjahr

1. erzielten beitragspflichtigen Einnahmen im Sinne des Sechsten Buches Sozialgesetzbuch

2. bezogenen Besoldung und Amtsbezüge und

3. in den Fällen des § 10a Abs. 1 Satz 1 Nr. 3 erzielten Einnahmen, die beitragspflichtig wären, wenn die Versicherungsfreiheit in der gesetzlichen Rentenversicherung nicht bestehen würde,

jedoch nicht mehr als die in § 10a Abs. 1 Satz 1 genannten Beträge, vermindert um die Zulage nach den §§ 84 und 85; gehört der Ehegatte zum Personenkreis nach § 79 Satz 2, berechnet sich der Mindesteigenbeitrag des nach § 79 Satz 1 Begünstigten unter Berücksichtigung der den Ehegatten insgesamt zustehenden Zulagen. [3]Auslandsbezogene Bestandteile nach den §§ 52 ff. des Bundesbesoldungsgesetzes bleiben unberücksichtigt. [4]Als Sockelbetrag sind ab dem Jahr 2005 jährlich 60 Euro zu leisten. [5]Ist der Sockelbetrag höher als der Mindesteigenbeitrag nach Satz 2, so ist der Sockelbetrag als Mindesteigenbeitrag zu leisten. [6]Die Kürzung der Zulage ermittelt sich nach dem Verhältnis der Altersvorsorgebeiträge zum Mindesteigenbeitrag.

(2) [1]Ein nach § 79 Satz 2 begünstigter Ehegatte hat Anspruch auf eine ungekürzte Zulage, wenn der zum begünstigten Personenkreis nach § 79 Satz 1 gehörende Ehegatte seinen Mindesteigenbeitrag unter Berücksichtigung der den Ehegatten insgesamt zustehenden Zulagen erbracht hat. [2]Werden bei einer in der gesetzlichen Rentenversicherung pflichtversicherten Person beitragspflichtige Einnahmen zugrunde gelegt, die höher sind als das tatsächlich erzielte Entgelt oder die Lohnersatzleistungen, ist das tatsächlich erzielte Entgelt oder der Zahlbetrag der Lohnersatzleistung für die Berechnung des Mindesteigenbeitrags zu berücksichtigen. [3]Satz 2 gilt auch in den Fällen, in denen im vorangegangenen Jahr keine der in Absatz 1 Satz 2 genannten Beträge bezogen wurden.

(3) [1]Für Versicherungspflichtige nach dem Gesetz über die Alterssicherung der Landwirte ist Absatz 1 mit der Maßgabe anzuwenden, dass auch die Einkünfte aus Land- und Forstwirtschaft im Sinne des § 13 des zweiten dem Beitragsjahr vorangegangenen Veranlagungszeitraums als beitragspflichtige Einnahmen des vorangegangenen Kalenderjahres gelten. [2]Negative Einkünfte im Sinne des Satzes 1 bleiben unberücksichtigt, wenn weitere nach Absatz 1 oder Absatz 2 zu berücksichtigende Einnahmen erzielt werden.

(4) Wird nach Ablauf des Beitragsjahres festgestellt, dass die Voraussetzungen für die Gewährung einer Kinderzulage nicht vorgelegen haben, ändert sich dadurch die Berechnung des Mindesteigenbeitrags für dieses Beitragsjahr nicht.

§ 87
Zusammentreffen mehrerer Verträge

(1) [1]Zahlt der nach § 79 Satz 1 Zulageberechtigte Altersvorsorgebeiträge zugunsten mehrerer Verträge, so wird die Zulage nur für zwei dieser Verträge gewährt. [2]Der insgesamt nach § 86 zu leistende Mindesteigenbeitrag muss zugunsten dieser Verträge geleistet worden sein. [3]Die Zulage ist ent-

sprechend dem Verhältnis der auf diese Verträge geleisteten Beiträge zu verteilen.

(2) [1]Der nach § 79 Satz 2 Zulageberechtigte kann die Zulage für das jeweilige Beitragsjahr nicht auf mehrere Altersvorsorgeverträge verteilen. [2]Es ist nur der Altersvorsorgevertrag begünstigt, für den zuerst die Zulage beantragt wird.

§ 88
Entstehung des Anspruchs auf Zulage

Der Anspruch auf die Zulage entsteht mit Ablauf des Kalenderjahres, in dem die Altersvorsorgebeiträge geleistet worden sind (Beitragsjahr).

§ 89
Antrag

(1) [1]Der Zulageberechtigte hat den Antrag auf Zulage nach amtlich vorgeschriebenem Vordruck bis zum Ablauf des zweiten Kalenderjahres, das auf das Beitragsjahr (§ 88) folgt, bei dem Anbieter seines Vertrages einzureichen. [2]Hat der Zulageberechtigte im Beitragsjahr Altersvorsorgebeiträge für mehrere Verträge gezahlt, so hat er mit dem Zulageantrag zu bestimmen, auf welche Verträge die Zulage überwiesen werden soll. [3]Beantragt der Zulageberechtigte die Zulage für mehr als zwei Verträge, so wird die Zulage nur für die zwei Verträge mit den höchsten Altersvorsorgebeiträgen gewährt. [4]Sofern eine Zulagenummer (§ 90 Abs. 1 Satz 2) durch die zentrale Stelle (§ 81) oder eine Versicherungsnummer nach § 147 des Sechsten Buches Sozialgesetzbuch für den nach § 79 Satz 2 berechtigten Ehegatten noch nicht vergeben ist, hat dieser über seinen Anbieter eine Zulagenummer bei der zentralen Stelle zu beantragen. [5]Der Antragsteller ist verpflichtet, dem Anbieter unverzüglich eine Änderung der Verhältnisse mitzuteilen, die zu einer Minderung oder zum Wegfall des Zulageanspruchs führt.

(1a) [1]Der Zulageberechtigte kann den Anbieter seines Vertrages schriftlich bevollmächtigen, für ihn abweichend von Absatz 1 die Zulage für jedes Beitragsjahr zu beantragen. [2]Absatz 1 Satz 5 gilt mit Ausnahme der Mitteilung geänderter beitragspflichtiger Einnahmen entsprechend. [3]Ein Widerruf der Vollmacht ist bis zum Ablauf des Beitragsjahres, für das der Anbieter keinen Antrag auf Zulage stellen soll, gegenüber dem Anbieter zu erklären.

(2) [1]Der Anbieter ist verpflichtet,

a) die Vertragsdaten,

b) die Versicherungsnummer nach § 147 des Sechsten Buches Sozialgesetzbuch, die Zulagenummer des Zulageberechtigten und dessen Ehegatten oder einen Antrag auf Vergabe einer Zulagenummer eines nach § 79 Satz 2 berechtigten Ehegatten,

c) die vom Zulageberechtigten mitgeteilten Angaben zur Ermittlung des Mindesteigenbeitrags (§ 86),

d) die für die Gewährung der Kinderzulage erforderlichen Daten,

e) die Höhe der geleisteten Altersvorsorgebeiträge und

f) das Vorliegen einer nach Absatz 1a erteilten Vollmacht

als die für die Ermittlung und Überprüfung des Zulageanspruchs und Durchführung des Zulageverfahrens erforderlichen Daten zu erfassen. [2]Er hat die Daten der bei ihm im Laufe eines Kalendervierteljahres eingegangenen Anträge bis zum Ende des folgenden Monats nach amtlich vorgeschriebenem Datensatz auf amtlich vorgeschriebenen automatisiert verarbeitbaren Datenträgern oder durch amtlich bestimmte Datenfernübertragung an die zentrale Stelle zu übermitteln. [3]Dies gilt auch im Falle des Absatzes 1 Satz 5.

(3) [1]Ist der Anbieter nach Absatz 1a Satz 1 bevollmächtigt worden, hat er der zentralen Stelle die nach Absatz 2 Satz 1 erforderlichen Angaben für jedes Kalenderjahr bis zum Ablauf des auf das Beitragsjahr folgenden Kalenderjahrs zu übermitteln. [2]Liegt die Bevollmächtigung erst nach dem im Satz 1 genannten Meldetermin vor, hat der Anbieter die Angaben bis zum Ende des folgenden Kalendervierteljahres nach der Bevollmächtigung, spätestens jedoch bis zum Ablauf der in Absatz 1 Satz 1 genannten Antragsfrist, zu übermitteln. [3]Absatz 2 Satz 2 und 3 gilt sinngemäß.

§ 90
Verfahren

(1) [1]Die zentrale Stelle ermittelt auf Grund der von ihr erhobenen oder der ihr übermittelten Daten, ob und in welcher Höhe ein Zulageanspruch besteht. [2]Soweit der zuständige Träger der Rentenversicherung keine Versicherungsnummer vergeben hat, vergibt die zentrale Stelle zur Erfüllung der ihr nach diesem Abschnitt zugewiesenen Aufgaben eine Zulagenummer. [3]Die zentrale Stelle teilt im Falle eines Antrags nach § 10a Abs. 1a der zuständigen Stelle, im Falle eines Antrags nach § 89 Abs. 1 Satz 4 dem Anbieter die Zulagenummer mit; von dort wird sie an den Antragsteller weitergeleitet.

(2) ¹Die zentrale Stelle veranlasst die Auszahlung an den Anbieter zugunsten der Zulageberechtigten durch die zuständige Kasse. ²Ein gesonderter Zulagenbescheid ergeht vorbehaltlich des Absatzes 4 nicht. ³Der Anbieter hat die erhaltenen Zulagen unverzüglich den begünstigten Verträgen gutzuschreiben. ⁴Zulagen, die nach Beginn der Auszahlungsphase für das Altersvorsorgevermögen von der zentralen Stelle an den Anbieter überwiesen werden, können vom Anbieter an den Anleger ausgezahlt werden. ⁵Besteht kein Zulageanspruch, so teilt die zentrale Stelle dies dem Anbieter durch Datensatz mit. ⁶Die zentrale Stelle teilt dem Anbieter die Altersvorsorgebeiträge im Sinne des § 82, auf die § 10a oder dieser Abschnitt angewendet wurde, durch Datensatz mit.

(3) ¹Erkennt die zentrale Stelle nachträglich, dass der Zulageanspruch ganz oder teilweise nicht besteht oder weggefallen ist, so hat sie zu Unrecht gutgeschriebene oder ausgezahlte Zulagen zurückzufordern und dies dem Anbieter durch Datensatz mitzuteilen. ²Bei bestehendem Vertragsverhältnis hat der Anbieter das Konto zu belasten. ³Die ihm im Kalendervierteljahr mitgeteilten Rückforderungsbeträge hat er bis zum zehnten Tag des dem Kalendervierteljahr folgenden Monats in einem Betrag bei der zentralen Stelle anzumelden und an diese abzuführen. ⁴Die Anmeldung nach Satz 3 ist nach amtlich vorgeschriebenem Vordruck abzugeben. ⁵Sie gilt als Steueranmeldung im Sinne der Abgabenordnung.

(4) ¹Eine Festsetzung der Zulage erfolgt nur auf besonderen Antrag des Zulageberechtigten. ²Der Antrag ist schriftlich innerhalb eines Jahres nach Erteilung der Bescheinigung nach § 92 durch den Anbieter vom Antragsteller an den Anbieter zu richten. ³Der Anbieter leitet den Antrag der zentralen Stelle zur Festsetzung zu. ⁴Er hat dem Antrag eine Stellungnahme und die zur Festsetzung erforderlichen Unterlagen beizufügen. ⁵Die zentrale Stelle teilt die Festsetzung auch dem Anbieter mit. ⁶Im Übrigen gilt Absatz 3 entsprechend.

§ 90a
Anmeldeverfahren

(1) ¹Abweichend von § 90 Abs. 1 Satz 1 und Abs. 2 kann der Anbieter die Zulagen auf Grund der ihm vorliegenden Anträge für die Beitragsjahre 2002 bis 2005 selbst errechnen. ²Dabei hat er die im Rahmen des Zulageverfahrens gemachten Angaben des Zulageberechtigten zu berücksichtigen. ³Die Entscheidung nach Satz 1 gilt jeweils für ein Kalenderjahr und ist der zentralen Stelle mitzuteilen.

(2) ¹Der Anbieter hat nach Ablauf eines Kalendervierteljahres die in diesem Zeitraum errechneten Zulagen in die Anmeldung nach § 90 Abs. 3 aufzunehmen. ²Hierbei ist zu bestätigen, dass die Voraussetzungen für die Auszahlung des angemeldeten Zulagenbetrags vorliegen. ³Die zentrale Stelle veranlasst die Auszahlung an den Anbieter zugunsten der Zulageberechtigten durch die zuständige Kasse. ⁴Der Anbieter hat die erhaltenen Zulagen unverzüglich den begünstigten Verträgen gutzuschreiben. ⁵§ 89 Abs. 2 gilt mit der Maßgabe, dass die Daten innerhalb von einem Jahr nach Ablauf des Beitragsjahres zu übermitteln sind.

(3) ¹Zu Unrecht gutgeschriebene oder ausgezahlte Zulagen hat der Anbieter zurückzufordern. ²Bei bestehendem Vertragsverhältnis hat er das Konto zu belasten und die Rückforderungsbeträge in der nächsten Altersvorsorgezulagen-Anmeldung abzusetzen. ³Die Sätze 1 und 2 gelten auch im Fall der Vertragsübertragung im Sinne des § 1 Abs. 1 Nr. 10 Buchstabe b des Altersvorsorgeverträge-Zertifizierungsgesetzes. ⁴§ 90 Abs. 3 und 4 gilt entsprechend.

§ 91
Datenerhebung und Datenabgleich

(1) ¹Für die Berechnung und Überprüfung der Zulage sowie die Überprüfung des Vorliegens der Voraussetzungen des Sonderausgabenabzugs nach § 10a übermitteln die Träger der gesetzlichen Rentenversicherung, die Bundesagentur für Arbeit, die Meldebehörden, die Familienkassen und die Finanzämter der zentralen Stelle auf Anforderung die bei ihnen vorhandenen Daten nach § 89 Abs. 2 auf automatisiert verarbeitbaren Datenträgern oder durch Datenfernübertragung; für Zwecke der Berechnung des Mindesteigenbeitrags für ein Beitragsjahr darf die zentrale Stelle bei den Trägern der gesetzlichen Rentenversicherung die beitragspflichtigen Einnahmen erheben, sofern diese nicht vom Anbieter nach § 89 übermittelt worden sind. ²Für Zwecke der Überprüfung nach Satz 1 darf die zentrale Stelle die ihr übermittelten Daten mit den ihr nach § 89 Abs. 2 übermittelten Daten automatisch abgleichen. ³Führt die Überprüfung zu einer Änderung der ermittelten oder festgesetzten Zulage, ist dies dem Anbieter mitzuteilen. ⁴Ist nach dem Ergebnis der Überprüfung der Sonderausgabenabzug nach § 10a oder die gesonderte Feststellung nach § 10a Abs. 4 zu ändern, ist dies dem Finanzamt mitzuteilen.

(2) ¹Die zuständige Stelle hat der zentralen Stelle die Daten nach § 10a Abs. 1 Satz 1 zweiter Halbsatz bis zum 31. März des dem Beitragsjahr folgenden Kalenderjahres auf automatisiert verarbeitbaren Datenträgern

oder durch Datenfernübertragung zu übermitteln. [2]Liegt die Einwilligung nach § 10a Abs. 1 Satz 1 zweiter Halbsatz erst nach dem im Satz 1 genannten Meldetermin vor, hat die zuständige Stelle die Daten spätestens bis zum Ende des folgenden Kalendervierteljahres nach Erteilung der Einwilligung nach Maßgabe von Satz 1 zu übermitteln.

§ 92
Bescheinigung

Der Anbieter hat dem Zulageberechtigten jährlich eine Bescheinigung nach amtlich vorgeschriebenem Vordruck zu erteilen über

1. die Höhe der im abgelaufenen Beitragsjahr geleisteten Altersvorsorgebeiträge,

2. die im abgelaufenen Beitragsjahr getroffenen, aufgehobenen oder geänderten Ermittlungsergebnisse (§ 90) oder Berechnungsergebnisse (§ 90a),

3. die Summe der bis zum Ende des abgelaufenen Beitragsjahres dem Vertrag gutgeschriebenen Zulagen,

4. die Summe der bis zum Ende des abgelaufenen Beitragsjahres geleisteten Altersvorsorgebeiträge und

5. den Stand des Altersvorsorgevermögens.

...

§ 93
Schädliche Verwendung

(1) [1]Wird gefördertes Altersvorsorgevermögen nicht unter den in § 1 Abs. 1 Satz 1 Nr. 4 und 10 Buchstabe c des Altersvorsorgeverträge-Zertifizierungsgesetzes oder § 1 Abs. 1 Satz 1 Nr. 4, 5 und 10 Buchstabe c des Altersvorsorgeverträge-Zertifizierungsgesetzes in der bis zum 31. Dezember 2004 geltenden Fassung genannten Voraussetzungen an den Zulageberechtigten ausgezahlt (schädliche Verwendung), sind die auf das ausgezahlte geförderte Altersvorsorgevermögen entfallenden Zulagen und die nach § 10a Abs. 4 gesondert festgestellten Beträge (Rückzahlungsbetrag) zurückzuzahlen. [2]Dies gilt auch bei einer Auszahlung nach Beginn der Auszahlungsphase (§ 1 Abs. 1 Nr. 2 des Altersvorsorgeverträge-Zertifizierungsgesetzes) und bei Auszahlungen im Falle des Todes des Zulageberechtigten. [3]Eine Rückzahlungsverpflichtung besteht nicht für den Teil der Zulagen und der Steuerermäßigung,

a) der auf nach § 1 Abs. 1 Satz 1 Nr. 2 des Altersvorsorgeverträge-Zertifizierungsgesetzes angespartes gefördertes Altersvorsorgevermögen entfällt, wenn es in Form einer Hinterbliebenenrente an die dort genannten Hinterbliebenen ausgezahlt wird; dies gilt auch für Leistungen im Sinne des § 82 Abs. 3 an Hinterbliebene des Steuerpflichtigen;

b) der den Beitragsanteilen zuzuordnen ist, die für die zusätzliche Absicherung der verminderten Erwerbsfähigkeit und eine zusätzliche Hinterbliebenenabsicherung ohne Kapitalbildung verwendet worden sind;

c) der auf gefördertes Altersvorsorgevermögen entfällt, das im Falle des Todes des Zulageberechtigten auf einen auf den Namen des Ehegatten lautenden Altersvorsorgevertrag übertragen wird, wenn die Ehegatten im Zeitpunkt des Todes des Zulageberechtigten die Voraussetzungen des § 26 Abs. 1 erfüllt haben.

(1a) ¹Die Verpflichtung nach Absatz 1 Satz 1 entfällt auch, soweit im Rahmen der Regelung der Scheidungsfolgen eine Übertragung des geförderten Altersvorsorgevermögens auf einen Altersvorsorgevertrag des ausgleichsberechtigten Ehegatten erfolgt, zulasten des geförderten Vertrags mit einem öffentlich-rechtlichen Versorgungsträger für den ausgleichsberechtigten Ehegatten Rentenanwartschaften in der gesetzlichen Rentenversicherung begründet werden oder das Kapital aus einem geförderten Vertrag entnommen und von dem ausgleichsberechtigten Ehegatten unmittelbar auf einen auf seinen Namen lautenden Altersvorsorgevertrag eingezahlt wird. ²Einer Übertragung steht die Abtretung des geförderten Altersvorsorgevermögens im Rahmen der Regelung der Scheidungsfolgen gleich. ³Wird von dem berechtigten früheren Ehegatten dieses Altersvorsorgevermögen schädlich verwendet, gilt Absatz 1 Satz 1 sinngemäß für die darin enthaltenen Zulagen und die anteilig nach § 10a Abs. 4 gesondert festgestellten Beträge.

(2) ¹Die Übertragung von gefördertem Altersvorsorgevermögen auf einen anderen auf den Namen des Zulageberechtigten lautenden Altersvorsorgevertrag (§ 1 Abs.1 Satz 1 Nr. 10 Buchstabe b des Altersvorsorgeverträge-Zertifizierungsgesetzes) stellt keine schädliche Verwendung dar. ²Dies gilt sinngemäß in den Fällen des § 4 Abs. 2 und 3 des Betriebsrentengesetzes, wenn das geförderte Altersvorsorgevermögen auf eine der in § 82 Abs. 2 Buchstabe a genannten Einrichtungen der betrieblichen Altersversorgung zum Aufbau einer kapitalgedeckten betrieblichen Altersversorgung übertragen und eine lebenslange Altersversorgung im Sinne des § 1 Abs. 1 Satz 1 Nr. 4 des Altersvorsorgeverträge-Zertifizierungsgesetzes oder § 1 Abs. 1 Satz 1 Nr. 4 und 5 des Altersvorsorgeverträge-Zertifizierungsgesetzes in der bis zum 31. Dezember 2004 geltenden Fassung vorgesehen wird.

³In den übrigen Fällen der Abfindung von Anwartschaften der betrieblichen Altersversorgung gilt dies, soweit das geförderte Altersvorsorgevermögen zugunsten eines auf den Namen des Zulageberechtigten lautenden Altersvorsorgevertrages geleistet wird.

(3) ¹Auszahlungen zur Abfindung einer Kleinbetragsrente zu Beginn der Auszahlungsphase gelten nicht als schädliche Verwendung. ²Eine Kleinbetragsrente ist eine Rente, die bei gleichmäßiger Verrentung des gesamten zu Beginn der Auszahlungsphase zur Verfügung stehenden Kapitals eine monatliche Rente ergibt, die eins vom Hundert der monatlichen Bezugsgröße nach § 18 des Vierten Buches Sozialgesetzbuch nicht übersteigt. ³Bei der Berechnung dieses Betrages sind alle bei einem Anbieter bestehenden Verträge des Zulageberechtigten insgesamt zu berücksichtigen, auf die nach diesem Abschnitt geförderte Altersvorsorgebeiträge geleistet wurden.

§ 94
Verfahren bei schädlicher Verwendung

(1) ¹In den Fällen des § 93 Abs. 1 hat der Anbieter der zentralen Stelle vor der Auszahlung des geförderten Altersvorsorgevermögens die schädliche Verwendung nach amtlich vorgeschriebenem Datensatz durch Datenübermittlung auf amtlich vorgeschriebenem maschinell verwertbarem Datenträger oder durch amtlich bestimmte Datenfernübertragung anzuzeigen. ²Die zentrale Stelle ermittelt den Rückzahlungsbetrag und teilt diesen dem Anbieter durch Datensatz mit. ³Der Anbieter hat den Rückzahlungsbetrag einzubehalten, mit der nächsten Anmeldung nach § 90 Abs. 3 anzumelden und an die zentrale Stelle abzuführen. ⁴Der Anbieter hat die einbehaltenen und abgeführten Beträge sowie die dem Vertrag bis zur schädlichen Verwendung gutgeschriebenen Erträge dem Zulageberechtigten nach amtlich vorgeschriebenem Vordruck zu bescheinigen und der zentralen Stelle nach amtlich vorgeschriebenem Datensatz durch Datenübermittlung auf amtlich vorgeschriebenem maschinell verwertbarem Datenträger oder durch amtlich bestimmte Datenfernübertragung mitzuteilen. ⁵Die zentrale Stelle unterrichtet das für den Zulageberechtigten zuständige Finanzamt. ⁶In den Fällen des § 93 Abs. 3 gelten die Sätze 1 und 5 entsprechend.

(2) ¹Eine Festsetzung des Rückzahlungsbetrags erfolgt durch die zentrale Stelle auf besonderen Antrag des Zulageberechtigten oder sofern die Rückzahlung nach Absatz 1 ganz oder teilweise nicht möglich oder nicht erfolgt ist. ²§ 90 Absatz 4 Satz 2 bis 6 gilt entsprechend. ³Im Rückforderungsbescheid sind auf den Rückzahlungsbetrag die vom Anbieter bereits einbehaltenen und abgeführten Beträge nach Maßgabe der Bescheinigung nach

Absatz 1 Satz 4 anzurechnen. [4]Der Zulageberechtigte hat den verbleibenden Rückzahlungsbetrag innerhalb eines Monats nach Bekanntgabe des Rückforderungsbescheids an die zuständige Kasse zu entrichten. [5]Die Frist für die Festsetzung des Rückzahlungsbetrags beträgt vier Jahre und beginnt mit Ablauf des Kalenderjahres, in dem die Auszahlung im Sinne des § 93 Abs. 1 erfolgt ist.

§ 95

Beendigung der unbeschränkten Einkommensteuerpflicht des Zulageberechtigten

(1) Endet die unbeschränkte Steuerpflicht des Zulageberechtigten durch Aufgabe des inländischen Wohnsitzes oder gewöhnlichen Aufenthalts oder wird für das Beitragsjahr kein Antrag nach § 1 Abs. 3 gestellt, gelten die §§ 93 und 94 entsprechend.

(2) [1]Auf Antrag des Zulageberechtigten ist der Rückzahlungsbetrag (§ 93 Abs. 1 Satz 1) zunächst bis zum Beginn der Auszahlung (§ 1 Abs. 1 Nr. 2 des Altersvorsorgeverträge-Zertifizierungsgesetzes) zu stunden. [2]Die Stundung ist zu verlängern, wenn der Rückzahlungsbetrag mit mindestens 15 vom Hundert der Leistungen aus dem Altersvorsorgevertrag getilgt wird. [3]Stundungszinsen werden nicht erhoben. [4]Die Stundung endet, wenn das geförderte Altersvorsorgevermögen nicht unter den in § 1 Abs. 1 Satz 1 Nr. 4 des Altersvorsorgeverträge-Zertifizierungsgesetzes genannten Voraussetzungen an den Zulageberechtigten ausgezahlt wird. [5]Der Stundungsantrag ist über den Anbieter an die zentrale Stelle zu richten. [6]Die zentrale Stelle teilt ihre Entscheidung auch dem Anbieter mit.

(3) [1]Wird in den Fällen des Absatzes 1 die unbeschränkte Steuerpflicht erneut begründet oder der Antrag nach § 1 Abs. 3 gestellt, ist bei Stundung des Rückzahlungsbetrages dieser von der zentralen Stelle zu erlassen. [2]Wird die unbeschränkte Steuerpflicht des Zulageberechtigten nach einer Entsendung im Sinne des § 4 des Vierten Buches Sozialgesetzbuch, nach überstaatlichem oder zwischenstaatlichem Recht oder nach einer Zuweisung im Sinne des § 123a des Beamtenrechtsrahmengesetzes erneut begründet, ist die Zulage für die Kalenderjahre der Entsendung unter den Voraussetzungen der §§ 79 bis 87 und 89 zu gewähren. [3]Die Zulagen sind nach amtlich vorgeschriebenem Vordruck bis zum Ablauf des zweiten Kalenderjahres zu beantragen, das auf das Kalenderjahr folgt, in dem letztmals keine unbeschränkte Steuerpflicht bestand.

§ 96
Anwendung der Abgabenordnung,
allgemeine Vorschriften

(1) [1]Auf die Zulagen und die Rückzahlungsbeträge sind die für Steuervergütungen geltenden Vorschriften der Abgabenordnung entsprechend anzuwenden. [2]Dies gilt nicht für § 163 der Abgabenordnung.

(2) [1]Der Anbieter haftet als Gesamtschuldner neben dem Zulageempfänger für die Zulagen und die nach § 10a Abs. 4 gesondert festgestellten Beträge, die wegen seiner vorsätzlichen oder grob fahrlässigen Pflichtverletzung zu Unrecht gezahlt, nicht einbehalten oder nicht zurückgezahlt worden sind. [2]Für die Inanspruchnahme des Anbieters ist die zentrale Stelle zuständig.

(3) Die zentrale Stelle hat auf Anfrage des Anbieters Auskunft über die Anwendung des Abschnitts XI zu geben.

(4) [1]Die zentrale Stelle kann beim Anbieter ermitteln, ob er seine Pflichten erfüllt hat. [2]Die §§ 193 bis 203 der Abgabenordnung gelten sinngemäß. [3]Auf Verlangen der zentralen Stelle hat der Anbieter ihr Unterlagen, soweit sie im Ausland geführt und aufbewahrt werden, verfügbar zu machen.

(5) Der Anbieter erhält vom Bund oder den Ländern keinen Ersatz für die ihm aus diesem Verfahren entstehenden Kosten.

(6) [1]Der Anbieter darf die im Zulageverfahren bekannt gewordenen Verhältnisse der Beteiligten nur für das Verfahren verwerten. [2]Er darf sie ohne Zustimmung der Beteiligten nur offenbaren, soweit dies gesetzlich zugelassen ist.

(7) [1]Für die Zulage gelten die Strafvorschriften des § 370 Abs. 1 bis 4, der §§ 371, 375 Abs. 1 und des § 376 sowie die Bußgeldvorschriften der §§ 378, 379 Abs. 1 und 4 und der §§ 383 und 384 der Abgabenordnung entsprechend. [2]Für das Strafverfahren wegen einer Straftat nach Satz 1 sowie der Begünstigung einer Person, die eine solche Tat begangen hat, gelten die §§ 385 bis 408, für das Bußgeldverfahren wegen einer Ordnungswidrigkeit nach Satz 1 die §§ 409 bis 412 der Abgabenordnung entsprechend.

§ 97
Übertragbarkeit

[1]Das nach § 10a oder Abschnitt XI geförderte Altersvorsorgevermögen einschließlich seiner Erträge, die geförderten laufenden Altersvorsorgebei-

träge und der Anspruch auf die Zulage sind nicht übertragbar. ²§ 93 Abs. 1a und § 4 des Betriebsrentengesetzes bleiben unberührt.

§ 98
Rechtsweg

In öffentlich-rechtlichen Streitigkeiten über die auf Grund des Abschnitts XI ergehenden Verwaltungsakte ist der Finanzrechtsweg gegeben.

...

III.
Gesetz über die Zertifizierung von Altersvorsorgeverträgen
(Altersvorsorgeverträge-Zertifizierungsgesetz – AltZertG)

vom 26. 6. 2001 (BGBl. I S. 1310), zuletzt geändert durch Gesetz vom 5. 7. 2004 (BGBl. I S. 1427).

– Auszug –

§ 1
Begriffsbestimmungen

(1) [1]Ein Altersvorsorgevertrag im Sinne dieses Gesetzes liegt vor, wenn zwischen dem Anbieter und einer natürlichen Person (Vertragspartner) eine Vereinbarung in deutscher Sprache geschlossen wird,

1. *(aufgehoben)*

2. die für den Vertragspartner eine lebenslange und unabhängig vom Geschlecht berechnete Altersversorgung vorsieht, die nicht vor Vollendung des 60. Lebensjahres oder einer vor Vollendung des 60. Lebensjahres beginnenden Leistung aus einem gesetzlichen Alterssicherungssystem des Vertragspartners (Beginn der Auszahlungsphase) gezahlt werden darf; Leistungen aus einer ergänzenden Absicherung der verminderten Erwerbsfähigkeit oder Dienstunfähigkeit und einer zusätzlichen Absicherung der Hinterbliebenen können vereinbart werden; Hinterbliebene in diesem Sinne sind der Ehegatte und die Kinder, für die dem Vertragspartner zum Zeitpunkt des Eintritts des Versorgungsfalles ein Anspruch auf Kindergeld oder ein Freibetrag nach § 32 Abs. 6 des Einkommensteuergesetzes zugestanden hätte; der Anspruch auf Waisenrente oder Waisengeld darf längstens für den Zeitraum bestehen, in dem der Rentenberechtigte die Voraussetzungen für die Berücksichtigung als Kind im Sinne des § 32 des Einkommensteuergesetzes erfüllt;

3. in welcher der Anbieter zusagt, dass zu Beginn der Auszahlungsphase zumindest die eingezahlten Altersvorsorgebeiträge für die Auszahlungsphase zur Verfügung stehen; sofern Beitragsanteile zur Absicherung der verminderten Erwerbsfähigkeit oder Dienstunfähigkeit oder zur Hinterbliebenenabsicherung verwendet werden, sind bis zu 15 vom Hundert der Gesamtbeiträge in diesem Zusammenhang nicht zu berücksichtigen;

4. die monatliche Leistungen für den Vertragspartner in Form einer lebenslangen Leibrente oder Ratenzahlungen im Rahmen eines Auszah-

lungsplans mit einer anschließenden Teilkapitalverrentung ab dem
85. Lebensjahr vorsieht; die Leistungen müssen während der gesamten
Auszahlungsphase gleich bleiben oder steigen; Anbieter und Vertragspartner können vereinbaren, dass bis zu zwölf Monatsleistungen in einer
Auszahlung zusammengefasst werden oder eine Kleinbetragsrente nach
§ 93 Abs. 3 des Einkommensteuergesetzes abgefunden wird; bis zu 30
vom Hundert des zu Beginn der Auszahlungsphase zur Verfügung stehenden Kapitals kann an den Vertragspartner außerhalb der monatlichen Leistungen ausgezahlt werden; die gesonderte Auszahlung der in
der Auszahlungsphase anfallenden Zinsen und Erträge ist zulässig;

...

8. die vorsieht, dass die in Ansatz gebrachten Abschluss- und Vertriebs-
kosten über einen Zeitraum von mindestens fünf Jahren in gleichmäßigen Jahresbeträgen verteilt werden, soweit sie nicht als Vomhundertsatz
von den Altersvorsorgebeiträgen abgezogen werden;

...

IV.
Körperschaftsteuergesetz (KStG)

in der Fassung der Bekanntmachung vom 15. 10. 2002 (BGBl. I S. 4144),
zuletzt geändert durch Gesetz vom 15. 12. 2004 (BGBl. I S. 3416).

– Auszug –

§ 5
Befreiungen

(1) Von der Körperschaftsteuer sind befreit

...

3. rechtsfähige Pensions-, Sterbe- und Krankenkassen, die den Personen,
    denen die Leistungen der Kasse zugute kommen oder zugute kommen
    sollen (Leistungsempfängern), einen Rechtsanspruch gewähren, und
    rechtsfähige Unterstützungskassen, die den Leistungsempfängern kei-
    nen Rechtsanspruch gewähren,

    a) wenn sich die Kasse beschränkt

        aa) auf Zugehörige oder frühere Zugehörige einzelner oder mehre-
            rer wirtschaftlicher Geschäftsbetriebe oder

        bb) auf Zugehörige oder frühere Zugehörige der Spitzenverbände
            der freien Wohlfahrtspflege (Arbeiterwohlfahrt-Bundesver-
            band e. V., Deutscher Caritasverband e. V., Deutscher Paritäti-
            scher Wohlfahrtsverband e. V., Deutsches Rotes Kreuz, Diako-
            nisches Werk – Innere Mission und Hilfswerk der Evangelischen
            Kirche in Deutschland sowie Zentralwohlfahrtsstelle der Juden
            in Deutschland e. V.) einschließlich ihrer Untergliederungen,
            Einrichtungen und Anstalten und sonstiger gemeinnütziger
            Wohlfahrtsverbände oder

        cc) auf Arbeitnehmer sonstiger Körperschaften, Personenvereini-
            gungen und Vermögensmassen im Sinne der §§ 1und 2; den Ar-
            beitnehmern stehen Personen, die sich in einem arbeitnehmer-
            ähnlichen Verhältnis befinden, gleich;

        zu den Zugehörigen oder Arbeitnehmern rechnen jeweils auch de-
        ren Angehörige;

    b) wenn sichergestellt ist, dass der Betrieb der Kasse nach dem Ge-
        schäftsplan und nach Art und Höhe der Leistungen eine soziale Ein-
        richtung darstellt. [2]Diese Voraussetzung ist bei Unterstützungskas-

sen, die Leistungen von Fall zu Fall gewähren, nur gegeben, wenn sich diese Leistungen mit Ausnahme des Sterbegeldes auf Fälle der Not oder Arbeitslosigkeit beschränken;

c) wenn vorbehaltlich des § 6 die ausschließliche und unmittelbare Verwendung des Vermögens und der Einkünfte der Kasse nach der Satzung und der tatsächlichen Geschäftsführung für die Zwecke der Kasse dauernd gesichert ist;

d) wenn bei Pensions-, Sterbe- und Krankenkassen am Schluss des Wirtschaftsjahrs, zu dem der Wert der Deckungsrückstellung versicherungsmathematisch zu berechnen ist, das nach den handelsrechtlichen Grundsätzen ordnungsmäßiger Buchführung unter Berücksichtigung des Geschäftsplans sowie der allgemeinen Versicherungsbedingungen und der fachlichen Geschäftsunterlagen im Sinne des § 5 Abs. 3 Nr. 2 Halbsatz 2 des Versicherungsaufsichtsgesetzes auszuweisende Vermögen nicht höher ist als bei einem Versicherungsverein auf Gegenseitigkeit die Verlustrücklage und bei einer Kasse anderer Rechtsform der dieser Rücklage entsprechende Teil des Vermögens. ²Bei der Ermittlung des Vermögens ist eine Rückstellung für Beitragsrückerstattung nur insoweit abziehbar, als den Leistungsempfängern ein Anspruch auf die Überschussbeteiligung zusteht. ³Übersteigt das Vermögen der Kasse den bezeichneten Betrag, so ist die Kasse nach Maßgabe des § 6 Abs. 1 bis 4 steuerpflichtig; und

e) wenn bei Unterstützungskassen am Schluss des Wirtschaftsjahrs das Vermögen ohne Berücksichtigung künftiger Versorgungsleistungen nicht höher ist als das um 25 vom Hundert erhöhte zulässige Kassenvermögen. ²Für die Ermittlung des tatsächlichen und des zulässigen Kassenvermögens gilt § 4d des Einkommensteuergesetzes. ³Übersteigt das Vermögen der Kasse den in Satz 1 bezeichneten Betrag, so ist die Kasse nach Maßgabe des § 6 Abs. 5 steuerpflichtig;

4. kleinere Versicherungsvereine auf Gegenseitigkeit im Sinne des § 53 des Versicherungsaufsichtsgesetzes, wenn

a) ihre Beitragseinnahmen im Durchschnitt der letzten drei Wirtschaftsjahre einschließlich des im Veranlagungszeitraum endenden Wirtschaftsjahrs die durch Rechtsverordnung festzusetzenden Jahresbeträge nicht überstiegen haben oder

b) sich ihr Geschäftsbetrieb auf die Sterbegeldversicherung beschränkt und die Versicherungsvereine nach dem Geschäftsplan sowie nach Art und Höhe der Leistungen soziale Einrichtungen darstellen;

...

8. öffentlich-rechtliche Versicherungs- und Versorgungseinrichtungen von Berufsgruppen, deren Angehörige auf Grund einer durch Gesetz angeordneten oder auf Gesetz beruhenden Verpflichtung Mitglieder dieser Einrichtung sind, wenn die Satzung der Einrichtung die Zahlung keiner höheren jährlichen Beiträge zulässt als das Zwölffache der Beiträge, die sich bei einer Beitragsbemessungsgrundlage in Höhe der doppelten monatlichen Beitragsbemessungsgrenze in der allgemeinen Rentenversicherung ergeben würden. [2]Ermöglicht die Satzung der Einrichtung nur Pflichtmitgliedschaften sowie freiwillige Mitgliedschaften, die unmittelbar an eine Pflichtmitgliedschaft anschließen, so steht dies der Steuerbefreiung nicht entgegen, wenn die Satzung die Zahlung keiner höheren jährlichen Beiträge zulässt als das Fünfzehnfache der Beiträge, die sich bei einer Beitragsbemessungsgrundlage in Höhe der doppelten monatlichen Beitragsbemessungsgrenze in der allgemeinen Rentenversicherung ergeben würden;

...

15. der Pensions-Sicherungs-Verein Versicherungsverein auf Gegenseitigkeit,

   a) wenn er mit Erlaubnis der Versicherungsaufsichtsbehörde ausschließlich die Aufgaben des Trägers der Insolvenzsicherung wahrnimmt, die sich aus dem Gesetz zur Verbesserung der betrieblichen Altersversorgung vom 19. Dezember 1974 (BGBl. I S. 3610) ergeben, und

   b) wenn seine Leistungen nach dem Kreis der Empfänger sowie nach Art und Höhe den in den $\S\S$ 7 bis 9, 17 und 30 des Gesetzes zur Verbesserung der betrieblichen Altersversorgung bezeichneten Rahmen nicht überschreiten;

...

22. gemeinsame Einrichtungen der Tarifvertragsparteien im Sinne des $\S$ 4 Abs. 2 des Tarifvertragsgesetzes vom 25. August 1969 (BGBl. I S. 1323), die satzungsmäßige Beiträge auf der Grundlage des $\S$ 186a des Arbeitsförderungsgesetzes vom 25. Juni 1969 (BGBl. I S. 582) oder tarifvertraglicher Vereinbarungen erheben und Leistungen ausschließlich an die tarifgebundenen Arbeitnehmer des Gewerbezweigs oder an deren Hinterbliebene erbringen, wenn sie dabei zu nicht steuerbegünstigten Betrieben derselben oder ähnlicher Art nicht in größerem Umfang in Wettbewerb treten, als es bei Erfüllung ihrer begünstigten Aufgaben unvermeidlich ist. [2]Wird ein wirtschaftlicher Geschäftsbetrieb unterhalten,

dessen Tätigkeit nicht ausschließlich auf die Erfüllung der begünstigten Tätigkeiten gerichtet ist, ist die Steuerbefreiung insoweit ausgeschlossen;

...

(2) Die Befreiungen nach Absatz 1 und nach anderen Gesetzen als dem Körperschaftsteuergesetz gelten nicht

1. für inländische Einkünfte, die dem Steuerabzug unterliegen,

2. für beschränkt Steuerpflichtige im Sinne des § 2 Nr. 1,

3. soweit § 34 Abs. 12, § 37 oder 38 Abs. 2 anzuwenden ist.

§ 6
Einschränkung der Befreiung von Pensions-, Sterbe-, Kranken- und Unterstützungskassen

(1) Übersteigt am Schluss des Wirtschaftsjahrs, zu dem der Wert der Deckungsrückstellung versicherungsmathematisch zu berechnen ist, das Vermögen einer Pensions-, Sterbe- oder Krankenkasse im Sinne des § 5 Abs. 1 Nr. 3 den in Buchstabe d dieser Vorschrift bezeichneten Betrag, so ist die Kasse steuerpflichtig, soweit ihr Einkommen anteilig auf das übersteigende Vermögen entfällt.

(2) Die Steuerpflicht entfällt mit Wirkung für die Vergangenheit, soweit das übersteigende Vermögen innerhalb von achtzehn Monaten nach dem Schluss des Wirtschaftsjahrs, für das es festgestellt worden ist, mit Zustimmung der Versicherungsaufsichtsbehörde zur Leistungserhöhung, zur Auszahlung an das Trägerunternehmen, zur Verrechnung mit Zuwendungen des Trägerunternehmens, zur gleichmäßigen Herabsetzung künftiger Zuwendungen des Trägerunternehmens oder zur Verminderung der Beiträge der Leistungsempfänger verwendet wird.

(3) Wird das übersteigende Vermögen nicht in der in Absatz 2 bezeichneten Weise verwendet, so erstreckt sich die Steuerpflicht auch auf die folgenden Kalenderjahre, für die der Wert der Deckungsrückstellung nicht versicherungsmathematisch zu berechnen ist.

(4) [1]Bei der Ermittlung des Einkommens der Kasse sind Beitragsrückerstattungen oder sonstige Vermögensübertragungen an das Trägerunternehmen außer in den Fällen des Absatzes 2 nicht abziehbar. [2]Das Gleiche gilt für Zuführungen zu einer Rückstellung für Beitragsrückerstattung, soweit den Leistungsempfängern ein Anspruch auf die Überschussbeteiligung nicht zusteht.

(5) [1]Übersteigt am Schluss des Wirtschaftsjahrs das Vermögen einer Unterstützungskasse im Sinne des § 5 Abs. 1 Nr. 3 den in Buchstabe e dieser Vorschrift bezeichneten Betrag, so ist die Kasse steuerpflichtig, soweit ihr Einkommen anteilig auf das übersteigende Vermögen entfällt. [2]Bei der Ermittlung des Einkommens sind Vermögensübertragungen an das Trägerunternehmen nicht abziehbar.

(6) [1]Auf den Teil des Vermögens einer Pensions-, Sterbe-, Kranken- oder Unterstützungskasse, der am Schluss des Wirtschaftsjahrs den in § 5 Abs. 1 Nr. 3 Buchstabe d oder e bezeichneten Betrag übersteigt, ist Buchstabe c dieser Vorschrift nicht anzuwenden. [2]Bei Unterstützungskassen gilt dies auch, soweit das Vermögen vor dem Schluss des Wirtschaftsjahrs den in § 5 Abs. 1 Nr. 3 Buchstabe e bezeichneten Betrag übersteigt.

...

§ 8
Ermittlung des Einkommens

(1) [1]Was als Einkommen gilt und wie das Einkommen zu ermitteln ist, bestimmt sich nach den Vorschriften des Einkommensteuergesetzes und dieses Gesetzes. [2]Bei den inländischen öffentlich-rechtlichen Rundfunkanstalten beträgt das Einkommen aus dem Geschäft der Veranstaltung von Werbesendungen 16 vom Hundert der Entgelte (§ 10 Abs. 1 des Umsatzsteuergesetzes) aus Werbesendungen.

(2) Bei Steuerpflichtigen, die nach den Vorschriften des Handelsgesetzbuchs zur Führung von Büchern verpflichtet sind, sind alle Einkünfte als Einkünfte aus Gewerbebetrieb zu behandeln.

(3) [1]Für die Ermittlung des Einkommens ist es ohne Bedeutung, ob das Einkommen verteilt wird. [2]Auch verdeckte Gewinnausschüttungen sowie Ausschüttungen jeder Art auf Genussrechte, mit denen das Recht auf Beteiligung am Gewinn und am Liquidationserlös der Kapitalgesellschaft verbunden ist, mindern das Einkommen nicht.

(4) [1]Voraussetzung für den Verlustabzug nach § 10d des Einkommensteuergesetzes ist bei einer Körperschaft, dass sie nicht nur rechtlich, sondern auch wirtschaftlich mit der Körperschaft identisch ist, die den Verlust erlitten hat. [2]Wirtschaftliche Identität liegt insbesondere dann nicht vor, wenn mehr als die Hälfte der Anteile an einer Kapitalgesellschaft übertragen werden und die Kapitalgesellschaft ihren Geschäftsbetrieb mit überwiegend neuem Betriebsvermögen fortführt oder wieder aufnimmt. [3]Die Zuführung neuen

Betriebsvermögens ist unschädlich, wenn sie allein der Sanierung des Geschäftsbetriebs dient, der den verbleibenden Verlustvortrag im Sinne des § 10d Abs. 4 Satz 2 des Einkommensteuergesetzes verursacht hat, und die Körperschaft den Geschäftsbetrieb in einem nach dem Gesamtbild der wirtschaftlichen Verhältnisse vergleichbaren Umfang in den folgenden fünf Jahren fortführt. [4]Entsprechendes gilt für den Ausgleich des Verlustes vom Beginn des Wirtschaftsjahrs bis zum Zeitpunkt der Anteilsübertragung.

(5) Bei Personenvereinigungen bleiben für die Ermittlung des Einkommens Beiträge, die auf Grund der Satzung von den Mitgliedern lediglich in ihrer Eigenschaft als Mitglieder erhoben werden, außer Ansatz.

(6) Besteht das Einkommen nur aus Einkünften, von denen lediglich ein Steuerabzug vorzunehmen ist, so ist ein Abzug von Betriebsausgaben oder Werbungskosten nicht zulässig.

...

§ 21
Beitragsrückerstattungen

(1) Beitragsrückerstattungen, die für das selbst abgeschlossene Geschäft auf Grund des Jahresergebnisses oder des versicherungstechnischen Überschusses gewährt werden, sind abziehbar

1. in der Lebens- und Krankenversicherung bis zu dem nach handelsrechtlichen Vorschriften ermittelten Jahresergebnis für das selbst abgeschlossene Geschäft, erhöht um die für Beitragsrückerstattungen aufgewendeten Beträge, die das Jahresergebnis gemindert haben, und gekürzt um den Betrag, der sich aus der Auflösung einer Rückstellung nach Absatz 2 Satz 2 ergibt, um Gewinnanteile, die von einer ausländischen Gesellschaft ausgeschüttet werden und nach einem Abkommen zur Vermeidung der Doppelbesteuerung von der Körperschaftsteuer befreit sind, sowie um den Nettoertrag des nach den steuerlichen Vorschriften über die Gewinnermittlung anzusetzenden Betriebsvermögens am Beginn des Wirtschaftsjahrs; für Pensionsfonds gilt Entsprechendes. [2]Als Nettoertrag gilt der Ertrag aus langfristiger Kapitalanlage, der anteilig auf das Betriebsvermögen entfällt, nach Abzug der entsprechenden abziehbaren und nichtabziehbaren Betriebsausgaben;

2. in der Schaden- und Unfallversicherung bis zur Höhe des Überschusses, der sich aus der Beitragseinnahme nach Abzug aller anteiligen abziehbaren und nichtabziehbaren Betriebsausgaben einschließlich der Versicherungsleistungen, Rückstellungen und Rechnungsabgrenzungsposten

ergibt. [2]Der Berechnung des Überschusses sind die auf das Wirtschaftsjahr entfallenden Beitragseinnahmen und Betriebsausgaben des einzelnen Versicherungszweigs aus dem selbst abgeschlossenen Geschäft für
eigene Rechnung zugrunde zu legen.

(2) [1]Zuführungen zu einer Rückstellung für Beitragsrückerstattung sind insoweit abziehbar, als die ausschließliche Verwendung der Rückstellung für
diesen Zweck durch die Satzung oder durch geschäftsplanmäßige Erklärung gesichert ist. [2]Die Rückstellung ist vorbehaltlich des Satzes 3 aufzulösen, soweit sie höher ist als die Summe der in den folgenden Nummern 1 bis
4 bezeichneten Beträge:

1. die Zuführungen innerhalb des am Bilanzstichtag endenden Wirtschaftsjahrs und der zwei vorangegangenen Wirtschaftsjahre,

2. der Betrag, dessen Ausschüttung als Beitragsrückerstattung vom Versicherungsunternehmen vor dem Bilanzstichtag verbindlich festgelegt
   worden ist,

3. in der Krankenversicherung der Betrag, dessen Verwendung zur Ermäßigung von Beitragserhöhungen im folgenden Geschäftsjahr vom Versicherungsunternehmen vor dem Bilanzstichtag verbindlich festgelegt
   worden ist,

4. in der Lebensversicherung der Betrag, der für die Finanzierung der auf
   die abgelaufenen Versicherungsjahre entfallenden Schlussgewinnantei-
   le erforderlich ist; für Pensionsfonds gilt Entsprechendes.

[3]Eine Auflösung braucht nicht zu erfolgen, soweit an die Versicherten
Kleinbeträge auszuzahlen wären und die Auszahlung dieser Beträge mit einem unverhältnismäßig hohen Verwaltungsaufwand verbunden wäre.

(3) § 6 Abs. 1 Nr. 3a des Einkommensteuergesetzes ist nicht anzuwenden.

§ 21a
Deckungsrückstellungen

(1) [1]§ 6 Abs. 1 Nr. 3a Buchstabe e des Einkommensteuergesetzes ist von
Versicherungsunternehmen und Pensionsfonds mit der Maßgabe anzuwenden, dass Deckungsrückstellungen im Sinne des § 341f des Handelsgesetzbuchs mit dem sich für die zugrunde liegenden Verträge aus der Bestimmung in Verbindung mit § 25 der Verordnung über die Rechnungslegung
von Versicherungsunternehmen oder in Verbindung mit der auf Grund des
§ 116 des Versicherungsaufsichtsgesetzes zu erlassenden Rechtsverordnung
ergebenden Höchstzinssatz oder einem niedrigeren zulässigerweise ver-

wendeten Zinssatz abgezinst werden können. ²Für die von Schaden- und Unfallversicherungsunternehmen gebildeten Renten-Deckungsrückstellungen kann der Höchstzinssatz, der sich aus § 2 der Deckungsrückstellungsverordnung ergibt, oder ein niedrigerer zulässigerweise verwendeter Zinssatz zugrunde gelegt werden.

(2) Soweit die in Absatz 1 genannten versicherungsrechtlichen Bestimmungen auf Versicherungsunternehmen mit Sitz in einem anderen Mitgliedstaat der Europäischen Gemeinschaft oder in einem anderen Vertragsstaat des EWR-Abkommens keine Anwendung finden, können diese entsprechend verfahren.

...

§ 34
Schlussvorschriften

(1) Diese Fassung des Gesetzes gilt, soweit in den folgenden Absätzen nicht anderes bestimmt ist, erstmals für den Veranlagungszeitraum 2005.

...

V.
Handelsgesetzbuch (HGB)

vom 10. 5. 1897 (RGBl. S. 219) in der im Bundesgesetzblatt Teil III, Gliede-rungsnummer 4100-1, veröffentlichten bereinigten Fassung, zuletzt geän-dert durch Gesetz vom 15. 12. 2004 (BGBl. I S. 3408).

– Auszug –

§ 249
Rückstellungen

(1) [1]Rückstellungen sind für ungewisse Verbindlichkeiten und für drohende Verluste aus schwebenden Geschäften zu bilden. [2]Ferner sind Rückstellun-gen zu bilden für

1. im Geschäftsjahr unterlassene Aufwendungen für Instandhaltung, die im folgenden Geschäftsjahr innerhalb von drei Monaten, oder für Ab-raumbeseitigung, die im folgenden Geschäftsjahr nachgeholt werden,

2. Gewährleistungen, die ohne rechtliche Verpflichtung erbracht werden.

[3]Rückstellungen dürfen für unterlassene Aufwendungen für Instandhal-tung auch gebildet werden, wenn die Instandhaltung nach Ablauf der Frist nach Satz 2 Nr. 1 innerhalb des Geschäftsjahrs nachgeholt wird.

(2) Rückstellungen dürfen außerdem für ihrer Eigenart nach genau um-schriebene, dem Geschäftsjahr oder einem früheren Geschäftsjahr zuzuord-nende Aufwendungen gebildet werden, die am Abschlussstichtag wahr-scheinlich oder sicher, aber hinsichtlich ihrer Höhe oder des Zeitpunkts ih-res Eintritts unbestimmt sind.

(3) [1]Für andere als die in den Absätzen 1 und 2 bezeichneten Zwecke dür-fen Rückstellungen nicht gebildet werden. [2]Rückstellungen dürfen nur auf-gelöst werden, soweit der Grund hierfür entfallen ist.

...

§ 252
Allgemeine Bewertungsgrundsätze

(1) Bei der Bewertung der im Jahresabschluss ausgewiesenen Vermögens-gegenstände und Schulden gilt insbesondere Folgendes:

1. Die Wertansätze in der Eröffnungsbilanz des Geschäftsjahrs müssen mit

denen der Schlussbilanz des vorhergehenden Geschäftsjahrs übereinstimmen.

2. Bei der Bewertung ist von der Fortführung der Unternehmenstätigkeit auszugehen, sofern dem nicht tatsächliche oder rechtliche Gegebenheiten entgegenstehen.

3. Die Vermögensgegenstände und Schulden sind zum Abschlussstichtag einzeln zu bewerten.

4. Es ist vorsichtig zu bewerten, namentlich sind alle vorhersehbaren Risiken und Verluste, die bis zum Abschlussstichtag entstanden sind, zu berücksichtigen, selbst wenn diese erst zwischen dem Abschlussstichtag und dem Tag der Aufstellung des Jahresabschlusses bekannt geworden sind; Gewinne sind nur zu berücksichtigen, wenn sie am Abschlussstichtag realisiert sind.

5. Aufwendungen und Erträge des Geschäftsjahrs sind unabhängig von den Zeitpunkten der entsprechenden Zahlungen im Jahresabschluss zu berücksichtigen.

6. Die auf den vorhergehenden Jahresabschluss angewandten Bewertungsmethoden sollen beibehalten werden.

(2) Von den Grundsätzen des Absatzes 1 darf nur in begründeten Ausnahmefällen abgewichen werden.

§ 253
Wertansätze der Vermögensgegenstände und Schulden

(1) ¹Vermögensgegenstände sind höchstens mit den Anschaffungs- oder Herstellungskosten, vermindert um Abschreibungen nach den Absätzen 2 und 3 anzusetzen. ²Verbindlichkeiten sind zu ihrem Rückzahlungsbetrag, Rentenverpflichtungen, für die eine Gegenleistung nicht mehr zu erwarten ist, zu ihrem Barwert und Rückstellungen nur in Höhe des Betrags anzusetzen, der nach vernünftiger kaufmännischer Beurteilung notwendig ist; Rückstellungen dürfen nur abgezinst werden, soweit die ihnen zugrunde liegenden Verbindlichkeiten einen Zinsanteil enthalten.

(2) ¹Bei Vermögensgegenständen des Anlagevermögens, deren Nutzung zeitlich begrenzt ist, sind die Anschaffungs- oder Herstellungskosten um planmäßige Abschreibungen zu vermindern. ²Der Plan muss die Anschaffungs- oder Herstellungskosten auf die Geschäftsjahre verteilen, in denen der Vermögensgegenstand voraussichtlich genutzt werden kann. ³Ohne Rücksicht darauf, ob ihre Nutzung zeitlich begrenzt ist, können bei Vermö-

gensgegenständen des Anlagevermögens außerplanmäßige Abschreibungen vorgenommen werden, um die Vermögensgegenstände mit dem niedrigeren Wert anzusetzen, der ihnen am Abschlussstichtag beizulegen ist; sie sind vorzunehmen bei einer voraussichtlich dauernden Wertminderung.

(3) [1]Bei Vermögensgegenständen des Umlaufvermögens sind Abschreibungen vorzunehmen, um diese mit einem niedrigeren Wert anzusetzen, der sich aus einem Börsen- oder Marktpreis am Abschlussstichtag ergibt. [2]Ist ein Börsen- oder Marktpreis nicht festzustellen und übersteigen die Anschaffungs- oder Herstellungskosten den Wert, der den Vermögensgegenständen am Abschlussstichtag beizulegen ist, so ist auf diesen Wert abzuschreiben. [3]Außerdem dürfen Abschreibungen vorgenommen werden, soweit diese nach vernünftiger kaufmännischer Beurteilung notwendig sind, um zu verhindern, dass in der nächsten Zukunft der Wertansatz dieser Vermögensgegenstände auf Grund von Wertschwankungen geändert werden muss.

(4) Abschreibungen sind außerdem im Rahmen vernünftiger kaufmännischer Beurteilung zulässig.

(5) Ein niedrigerer Wertansatz nach Absatz 2 Satz 3, Absatz 3 oder 4 darf beibehalten werden, auch wenn die Gründe dafür nicht mehr bestehen.

...

VI.
Einführungsgesetz zum Handelsgesetzbuch (EGHGB)

vom 10. 5. 1897 (RGBl. S. 437), zuletzt geändert durch Gesetz vom 4. 12. 2004 (BGBl. I S. 3166).

– Auszug –

...

Artikel 28
Pensionsrückstellungen

(1) [1]Für eine laufende Pension oder eine Anwartschaft auf eine Pension auf Grund einer unmittelbaren Zusage braucht eine Rückstellung nach § 249 Abs. 1 Satz 1 des Handelsgesetzbuchs nicht gebildet zu werden, wenn der Pensionsberechtigte seinen Rechtsanspruch vor dem 1. Januar 1987 erworben hat oder sich ein vor diesem Zeitpunkt erworbener Rechtsanspruch nach dem 31. Dezember 1986 erhöht. [2]Für eine mittelbare Verpflichtung aus einer Zusage für eine laufende Pension oder eine Anwartschaft auf eine Pension sowie für eine ähnliche unmittelbare oder mittelbare Verpflichtung braucht eine Rückstellung in keinem Fall gebildet zu werden.

(2) Bei Anwendungen des Absatzes 1 müssen Kapitalgesellschaften die in der Bilanz nicht ausgewiesenen Rückstellungen für laufende Pensionen, Anwartschaften auf Pensionen und ähnliche Verpflichtungen jeweils im Anhang und im Konzernanhang in einem Betrag angeben.

...

VII.
Gesetz über die Beaufsichtigung der Versicherungsunternehmen (Versicherungsaufsichtsgesetz – VAG)

in der Fassung der Bekanntmachung vom 17. 12. 1992 (BGBl. 1993 I S. 2), zuletzt geändert durch Gesetz vom 21. 12. 2004 (BGBl. I S. 3610).

– Auszug –

§ 1
Aufsichtspflichtige Unternehmen

(1) Der Aufsicht nach diesem Gesetz unterliegen Unternehmen, die den Betrieb von Versicherungsgeschäften zum Gegenstand haben und nicht Träger der Sozialversicherung sind (Versicherungsunternehmen) sowie Pensionsfonds im Sinne des § 112 Abs. 1.

(2) *(aufgehoben)*

...

§ 10a
Verbraucherinformation; mehrere Anträge

(1) [1]Die Versicherungsunternehmen haben zu gewährleisten, dass der Versicherungsnehmer, wenn er eine natürliche Person ist, in einer Verbraucherinformation über die das Versicherungsverhältnis maßgeblichen Tatsachen und Rechte vor Abschluss und während der Laufzeit des Vertrages nach Maßgabe der Anlage Teil D unterrichtet wird. [2]Bei den in Artikel 10 Abs. 1 des Einführungsgesetzes zu dem Gesetz über den Versicherungsvertrag genannten Großrisiken genügt die Angabe des anwendbaren Rechts und der zuständigen Aufsichtsbehörde. [3]Lebensversicherungen und Pensionskassen, soweit sie Leistungen der betrieblichen Altersversorgung erbringen, haben außerdem die Versorgungsanwärter und Versorgungsempfänger, die nicht zugleich Versicherungsnehmer sind, nach Maßgabe der Anlage Teil D Abschnitt III zu informieren.

...

VII. Pensionsfonds

§ 112
Definition

(1) Ein Pensionsfonds ist eine rechtsfähige Versorgungseinrichtung, die

1. im Wege des Kapitaldeckungsverfahrens Leistungen der betrieblichen Altersversorgung für einen oder mehrere Arbeitgeber zugunsten von Arbeitnehmern erbringt,

2. die Höhe der Leistungen oder die Höhe der für diese Leistungen zu entrichtenden künftigen Beiträge nicht für alle vorgesehenen Leistungsfälle durch versicherungsförmige Garantien zusagen darf,

3. den Arbeitnehmern einen eigenen Anspruch auf Leistung gegen den Pensionsfonds einräumt und

4. verpflichtet ist, die Leistung als lebenslange Altersrente oder in Form eines Auszahlungsplans mit unmittelbar anschließender Restverrentung gemäß § 1 Abs. 1 Satz 1 Nr. 4 des Altersvorsorgeverträge-Zertifizierungsgesetzes zu erbringen.

(2) Pensionsfonds bedürfen zum Geschäftsbetrieb der Erlaubnis der Aufsichtsbehörde.

(3) Als Arbeitnehmer im Sinne dieser Vorschrift gelten auch ehemalige Arbeitnehmer sowie die unter § 17 Abs. 1 Satz 2 des Gesetzes zur Verbesserung der betrieblichen Altersversorgung fallenden Personen.

§ 113
Anzuwendende Vorschriften

(1) Für Pensionsfonds im Sinne des § 112 gelten die auf die Lebensversicherungsunternehmen anzuwendenden Vorschriften dieses Gesetzes entsprechend, soweit dieses Gesetz keine abweichenden Regelungen oder Maßgaben enthält.

(2) Von den auf die Lebensversicherungsunternehmen anzuwendenden Vorschriften dieses Gesetzes gelten für Pensionsfonds die folgenden Vorschriften nur mit einer Maßgabe entsprechend:

1. § 5 Abs. 3 Nr. 2 mit der Maßgabe, dass mit dem Antrag auf Erlaubnis nur die Pensionspläne einzureichen sind; Pensionspläne sind die im Rahmen des Geschäftsplanes ausgestalteten Bedingungen zur planmäßigen Leistungserbringung im Versorgungsfall;

2. § 5 Abs. 4 mit der Maßgabe, dass § 114 Abs. 2 an die Stelle des § 53c Abs. 2 tritt;

3. § 7 Abs. 1 mit der Maßgabe, dass die Erlaubnis nur Aktiengesellschaften und Pensionsfondsvereinen auf Gegenseitigkeit erteilt werden darf; für Pensionsfondsvereine auf Gegenseitigkeit gelten die Vorschriften über Versicherungsvereine auf Gegenseitigkeit entsprechend, soweit nichts anderes bestimmt ist;

4. § 10a mit der Maßgabe, dass der Arbeitnehmer die Angaben der Anlage Teil D Abschnitt III erhält;

4a. § 11a Abs. 3 mit der Maßgabe, dass jeweils § 116 Abs. 1 an die Stelle des § 65 Abs. 1 tritt;

5. § 13 Abs. 1 mit der Maßgabe, dass die Genehmigungspflicht nicht für Pensionspläne gilt; Änderungen und die Einführung neuer Pensionspläne werden erst nach drei Monaten wirksam, falls die Aufsichtsbehörde nicht aus den Gründen des § 8 Abs. 1 widerspricht oder vorher die Unbedenklichkeit feststellt;

6. § 13 Abs. 3 mit der Maßgabe, dass diese Vorschrift auch für das Pensionsgeschäft in den anderen Vertragsstaaten des Abkommens über den Europäischen Wirtschaftsraum anzuwenden ist;

7. § 81 mit der Maßgabe, dass an die Stelle der „Belange der Versicherten" die „Belange der Versorgungsanwärter und Versorgungsempfänger" tritt;

8. § 81a mit der Maßgabe, dass an die Stelle der „Belange der Versicherten" die „Belange der Versorgungsanwärter und Versorgungsempfänger" und an die Stelle der „Versicherungsverhältnisse" die „Versorgungsverhältnisse" treten;

8a. § 81b Abs. 4 mit der Maßgabe, dass § 115 Abs. 2 an die Stelle des § 54 Abs. 3 tritt;

9. § 81c mit der Maßgabe, dass an die Stelle der „Belange der Versicherten" die „Belange der Versorgungsanwärter und Versorgungsempfänger" tritt;

10. § 81e mit der Maßgabe, dass an die Stelle der „Versicherungsnehmer" die „Versorgungsanwärter und Versorgungsempfänger" treten;

11. § 101 mit der Maßgabe, dass an Stelle der Versicherungsentgelte die Pensionsfondsbeiträge maßgeblich sind.

(3) Nicht anwendbar sind § 6 Abs. 1 Satz 2, Abs. 4, § 9, §§ 13a bis 13c, § 14 Abs. 1a, §§ 53, 53b und 53c Abs. 1 bis 3c, § 54 Abs. 1 bis 3, §§ 54b und 54c,

§§ 64, 65, 66 Abs. 7, § 85 Satz 2, § 88 Abs. 1 Satz 2, Abs. 3 Satz 1, 3 und 4, Abs. 4 Satz 2, §§ 88a und 89b, §§ 110a und 110b, §§ 111 bis 111g sowie §§ 122, 123.

§ 114
Kapitalausstattung

(1) ¹Pensionsfonds sind verpflichtet, zur Sicherstellung der dauernden Erfüllbarkeit der Verträge freie und unbelastete Eigenmittel mindestens in Höhe einer Solvabilitätsspanne zu bilden, die sich nach dem gesamten Geschäftsumfang bemisst. ²Ein Drittel der Solvabilitätsspanne gilt als Garantiefonds.

(2) Das Bundesministerium der Finanzen wird zur Sicherstellung einer ausreichenden Solvabilität von Pensionsfonds ermächtigt, durch Rechtsverordnung Vorschriften zu erlassen

1. über die Berechnung und die Höhe der Solvabilitätsspanne unter Berücksichtigung der Einstandspflicht des Arbeitgebers gemäß § 1 Abs. 1 Satz 3 des Gesetzes zur Verbesserung der betrieblichen Altersversorgung;

2. über den für Pensionsfonds maßgeblichen Mindestbetrag des Garantiefonds und

3. darüber, was als Eigenmittel im Sinne von Absatz 1 anzusehen ist und in welchem Umfang sie auf die Solvabilitätsspanne angerechnet werden dürfen.

§ 115
Vermögensanlage

(1) ¹Pensionsfonds haben unter Berücksichtigung der jeweiligen Pensionspläne Sicherungsvermögen anzulegen. ²Die Bestände eines Sicherungsvermögens und des sonstigen gebundenen Vermögens (gebundenes Vermögen) sind in einer der Art und Dauer der zu erbringenden Altersversorgung entsprechenden Weise unter Berücksichtigung der Festlegungen des jeweiligen Pensionsplans so anzulegen, dass möglichst große Sicherheit und Rentabilität bei ausreichender Liquidität des Pensionsfonds unter Wahrung angemessener Mischung und Streuung insgesamt erreicht wird.

(2) ¹Die Bundesregierung wird ermächtigt, zur Sicherstellung der dauernden Erfüllbarkeit des jeweiligen Pensionsplans unter Berücksichtigung der Anlageformen des Artikels 23 der Richtlinie über Lebensversicherungen

und der Festlegungen im Pensionsplan hinsichtlich des Anlagerisikos und des Trägers dieses Risikos durch Rechtsverordnung Einzelheiten nach Maßgabe des Absatzes 1 festzulegen. [2]Dies beinhaltet insbesondere, quantitative und qualitative Vorgaben nach Maßgabe des Artikels 23 der Richtlinie über Lebensversicherungen zur Anlage des gebundenen Vermögens, zu seiner Kongruenz und Belegenheit festzulegen sowie Anlagen beim Trägerunternehmen zu beschränken. [3]Die dauernde Erfüllbarkeit eines Pensionsplans kann auch bei einer vorübergehenden Unterdeckung als gewährleistet angesehen werden, wenn diese 5 vom Hundert des Betrags der Rückstellungen nicht übersteigt und die Belange der Versorgungsanwärter und -empfänger gewährleistet sind. [4]Zur Absicherung der vollständigen Bedeckung der Rückstellungen ist eine Vereinbarung zwischen Arbeitgeber und Pensionsfonds erforderlich, die der Genehmigung der Aufsichtsbehörde bedarf. [5]Die Genehmigung ist zu erteilen, wenn durch den Arbeitgeber die Erfüllung der Nachschusspflicht zur vollständigen Deckung der Rückstellungen durch Bürgschaft oder Garantie eines geeigneten Kreditinstituts oder in anderer geeigneter Weise sichergestellt ist. [6]Der Pensionsfonds hat dem Pensionssicherungsverein die Vereinbarung unverzüglich zur Kenntnis zu geben.

(3) [1]Die Pensionsfonds sind verpflichtet, jährlich, nach einer wesentlichen Änderung der Anlagepolitik zudem unverzüglich, ihre Anlagepolitik gegenüber der Aufsichtsbehörde darzulegen. [2]Hierzu haben sie eine Erklärung über die Grundsätze der Anlagepolitik zu übersenden, die Angaben über das Verfahren zur Risikobewertung und zum Risikomanagement sowie zur Strategie in Bezug auf den jeweiligen Pensionsplan, insbesondere die Aufteilung der Vermögenswerte je nach Art und Dauer der Altersversorgungsleistungen, enthält.

(4) Der Pensionsfonds muss die Versorgungsberechtigten schriftlich darüber informieren, ob und wie er ethische, soziale und ökologische Belange bei der Verwendung der eingezahlten Beiträge berücksichtigt.

§ 116
Deckungsrückstellung

(1) [1]Das Bundesministerium der Finanzen wird ermächtigt, durch Rechtsverordnung zur Berechnung der Deckungsrückstellung unter Beachtung der Grundsätze ordnungsmäßiger Buchführung

1. einen oder mehrere Höchstwerte für den Rechnungszins festzusetzen;

2. die Grundsätze der versicherungsmathematischen Rechnungsgrundlagen für die Berechnung der Deckungsrückstellung festzulegen.

²Die Ermächtigung kann durch Rechtsverordnung auf die Bundesanstalt übertragen werden. ³Diese erlässt die Vorschriften im Benehmen mit den Aufsichtsbehörden der Länder.

(2) Die Rechtsverordnungen nach Absatz 1 sind im Einvernehmen mit dem Bundesministerium der Justiz zu erlassen.

§ 117
Pensionsfonds mit Sitz im Ausland;
Zusammenarbeit der Aufsichtsbehörden

(1) ¹Für Pensionsfonds mit Sitz im Ausland, die die Anforderungen des § 112 Abs. 1 erfüllen, gelten folgende Vorschriften entsprechend:

1. §§ 105 bis 110, falls es sich um Pensionsfonds eines Drittstaates handelt,

2. § 110d, falls es sich um Pensionsfonds mit Sitz in einem Mitglied- oder Vertragsstaat handelt. ²§ 8 Abs. 4 ist nicht anzuwenden.

²Im Übrigen gelten die Vorschriften dieses Abschnitts entsprechend.

(2) Die Bundesregierung wird ermächtigt, durch Verwaltungsabkommen mit einem Mitglied- oder Vertragsstaat jeweils zu vereinbaren, dass in Anlehnung an die für Lebensversicherungsunternehmen geltenden Bestimmungen der Richtlinie über Lebensversicherungen die Finanzaufsicht in alleiniger Zuständigkeit, die Aufsicht im Übrigen im Zusammenwirken mit der Aufsichtsbehörde des anderen Mitglied- oder Vertragsstaates wahrgenommen wird.

§ 118
Gesonderte Verordnungen

§ 5 Abs. 6, § 11a Abs. 6, § 55a, § 57 Abs. 2, § 81c Abs. 3, § 104 Abs. 6 und § 104g Abs. 2 finden mit der Maßgabe Anwendung, dass das Bundesministerium der Finanzen ermächtigt wird, auf ihrer Grundlage gesonderte Rechtsverordnungen für Pensionsfonds zu erlassen.

...

VIIIa.
Sicherungsfonds

§ 124
Pflichtmitgliedschaft

(1) Unternehmen, die gemäß § 5 Abs. 1 oder § 105 Abs. 2 zum Geschäftsbetrieb in den Versicherungssparten 19 bis 23 (Lebensversicherer) oder zum Betrieb der substitutiven Krankenversicherung gemäß § 12 (Krankenversicherer) zugelassen sind, mit Ausnahme der Pensions- und Sterbekassen, müssen einem Sicherungsfonds angehören, der dem Schutz der Ansprüche ihrer Versicherungsnehmer, der versicherten Personen, Bezugsberechtigten und sonstiger aus dem Versicherungsvertrag begünstigter Personen dient.

(2) [1]Pensionskassen können einem Sicherungsfonds freiwillig beitreten. [2]Zur Gewährleistung vergleichbarer Finanzverhältnisse aller Mitglieder kann der Sicherungsfonds die Aufnahme von der Erfüllung bestimmter Bedingungen abhängig machen.

§ 125
Aufrechterhaltung der Versicherungsverträge

(1) Stellt die Aufsichtsbehörde fest, dass die Voraussetzungen des § 89 Abs. 1 Satz 1 bei einem Versicherungsunternehmen erfüllt sind, welches Mitglied eines Sicherungsfonds ist, oder liegt eine Anzeige gemäß § 88 Abs. 2 eines solchen Versicherungsunternehmens vor, übermittelt sie diese Feststellung dem Sicherungsfonds und informiert hierüber das betroffene Versicherungsunternehmen.

(2) Sofern andere Maßnahmen zur Wahrung der Belange der Versicherten nicht ausreichend sind, ordnet die Aufsichtsbehörde die Übertragung des gesamten Bestandes an Versicherungsverträgen mit den zur Bedeckung der Verbindlichkeiten aus diesen Verträgen erforderlichen Vermögensgegenstände auf den zuständigen Sicherungsfonds an.

(3) Die Rechte und Pflichten des übertragenden Unternehmens aus den Versicherungsverträgen gehen mit der Bestandsübertragung auch im Verhältnis zu den Versicherungsnehmern auf den Sicherungsfonds über; § 415 des Bürgerlichen Gesetzbuchs ist nicht anzuwenden.

(4) [1]Der Sicherungsfonds verwaltet die übernommenen Verträge gesondert von seinem restlichen Vermögen und legt über sie gesondert Rechnung. [2]Er ermittelt unverzüglich den für die vollständige Bedeckung der Verpflich-

tungen aus den Versicherungsverträgen erforderlichen Betrag und stellt geeignete qualifizierte Vermögensgegenstände bereit. ³§ 7 Abs. 2, §§ 11a bis 11c, 12, 12a, 12b, 12 f, 13d Nr. 7 und 8, §§ 54, 54d Satz 1, §§ 55a, 56a und 81d gelten insoweit entsprechend; § 81c findet auf die von den Sicherungsfonds verwalteten Versicherungsverträge Anwendung, sobald die Aufsichtsbehörde festgestellt hat, dass die Sanierung eines übernommenen Versicherungsbestandes abgeschlossen ist und das dem Sicherungsfonds hierfür zur Verfügung gestellte Kapital an die einzahlenden Versicherungsunternehmen zurückgewährt wurde.

(5) ¹Ergibt die Prüfung nach Absatz 4, dass die Mittel des Sicherungsfonds gemäß § 129 Abs. 4 bis 5a nicht ausreichen, um die Fortführung der Verträge zu gewährleisten, setzt die Aufsichtsbehörde bei Lebensversicherungsunternehmen die Verpflichtungen aus den Verträgen um maximal 5 Prozent der vertraglich garantierten Leistungen herab. ²Die Aufsichtsbehörde kann außerdem Anordnungen treffen, um einen außergewöhnlichen Anstieg der Zahl vorzeitiger Vertragsbeendigungen zu verhindern.

(6) ¹Der Sicherungsfonds kann den Versicherungsbestand ganz oder teilweise auf in Deutschland zum Versicherungsgeschäft zugelassene Unternehmen übertragen; für diese Übertragung gilt § 14 entsprechend. ²Der Sicherungsfonds kann die Versicherungsbedingungen und die Tarifbestimmungen der zu übertragenden Verträge bei der Übertragung ändern, um sie an die Verhältnisse des übernehmenden Versicherers anzupassen, wenn es zur Fortführung der Verträge beim übernehmenden Versicherer zweckmäßig und für die versicherten Personen zumutbar ist. ³Die Änderung wird wirksam, wenn sie unter Wahrung des Vertragsziels die Belange der Versicherten angemessen berücksichtigt und ein unabhängiger Treuhänder bestätigt, dass diese Voraussetzungen erfüllt sind. ⁴Für den Treuhänder gelten die §§ 11b und 12b Abs. 5 entsprechend.

(7) Mit der Anordnung der Bestandsübertragung auf den Sicherungsfonds erlischt die Erlaubnis zum Geschäftsbetrieb des übertragenden Versicherungsunternehmens.

(8) Widerspruch und Anfechtungsklage gegen die Anordnung der Aufsichtsbehörde haben keine aufschiebende Wirkung.

§ 126
Sicherungsfonds

(1) ¹Bei der Kreditanstalt für Wiederaufbau werden ein Sicherungsfonds für die Lebensversicherer und ein Sicherungsfonds für die Krankenversi-

cherer als nicht rechtsfähige Sondervermögen des Bundes errichtet. ²Die Sicherungsfonds können im Rechtsverkehr handeln, klagen oder verklagt werden.

(2) ¹Aufgabe der Sicherungsfonds ist der Schutz der Ansprüche der Versicherungsnehmer, der versicherten Personen, Bezugsberechtigten und sonstiger aus dem Versicherungsvertrag begünstigter Personen. ²Zu diesem Zweck sorgen sie für die Weiterführung der Verträge eines betroffenen Versicherungsunternehmens.

(3) ¹Die Kreditanstalt für Wiederaufbau verwaltet die Sicherungsfonds. ²Für die Verwaltung erhält sie eine kostendeckende Vergütung aus den Sondervermögen.

(4) Über den Widerspruch gegen Verwaltungsakte eines Sicherungsfonds entscheidet die Bundesanstalt.

§ 127
Beleihung Privater

(1) ¹Das Bundesministerium der Finanzen wird ermächtigt, durch Rechtsverordnung im Einvernehmen mit dem Bundesministerium für Verbraucherschutz, Ernährung und Landwirtschaft ohne Zustimmung des Bundesrates Aufgaben und Befugnisse eines oder beider Sicherungsfonds einer juristischen Person des Privatrechts zu übertragen, wenn diese bereit ist, die Aufgaben des Sicherungsfonds zu übernehmen, und hinreichende Gewähr für die Erfüllung der Ansprüche der Entschädigungsversicherten bietet. ²Eine juristische Person bietet hinreichende Gewähr, wenn

1. die Personen, die nach Gesetz oder Satzung die Geschäftsführung und Vertretung der juristischen Person ausüben, zuverlässig und geeignet sind,

2. sie über die zur Erfüllung ihrer Aufgaben notwendige Ausstattung und Organisation, insbesondere für die Beitragseinziehung, die Leistungsbearbeitung und die Verwaltung der Mittel verfügt und dafür eigene Mittel im Gegenwert von mindestens 1 Million Euro vorhält,

3. sie nachweist, dass sie zur Organisation insbesondere der Beitragseinziehung, der Leistungsbearbeitung und der Verwaltung der Mittel im Zeitpunkt der Bestandsübertragung gemäß § 125 Abs. 2 in der Lage ist.

³Auch ein nach § 5 zugelassenes Unternehmen kann beliehen werden. ⁴Durch die Rechtsverordnung nach Satz 1 kann sich das Bundesministeri-

um der Finanzen die Genehmigung der Satzung und von Satzungsänderungen der juristischen Person vorbehalten.

(2) [1]Im Falle der Beleihung nach Absatz 1 tritt die juristische Person des Privatrechts in die Rechte und Pflichten der jeweiligen Sicherungsfonds ein. [2]§ 126 Abs. 4 gilt entsprechend. [3]Eine Übertragung der Vermögensmasse erfolgt nicht.

§ 128
Aufsicht

[1]Die Sicherungsfonds unterliegen der Rechts- und Fachaufsicht der Bundesanstalt. [2]Die Bundesanstalt hat Missständen entgegenzuwirken, welche die ordnungsgemäße Erfüllung der Aufgaben der Sicherungsfonds gefährden können. [3]Die Bundesanstalt kann Anordnungen treffen, die geeignet und erforderlich sind, diese Missstände zu beseitigen oder zu verhindern. [4]Der Bundesanstalt stehen gegenüber den Sicherungsfonds die Auskunfts- und Prüfungsrechte nach § 83 Abs. 1 und 3 zu. [5]Im Übrigen gelten für die Sicherungsfonds nur die Vorschriften dieses Kapitels sowie § 144c, sofern es sich nicht um ein nach § 5 zugelassenes Unternehmen handelt.

§ 129
Finanzierung

(1) [1]Die Versicherungsunternehmen, die einem Sicherungsfonds angehören, sind verpflichtet, Beiträge an den Sicherungsfonds zu leisten. [2]Die Beiträge sollen die Fehlbeträge der übernommenen Versicherungsverträge, die entstehenden Verwaltungskosten und sonstige Kosten, die durch die Tätigkeit des Sicherungsfonds entstehen, decken. [3]Die an den Sicherungsfonds geleisteten Beiträge gelten als Anlage im Sinne des § 1 Abs. 1 und des § 2 Abs. 3 der Anlageverordnung.

(2) [1]Für die Erfüllung der Verpflichtungen aus übernommenen Versicherungsverträgen haftet der Sicherungsfonds nur mit dem auf Grund der Beitragsleistungen nach Abzug der Kosten nach Absatz 1 Satz 2 zur Verfügung stehenden Vermögen sowie den nach § 125 Abs. 2 Satz 1 übertragenen Vermögensgegenständen. [2]Dieses Vermögen haftet nicht für die sonstigen Verbindlichkeiten des Sicherungsfonds. [3]Ein Sicherungsfonds nach § 127 hat dieses Vermögen getrennt von seinem übrigen Vermögen zu halten und zu verwalten.

(3) Die für die Übernahme von Versicherungsverträgen angesammelten Mittel sind entsprechend § 54 Abs. 1 und 2 anzulegen.

(4) Der Umfang dieses Vermögens soll 1 Promille der Summe der versicherungstechnischen Netto-Rückstellungen aller dem Sicherungsfonds angeschlossenen Versicherungsunternehmen nicht unterschreiten.

(5) [1]Die Versicherungsunternehmen sind verpflichtet, Jahresbeiträge zu leisten. [2]Die Summe der Jahresbeiträge aller dem Sicherungsfonds für die Lebensversicherer angehörenden Versicherungsunternehmen beträgt 0,2 Promille der Summe ihrer versicherungstechnischen Netto-Rückstellungen. [3]Der individuelle Jahresbeitrag jedes Versicherungsunternehmens wird vom Sicherungsfonds nach dem in der Verordnung nach Absatz 6 festgelegten Verfahren jährlich ermittelt. [4]Erträge des Sicherungsfonds werden an die dem Sicherungsfonds angehörenden Versicherungsunternehmen im Verhältnis ihrer Beiträge ausgeschüttet. [5]Der Sicherungsfonds hat Sonderbeiträge bis zur Höhe von maximal 1 Promille der Summe ihrer versicherungstechnischen Netto-Rückstellungen zu erheben, wenn dies zur Durchführung seiner Aufgaben erforderlich ist.

(5a) [1]Auf den Sicherungsfonds für die Krankenversicherer sind Absatz 1 Satz 3, die Absätze 2 bis 5 nicht anzuwenden. [2]Der Sicherungsfonds erhebt nach der Übernahme der Versicherungsverträge zur Erfüllung seiner Aufgaben Sonderbeiträge bis zur Höhe von maximal 2 Promille der Summe der versicherungstechnischen Netto-Rückstellungen der angeschlossenen Krankenversicherungsunternehmen.

(6) [1]Das Nähere über den Mindestbetrag des Sicherungsvermögens, die Jahres- und Sonderbeiträge sowie die Obergrenze für die Zahlungen pro Kalenderjahr regelt das Bundesministerium der Finanzen im Benehmen mit dem Bundesministerium für Verbraucherschutz, Ernährung und Landwirtschaft durch Rechtsverordnung ohne Zustimmung des Bundesrates. [2]Hinsichtlich der Jahresbeiträge sind Art und Umfang der gesicherten Geschäfte sowie die Anzahl, Größe und Geschäftsstruktur der dem Sicherungsfonds angehörenden Versicherungsunternehmen zu berücksichtigen. [3]Die Höhe der Beiträge soll auch die Finanz- und Risikolage der Beitragszahler berücksichtigen. [4]Die Rechtsverordnung kann auch Bestimmungen zur Anlage der Mittel enthalten.

(7) [1]Aus den Beitragsbescheiden des Sicherungsfonds findet die Vollstreckung nach den Bestimmungen des Verwaltungs-Vollstreckungsgesetzes statt. [2]Die vollstreckbare Ausfertigung erteilt der Sicherungsfonds.

§ 130
Rechnungslegung des Sicherungsfonds

(1) ¹Die Sicherungsfonds haben nach Ablauf eines Kalenderjahres einen Jahresabschluss aufzustellen und einen unabhängigen Wirtschaftsprüfer oder eine unabhängige Wirtschaftsprüfungsgesellschaft mit der Prüfung der Vollständigkeit des Geschäftsberichts und der Richtigkeit der Angaben zu beauftragen. ²Die Sicherungsfonds haben der Bundesanstalt den von ihnen bestellten Prüfer unverzüglich nach der Bestellung anzuzeigen. ³Die Bundesanstalt kann innerhalb eines Monats nach Zugang der Anzeige die Bestellung eines anderen Prüfers verlangen, wenn dies zur Erreichung des Prüfungszwecks geboten ist; Widerspruch und Anfechtungsklage hiergegen haben keine aufschiebende Wirkung. ⁴Der Geschäftsbericht muss Angaben zur Tätigkeit und zu den finanziellen Verhältnissen des Sicherungsfonds, insbesondere zur Höhe und Anlage der Mittel, zur Verwendung der Mittel für Entschädigungsfälle, zur Höhe der Beiträge sowie zu den Kosten der Verwaltung enthalten.

(2) ¹Die Sicherungsfonds haben den festgestellten Geschäftsbericht der Bundesanstalt jeweils bis zum 31. Mai einzureichen. ²Der Prüfer hat den Bericht über die Prüfung des Geschäftsberichts der Bundesanstalt unverzüglich nach Beendigung der Prüfung einzureichen. ³Die Bundesanstalt ist auch auf Anforderung über die Angaben nach Absatz 1 Satz 4 zu unterrichten.

§ 131
Mitwirkungspflichten

(1) Die Versicherungsunternehmen sind verpflichtet, dem Sicherungsfonds, dem sie angehören, auf Verlangen alle Auskünfte zu erteilen und Unterlagen vorzulegen, welche der Sicherungsfonds zur Wahrnehmung seines Auftrags nach diesem Gesetz benötigt.

(2) ¹Der zur Erteilung einer Auskunft Verpflichtete kann die Auskunft auf solche Fragen verweigern, deren Beantwortung ihn selbst oder einen der in § 383 Abs. 1 Nr. 1 bis 3 der Zivilprozessordnung bezeichneten Angehörigen der Gefahr strafgerichtlicher Verfolgung oder eines Verfahrens nach dem Gesetz über Ordnungswidrigkeiten aussetzen würde. ²Der Verpflichtete ist über sein Recht zur Verweigerung der Auskunft zu belehren.

(3) ¹Die Mitarbeiter der Sicherungsfonds sowie die Personen, derer sie sich bedienen, können die Geschäftsräume eines Versicherungsunternehmens innerhalb der üblichen Betriebs- und Geschäftszeiten betreten, sobald die

Aufsichtsbehörde die Feststellung gemäß § 125 Abs. 1 getroffen hat. ²Ihnen sind sämtliche Unterlagen vorzulegen, die sie benötigen, um eine Bestandsübertragung vorzubereiten. ³Sofern Funktionen des Versicherungsunternehmens auf ein anderes Unternehmen ausgegliedert worden sind, gelten die Sätze 1 und 2 gegenüber diesem Unternehmen entsprechend.

(4) ¹Hat das Unternehmen, dessen Bestand übertragen wird, Verträge nach § 5 Abs. 3 Nr. 4 oder sonstige Dienstleistungsverträge, die der Verwaltung des Bestandes dienen, abgeschlossen, kann der Sicherungsfonds anstelle des Unternehmens in den Vertrag eintreten. ²§ 415 des Bürgerlichen Gesetzbuchs ist nicht anzuwenden. ³Eine ordentliche Kündigung des Vertrages durch den Dienstleister ist frühestens zu einem Zeitpunkt von zwölf Monaten nach Eintritt des Sicherungsfonds möglich. ⁴Fordert der andere Teil den Sicherungsfonds zur Ausübung seines Wahlrechts auf, so hat der Sicherungsfonds unverzüglich zu erklären, ob er in den Vertrag eintreten will. ⁵Unterlässt er dies, kann er auf Erfüllung nicht bestehen.

§ 132
Ausschluss

(1) ¹Erfüllt ein Versicherungsunternehmen die Beitrags- oder Mitwirkungspflichten nach § 129 oder § 131 nicht, nicht richtig, nicht vollständig oder nicht rechtzeitig, so hat der Sicherungsfonds die Bundesanstalt zu unterrichten. ²Ist die Bundesanstalt nicht die zuständige Aufsichtsbehörde, unterrichtet sie diese unverzüglich. ³Erfüllt das Versicherungsunternehmen auch innerhalb eines Monats nach Aufforderung durch die Bundesanstalt seine Verpflichtungen nicht, kann der Sicherungsfonds dem Versicherungsunternehmen mit einer Frist von zwölf Monaten den Ausschluss aus dem Sicherungsfonds ankündigen. ⁴Nach Ablauf dieser Frist kann der Sicherungsfonds mit Zustimmung der Bundesanstalt das Versicherungsunternehmen von dem Sicherungsfonds ausschließen, wenn die Verpflichtungen von dem Versicherungsunternehmen weiterhin nicht erfüllt werden. ⁵Nach dem Ausschluss haftet der Sicherungsfonds nur noch für Verbindlichkeiten des Versicherungsunternehmens, die vor Ablauf dieser Frist begründet wurden.

(2) Für Verbindlichkeiten eines Versicherungsunternehmens, die entstanden sind, nachdem seine Erlaubnis zum Geschäftsbetrieb erloschen ist, haftet der Sicherungsfonds nicht.

§ 133
Verschwiegenheitspflicht

[1]Personen, die bei dem Sicherungsfonds beschäftigt oder für sie tätig sind, dürfen fremde Geheimnisse, insbesondere Betriebs- oder Geschäftsgeheimnisse, nicht unbefugt offenbaren oder verwerten. [2]Sie sind nach dem Gesetz über die förmliche Verpflichtung nichtbeamteter Personen vom 2. März 1974 (BGBl. I S. 469, 547) von der Bundesanstalt auf eine gewissenhafte Erfüllung ihrer Obliegenheiten zu verpflichten. [3]Ein unbefugtes Offenbaren oder Verwerten im Sinne des Satzes 1 liegt nicht vor, wenn Tatsachen an die Bundesanstalt weitergegeben werden.

§ 133a
Zwangsmittel

(1) Der Sicherungsfonds kann seine Anordnungen nach den Bestimmungen des Verwaltungs-Vollstreckungsgesetzes durchsetzen.

(2) Die Höhe des Zwangsgeldes beträgt bei Maßnahmen gemäß § 129 Abs. 1, 5 Satz 1 und § 131 Abs. 1 bis zu fünfzigtausend Euro.

D. Verbraucherinformation

Abschnitt I

Vor Abschluß von Versicherungsverträgen nach § 10a Abs. 1 vom Versicherungsunternehmen zu erteilende Verbraucherinformation

1. Für alle Versicherungssparten notwendige Verbraucherinformation

   a. Name, Anschrift, Rechtsform und Sitz des Versicherers und der etwaigen Niederlassung, über die der Vertrag abgeschlossen werden soll;

   b. die für das Versicherungsverhältnis geltenden allgemeinen Versicherungsbedingungen einschließlich der Tarifbestimmungen sowie die Angabe des auf den Vertrag anwendbaren Rechts;

   c. Angaben über Art, Umfang und Fälligkeit der Leistung des Versicherers, sofern keine allgemeinen Versicherungsbedingungen oder Tarifbestimmungen verwendet werden;

   d. Angaben zur Laufzeit des Versicherungsverhältnisses;

   e. Angaben über die Prämienhöhe, wobei die Prämien einzeln auszuweisen sind, wenn das Versicherungsverhältnis mehrere selbständige

Versicherungsverträge umfassen soll, und über die Prämienzahlungsweise sowie Angaben über etwaige Nebengebühren und -kosten und Angabe des insgesamt zu zahlenden Betrages;

f. Angaben über die Frist, während der der Antragsteller an den Antrag gebunden sein soll;

g. Belehrung über das Recht zum Widerruf oder zum Rücktritt;

h. die Anschrift der zuständigen Aufsichtsbehörde, an die sich der Versicherungsnehmer bei Beschwerden über den Versicherer wenden kann;

i. Angaben über die Zugehörigkeit zu einer Einrichtung zur Sicherung der Ansprüche von Versicherten (Sicherungsfonds)

2. Bei Lebensversicherungen und Unfallversicherungen mit Prämienrückgewähr zusätzlich notwendige Verbraucherinformation

   a. Angaben über die für die Überschußermittlung und Überschußbeteiligung geltenden Berechnungsgrundsätze und Maßstäbe;

   b. Angabe der Rückkaufswerte;

   c. Angaben über den Mindestversicherungsbetrag für eine Umwandlung in eine prämienfreie Versicherung und über die Leistungen aus prämienfreier Versicherung;

   d. Angaben über das Ausmaß, in dem die Leistungen nach den Buchstaben b und c garantiert sind;

   e. bei fondsgebundenen Versicherungen Angaben über den der Versicherung zugrunde liegenden Fonds und die Art der darin enthaltenen Vermögenswerte;

   f. allgemeine Angaben über die für diese Versicherungsart geltende Steuerregelung.

...

Abschnitt III

Gegenüber Versorgungsanwärtern und Versorgungsempfängern müssen mindestens die nachfolgend aufgeführten Informationen erteilt werden; die Informationen müssen ausführlich und aussagekräftig sein:

1. Bei Beginn des Versorgungsverhältnisses

   a. Name, Anschrift, Rechtsform und Sitz des Anbieters und der etwaigen Niederlassung, über die der Vertrag abgeschlossen werden soll;

b. die Vertragsbedingungen einschließlich der Tarifbestimmungen, soweit sie für das Versorgungsverhältnis gelten, sowie die Angabe des auf den Vertrag anwendbaren Rechts;

c. Angaben zur Laufzeit;

d. allgemeine Angaben über die für diese Versorgungsart geltende Steuerregelung.

2. Während der Laufzeit des Versorgungsverhältnisses

a. Änderungen von Namen, Anschrift, Rechtsform und Sitz des Anbieters und der etwaigen Niederlassung, über die der Vertrag abgeschlossen wurde;

b. jährlich, erstmals bei Beginn des Versorgungsverhältnisses

aa) die voraussichtliche Höhe der den Versorgungsanwärtern zustehenden Leistungen;

bb) die Anlagemöglichkeiten und die Struktur des Anlagenportfolios sowie Informationen über das Risikopotential und die Kosten der Vermögensverwaltung und sonstige mit der Anlage verbundene Kosten, sofern der Versorgungsanwärter das Anlagerisiko trägt;

cc) die Information nach § 115 Abs. 4;

c. auf Anfrage den Jahresabschluss und den Lagebericht des vorhergegangenen Geschäftsjahrs.

VIII.
Sozialgesetzbuch (SGB)
Zweites Buch (II)
– Grundsicherung für Arbeitsuchende –

Artikel 1 des Gesetzes vom 24. 12. 2003 (BGBl. I S. 2954), zuletzt geändert durch Gesetz vom 21. 3. 2005 (BGBl. I S. 818).

– Auszug –

§ 7
Berechtigte

(1) [1]Leistungen nach diesem Buch erhalten Personen, die

1. das 15. Lebensjahr vollendet und das 65. Lebensjahr noch nicht vollendet haben,

2. erwerbsfähig sind,

3. hilfebedürftig sind und

4. ihren gewöhnlichen Aufenthalt in der Bundesrepublik Deutschland haben,

(erwerbsfähige Hilfebedürftige).

...

(4) Leistungen nach diesem Buch erhält nicht, wer für länger als sechs Monate in einer stationären Einrichtung untergebracht ist oder Rente wegen Alters bezieht.

...

§ 9
Hilfebedürftigkeit

(1) Hilfebedürftig ist, wer seinen Lebensunterhalt, seine Eingliederung in Arbeit und den Lebensunterhalt der mit ihm in einer Bedarfsgemeinschaft lebenden Person nicht oder nicht ausreichend aus eigenen Kräften und Mitteln, vor allem nicht

1. durch Aufnahme einer zumutbaren Arbeit

2. aus dem zu berücksichtigenden Einkommen oder Vermögen

sichern kann und die erforderliche Hilfe nicht von anderen, insbesondere von Angehörigen oder von Trägern anderer Sozialleistungen erhält.

...

(4) Hilfebedürftig ist auch derjenige, dem der sofortige Verbrauch oder die sofortige Verwertung von zu berücksichtigendem Vermögen nicht möglich ist oder für den dies eine besondere Härte bedeuten würde; in diesem Falle sind die Leistungen als Darlehen zu erbringen.

...

§ 11
Zu berücksichtigendes Einkommen

(1) [1]Als Einkommen zu berücksichtigen sind Einnahmen in Geld oder Geldeswert mit Ausnahme der Leistungen nach diesem Buch, der Grundrente nach dem Bundesversorgungsgesetz und nach den Gesetzen, die eine entsprechende Anwendung des Bundesversorgungsgesetzes vorsehen und der Renten oder Beihilfen, die nach dem Bundesentschädigungsgesetz für Schaden an Leben sowie an Körper oder Gesundheit erbracht werden, bis zur Höhe der vergleichbaren Grundrente nach dem Bundesversorgungsgesetz. [2]Der Kinderzuschlag nach § 6a des Bundeskindergeldgesetzes ist als Einkommen dem jeweiligen Kind zuzurechnen. [3]Dies gilt auch für das Kindergeld für minderjährige Kinder, soweit es bei dem jeweiligen Kind zur Sicherung des Lebensunterhalts benötigt wird.

(2) Vom Einkommen sind abzusetzen

1. auf das Einkommen entrichtete Steuern,

2. Pflichtbeiträge zur Sozialversicherung einschließlich der Beiträge zur Arbeitsförderung,

3. Beiträge zu öffentlichen oder privaten Versicherungen oder ähnlichen Einrichtungen, soweit diese Beiträge gesetzlich vorgeschrieben oder nach Grund und Höhe angemessen sind; hierzu gehören Beiträge

    a) zur Vorsorge für den Fall der Krankheit und der Pflegebedürftigkeit für Personen, die in der gesetzlichen Krankenversicherung nicht versicherungspflichtig sind,

    b) zur Altersvorsorge von Personen, die von der Versicherungspflicht in der gesetzlichen Rentenversicherung befreit sind,

    soweit die Beiträge nicht nach § 26 bezuschusst werden,

4. geförderte Altersvorsorgebeiträge nach § 82 des Einkommensteuergesetzes, soweit sie den Mindesteigenbeitrag nach § 86 des Einkommensteuergesetzes nicht überschreiten,

...

§ 12
Zu berücksichtigendes Vermögen

(1) Als Vermögen sind alle verwertbaren Vermögensgegenstände zu berücksichtigen.

(2) Vom Vermögen sind abzusetzen

1. ein Grundfreibetrag in Höhe von 200 Euro je vollendetem Lebensjahr des volljährigen Hilfebedürftigen und seines Partners, mindestens aber jeweils 4100 Euro; der Grundfreibetrag darf für den volljährigen Hilfebedürftigen und seinen Partner jeweils 13 000 Euro nicht übersteigen,

1a. ein Grundfreibetrag in Höhe von 4100 Euro für jedes hilfebedürftige minderjährige Kind,

2. Altersvorsorge in Höhe des nach Bundesrecht ausdrücklich als Altersvorsorge geförderten Vermögens einschließlich seiner Erträge und der geförderten laufenden Altersvorsorgebeiträge, soweit der Inhaber das Altersvorsorgevermögen nicht vorzeitig verwendet,

3. geldwerte Ansprüche, die der Altersvorsorge dienen, soweit der Inhaber sie vor dem Eintritt in den Ruhestand auf Grund einer vertraglichen Vereinbarung nicht verwerten kann und der Wert der geldwerten Ansprüche 200 Euro je vollendetem Lebensjahr des erwerbsfähigen Hilfebedürftigen und seines Partners, höchstens jedoch jeweils 13 000 Euro nicht übersteigt.

4. ein Freibetrag für notwendige Anschaffungen in Höhe von 750 Euro für jeden in der Bedarfsgemeinschaft lebenden Hilfebedürftigen.

(3) Als Vermögen sind nicht zu berücksichtigen

...

3. vom Inhaber als für die Altersvorsorge bestimmt bezeichnete Vermögensgegenstände in angemessenem Umfang, wenn der erwerbsfähige Hilfebedürftige oder sein Partner von der Versicherungspflicht in der gesetzlichen Rentenversicherung befreit ist,

...

IX.
Sozialgesetzbuch (SGB) Viertes Buch (IV)
Gemeinsame Vorschriften über die Sozialversicherung

vom 23. 12. 1976 (BGBl. I S. 3845), zuletzt geändert durch Gesetz vom 21. 3. 2005 (BGBl. I S. 818).

– Auszug –

§ 14
Arbeitsentgelt

(1) [1]Arbeitsentgelt sind alle laufenden oder einmaligen Einnahmen aus einer Beschäftigung, gleichgültig, ob ein Rechtsanspruch auf die Einnahmen besteht, unter welcher Bezeichnung oder in welcher Form sie geleistet werden und ob sie unmittelbar aus der Beschäftigung oder im Zusammenhang mit ihr erzielt werden. [2]Arbeitsentgelt sind auch Entgeltteile, die durch Entgeltumwandlung nach § 1 Abs. 2 des Gesetzes zur Verbesserung der betrieblichen Altersversorgung für betriebliche Altersversorgung in den Durchführungswegen Direktzusage oder Unterstützungskasse verwendet werden. [3]Steuerfreie Aufwandsentschädigungen und die in § 3 Nr. 26 des Einkommensteuergesetzes genannten steuerfreien Einnahmen gelten nicht als Arbeitsentgelt.

...

§ 15
Arbeitseinkommen

(1) [1]Arbeitseinkommen ist der nach den allgemeinen Gewinnermittlungsvorschriften des Einkommensteuerrechts ermittelte Gewinn aus einer selbständigen Tätigkeit. [2]Einkommen ist als Arbeitseinkommen zu werten, wenn es als solches nach dem Einkommensteuerrecht zu bewerten ist.

...

§ 17
Verordnungsermächtigung

(1) [1]Die Bundesregierung wird ermächtigt, durch Rechtsverordnung mit Zustimmung des Bundesrates zur Wahrung der Belange der Sozialversicherung und der Arbeitsförderung, zur Förderung der betrieblichen Altersversorgung oder zur Vereinfachung des Beitragseinzugs zu bestimmen,

1. dass einmalige Einnahmen oder laufende Zulagen, Zuschläge, Zuschüsse oder ähnliche Einnahmen, die zusätzlich zu Löhnen oder Gehältern gewährt werden, und steuerfreie Einnahmen ganz oder teilweise nicht als Arbeitsentgelt gelten,

2. dass Beiträge an Direktversicherungen und Zuwendungen an Pensionskassen oder Pensionsfonds ganz oder teilweise nicht als Arbeitsentgelt gelten,

3. wie das Arbeitsentgelt, das Arbeitseinkommen und das Gesamteinkommen zu ermitteln und zeitlich zuzurechnen sind,

4. den Wert der Sachbezüge nach dem tatsächlichen Verkehrswert im Voraus für jedes Kalenderjahr.

²Dabei ist eine möglichst weitgehende Übereinstimmung mit den Regelungen des Steuerrechts sicherzustellen.

(2) ¹Das Bundesministerium für Gesundheit und Soziale Sicherung bestimmt im Voraus für jedes Kalenderjahr durch Rechtsverordnung mit Zustimmung des Bundesrates die Bezugsgröße (§ 18). ²Das Bundesministerium für Gesundheit und Soziale Sicherung wird ermächtigt, durch Rechtsverordnung mit Zustimmung des Bundesrates auch sonstige aus der Bezugsgröße abzuleitende Beträge zu bestimmen.

...

§ 18
Bezugsgröße

(1) Bezugsgröße im Sinne der Vorschriften für die Sozialversicherung ist, soweit in den besonderen Vorschriften für die einzelnen Versicherungszweige nichts Abweichendes bestimmt ist, das Durchschnittsentgelt der gesetzlichen Rentenversicherung im vorvergangenen Kalenderjahr, aufgerundet auf den nächsthöheren, durch 420 teilbaren Betrag.

(2) Die Bezugsgröße für das Beitrittsgebiet (Bezugsgröße [Ost]) verändert sich zum 1. Januar eines jeden Kalenderjahres auf den Wert, der sich ergibt, wenn der für das vorvergangene Kalenderjahr geltende Wert der Anlage 1 zum Sechsten Buch Sozialgesetzbuch durch den für das Kalenderjahr der Veränderung bestimmten vorläufigen Wert der Anlage 10 zum Sechsten Buch Sozialgesetzbuch geteilt wird, aufgerundet auf den nächsthöheren, durch 420 teilbaren Betrag.

(3) Beitrittsgebiet ist das in Artikel 3 des Einigungsvertrages genannte Gebiet.

§ 18a
Art des zu berücksichtigenden Einkommens

(1) ¹Bei Renten wegen Todes sind als Einkommen zu berücksichtigen

1. Erwerbseinkommen,

2. Leistungen, die erbracht werden, um Erwerbseinkommen zu ersetzen (Erwerbsersatzeinkommen) und

3. Vermögenseinkommen.

²Nicht zu berücksichtigen sind

1. steuerfreie Einnahmen nach § 3 des Einkommensteuergesetzes mit Ausnahme der Aufstockungsbeträge und Zuschläge nach dessen Nummer 28 und der Einnahmen nach dessen Nummer 40 sowie Erwerbsersatzeinkommen nach Absatz 3 Satz 1 Nr. 1 und 8 und

2. Einnahmen aus Altersvorsorgeverträgen, soweit sie nach § 10a des Einkommensteuergesetzes oder Abschnitt XI gefördert worden sind. ³Die Sätze 1 und 2 gelten auch für vergleichbare ausländische Einkommen.

(2) ¹Erwerbseinkommen im Sinne des Absatzes 1 Nr. 1 sind Arbeitsentgelt, Arbeitseinkommen und vergleichbares Einkommen. ²Nicht als Erwerbseinkommen im Sinne des Absatzes 1 Nr. 1 gelten Arbeitsentgeltteile, die durch Entgeltumwandlung bis zu 4 vom Hundert der Beitragsbemessungsgrenze in der allgemeinen Rentenversicherung für betriebliche Altersversorgung verwendet werden, sowie das Arbeitsentgelt, das eine Pflegeperson von dem Pflegebedürftigen erhält, wenn das Entgelt das dem Umfang der Pflegetätigkeit entsprechende Pflegegeld im Sinne des § 37 des Elften Buches nicht übersteigt.

...

(3) ¹Erwerbsersatzeinkommen im Sinne des Absatzes 1 Nr. 2 sind

1. das Krankengeld, das Verletztengeld, das Versorgungskrankengeld, das Mutterschaftsgeld, das Übergangsgeld, das Unterhaltsgeld, das Kurzarbeitergeld, das Winterausfallgeld, das Arbeitslosengeld, das Insolvenzgeld und vergleichbare Leistungen,

2. Renten der Rentenversicherung wegen Alters oder verminderter Erwerbsfähigkeit, die Erziehungsrente, die Knappschaftsausgleichsleistung, das Anpassungsgeld für entlassene Arbeitnehmer des Bergbaus und Leistungen nach den §§ 27 und 28 des Sozialversicherungs-Ausgleichungsgesetzes Saar,

3. Altersrenten und Renten wegen Erwerbsminderung der Alterssicherung der Landwirte, die an ehemalige Landwirte oder mitarbeitende Familienangehörige gezahlt werden,

4. die Verletztenrente der Unfallversicherung, soweit sie den Betrag übersteigt, der bei gleichem Grad der Minderung der Erwerbsfähigkeit als Grundrente nach § 31 in Verbindung mit § 84a Satz 1 und 2 des Bundesversorgungsgesetzes gezahlt würde; eine Kürzung oder ein Wegfall der Verletztenrente wegen Anstaltspflege oder Aufnahme in ein Alters- oder Pflegeheim bleibt unberücksichtigt; bei einer Minderung der Erwerbsfähigkeit um 20 vom Hundert ist ein Betrag in Höhe von zwei Dritteln, bei einer Minderung der Erwerbsfähigkeit um 10 vom Hundert ist ein Betrag in Höhe von einem Drittel der Mindestgrundrente anzusetzen,

5. das Ruhegehalt und vergleichbare Bezüge aus einem öffentlich-rechtlichen Dienst- oder Amtsverhältnis oder aus einem versicherungsfreien Arbeitsverhältnis mit Anspruch auf Versorgung nach beamtenrechtlichen Vorschriften oder Grundsätzen sowie vergleichbare Bezüge aus der Versorgung der Abgeordneten,

6. das Unfallruhegehalt und vergleichbare Bezüge aus einem öffentlich-rechtlichen Dienst- oder Amtsverhältnis oder aus einem versicherungsfreien Arbeitsverhältnis mit Anspruch auf Versorgung nach beamtenrechtlichen Vorschriften oder Grundsätzen sowie vergleichbare Bezüge aus der Versorgung der Abgeordneten; wird daneben kein Unfallausgleich gezahlt, gilt Nummer 4 letzter Teilsatz entsprechend,

7. Renten der öffentlich-rechtlichen Versicherungs- oder Versorgungseinrichtungen bestimmter Berufsgruppen wegen Minderung der Erwerbsfähigkeit oder Alters,

8. der Berufsschadensausgleich nach § 30 Abs. 3 bis 11 des Bundesversorgungsgesetzes und anderen Gesetzen, die die entsprechende Anwendung der Leistungsvorschriften des Bundesversorgungsgesetzes vorsehen,

9. Renten wegen Alters oder verminderter Erwerbsfähigkeit, die aus Anlass eines Arbeitsverhältnisses zugesagt worden sind,

10. Renten wegen Alters oder verminderter Erwerbsfähigkeit aus privaten Lebens- und Rentenversicherungen, allgemeinen Unfallversicherungen sowie sonstige private Versorgungsrenten.

²Kinderzuschuss, Kinderzulage und vergleichbare kindbezogene Leistungen bleiben außer Betracht. ³Wird eine Kapitalleistung oder anstelle einer

wiederkehrenden Leistung eine Abfindung gezahlt, ist der Betrag als Einkommen zu berücksichtigen, der bei einer Verrentung der Kapitalleistung oder als Rente ohne die Abfindung zu zahlen wäre.

(4) Vermögenseinkommen im Sinne des Absatzes 1 Satz 1 Nr. 3 ist die positive Summe der positiven oder negativen Überschüsse, Gewinne oder Verluste aus folgenden Vermögenseinkommensarten:

1. a) Einnahmen aus Kapitalvermögen im Sinne des § 20 des Einkommensteuergesetzes;

    b) Einnahmen aus Versicherungen auf den Erlebens- oder Todesfall im Sinne von § 10 Abs.1 Nr. 2 Buchstabe b Doppelbuchstabe cc und dd in der für das Kalenderjahr 2004 geltenden Fassung des Einkommensteuergesetzes, wenn die Laufzeit dieser Versicherungen vor dem 1. Januar 2005 begonnen hat und ein Versicherungsbeitrag bis zum 31. Dezember 2004 entrichtet wurde, es sei denn, sie werden wegen Todes geleistet. [2]Zu den Einnahmen gehören außerrechnungsmäßige und rechnungsmäßige Zinsen aus den Sparanteilen, die in den Beiträgen zu diesen Versicherungen enthalten sind, im Sinne des § 20 Abs. 1 Nr. 6 in der für das Kalenderjahr 2004 geltenden Fassung des Einkommensteuergesetzes.

[2]Bei der Ermittlung der Einnahmen sind die Werbungskosten sowie der Sparerfreibetrag abzuziehen,

...

§ 18b
Höhe des zu berücksichtigenden Einkommens

(1) [1]Maßgebend ist das für denselben Zeitraum erzielte monatliche Einkommen. [2]Mehrere zu berücksichtigende Einkommen sind zusammenzurechnen. [3]Wird die Rente nur für einen Teil des Monats gezahlt, ist das entsprechend gekürzte monatliche Einkommen maßgebend. [4]Einmalig gezahltes Vermögenseinkommen gilt als für die dem Monat der Zahlung folgenden zwölf Kalendermonate als erzielt. [5]Einmalig gezahltes Vermögenseinkommen ist Einkommen, das einem bestimmten Zeitraum nicht zugeordnet werden kann oder in einem Betrag für mehr als zwölf Monate gezahlt wird.

(2) [1]Bei Erwerbseinkommen und Erwerbsersatzeinkommen nach § 18a Abs. 3 Satz 1 Nr. 1 gilt als monatliches Einkommen im Sinne von Absatz 1 Satz 1 das im letzten Kalenderjahr aus diesen Einkommensarten erzielte Einkommen, geteilt durch die Zahl der Kalendermonate, in denen es erzielt

wurde. [2]Wurde Erwerbseinkommen neben Erwerbsersatzeinkommen nach § 18a Abs. 3 Satz 1 Nr. 1 erzielt, sind diese Einkommen zusammenzurechnen; wurden diese Einkommen zeitlich aufeinander folgend erzielt, ist das Erwerbseinkommen maßgebend. [3]Die für einmalig gezahltes Arbeitsentgelt in § 23a getroffene zeitliche Zuordnung gilt entsprechend. [4]Für die Zeiten des Bezugs von Kurzarbeitergeld und Winterausfallgeld ist das dem Versicherungsträger gemeldete Arbeitsentgelt maßgebend. [5]Bei Vermögenseinkommen gilt als monatliches Einkommen im Sinne von Absatz 1 Satz 1 ein Zwölftel dieses im letzten Kalenderjahr erzielten Einkommens; bei einmalig gezahltem Vermögenseinkommen gilt ein Zwölftel des gezahlten Betrages als monatliches Einkommen nach Absatz 1 Satz 1.

(3) [1]Ist im letzten Kalenderjahr Einkommen nach Absatz 2 nicht oder nur Erwerbsersatzeinkommen nach § 18a Abs. 3 Satz 1 Nr. 1 erzielt worden, gilt als monatliches Einkommen im Sinne von Absatz 1 Satz 1 das laufende Einkommen. [2]Satz 1 gilt auch bei der erstmaligen Feststellung der Rente, wenn das laufende Einkommen im Durchschnitt voraussichtlich um wenigstens zehn vom Hundert geringer ist als das nach Absatz 2 maßgebende Einkommen; jährliche Sonderzuwendungen sind beim laufenden Einkommen mit einem Zwölftel zu berücksichtigen. [3]Umfasst das laufende Einkommen Erwerbsersatzeinkommen im Sinne von § 18a Abs. 3 Satz 1 Nr. 1, ist dieses nur zu berücksichtigen, solange diese Leistung gezahlt wird.

(4) Bei Erwerbsersatzeinkommen nach § 18a Abs. 3 Satz 1 Nr. 2 bis 10 gilt als monatliches Einkommen im Sinne von Absatz 1 Satz 1 das laufende Einkommen; jährliche Sonderzuwendungen sind beim laufenden Einkommen mit einem Zwölftel zu berücksichtigen.

(5) [1]Das monatliche Einkommen ist zu kürzen

1. bei Arbeitsentgelt um 40 vom Hundert, jedoch bei

    a) Bezügen aus einem öffentlich-rechtlichen Dienst- oder Amtsverhältnis oder aus einem versicherungsfreien Arbeitsverhältnis mit Anwartschaft auf Versorgung nach beamtenrechtlichen Vorschriften oder Grundsätzen und bei Einkommen, das solchen Bezügen vergleichbar ist, um 27,5 vom Hundert,

    b) Beschäftigten, die die Voraussetzungen des § 172 Abs. 1 des Sechsten Buches erfüllen, um 30,5 vom Hundert;

    c) Beschäftigten, die die Voraussetzungen des § 172 Abs. 3 des Sechsten Buches erfüllen, um 20 vom Hundert;

    Aufstockungsbeträge nach § 3 Abs. 1 Nr. 1 Buchstabe a des Altersteilzeitgesetzes werden nicht gekürzt, Zuschläge nach § 6 Abs. 2 des Bundesbesoldungsgesetzes werden um 7,65 vom Hundert gekürzt,

2. bei Arbeitseinkommen um 39,8 vom Hundert, bei steuerfreien Einnahmen im Rahmen des Halbeinkünfteverfahrens um 24,8 vom Hundert,

3. bei Leistungen nach § 18a Abs. 3 Satz 1 Nr. 7 um 23,8 vom Hundert,

4. bei Leistungen nach § 18a Abs. 3 Satz 1 Nr. 5 und 6 um 23,7 vom Hundert,

5. bei Leistungen nach § 18a Abs. 3 Satz 1 Nr. 9 um 20 v. H.; sofern es sich dabei um Leistungen handelt, die der nachgelagerten Besteuerung unterliegen, ist das monatliche Einkommen um 31 v. H. zu kürzen,

6. bei Leistungen nach § 18a Abs. 3 Satz 1 Nr. 10 um 12,7 vom Hundert,

7. bei Vermögenseinkommen um 25 vom Hundert; bei steuerfreien Einnahmen im Rahmen des Halbeinkünfteverfahrens um 5 vom Hundert; Einnahmen aus Versicherungen nach § 18a Abs. 4 Nr. 1 werden nur gekürzt, soweit es sich um steuerpflichtige Kapitalerträge handelt.

²Die Leistungen nach § 18a Abs. 3 Satz 1 Nr. 1 bis 4 sind um den Anteil der vom Berechtigten zu tragenden Beiträge zur Sozialversicherung und zur Bundesagentur für Arbeit zu kürzen. ³Satz 2 gilt entsprechend für Berechtigte, die freiwillig in der gesetzlichen Krankenversicherung oder bei einem Krankenversicherungsunternehmen versichert sind; für Renten aus der Rentenversicherung gilt § 106 Abs. 2 des Sechsten Buches und für Renten aus der Alterssicherung der Landwirte gilt § 35a Abs. 2 des Gesetzes über die Alterssicherung der Landwirte entsprechend.

(6) Soweit ein Versicherungsträger über die Höhe des zu berücksichtigenden Einkommens entschieden hat, ist diese Entscheidung auch für einen anderen Versicherungsträger bindend.

...

§ 114
Einkommen beim Zusammentreffen
mit Renten wegen Todes

(1) Wenn der versicherte Ehegatte vor dem 1. Januar 2002 verstorben ist oder die Ehe vor diesem Tag geschlossen wurde und mindestens ein Ehegatte vor dem 2. Januar 1962 geboren ist, sind bei Renten wegen Todes als Einkommen zu berücksichtigen:

1. Erwerbseinkommen,

2. Leistungen, die auf Grund oder in entsprechender Anwendung öffentlich-rechtlicher Vorschriften erbracht werden, um Erwerbseinkommen zu ersetzen (Erwerbsersatzeinkommen), mit Ausnahme von Zusatzleistungen.

(2) Absatz 1 gilt auch für Erziehungsrenten, wenn der geschiedene Ehegatte vor dem 1. Januar 2002 verstorben ist oder die geschiedene Ehe vor diesem Tag geschlossen wurde und mindestens einer der geschiedenen Ehegatten vor dem 2. Januar 1962 geboren ist sowie für Waisenrenten an vor dem 1. Januar 2002 geborene Waisen.

(3) [1]Erwerbsersatzeinkommen im Sinne des Absatzes 1 Nr. 2 sind Leistungen nach § 18a Abs. 3 Satz 1 Nr. 1 bis 8. [2]Als Zusatzleistungen im Sinne des Absatzes 1 Nr. 2 gelten Leistungen der öffentlich-rechtlichen Zusatzversorgungen sowie bei Leistungen nach § 18a Abs. 3 Satz 1 Nr. 2 der Teil, der auf einer Höherversicherung beruht.

(4) [1]Wenn der versicherte Ehegatte vor dem 1. Januar 2002 verstorben ist oder die Ehe vor diesem Tag geschlossen wurde und mindestens ein Ehegatte vor dem 2. Januar 1962 geboren ist, ist das monatliche Einkommen zu kürzen:

1. bei Leistungen nach § 18a Abs. 3 Satz 1 Nr. 2, die nach den besonderen Vorschriften für die knappschaftliche Rentenversicherung berechnet sind, um 25 vom Hundert,

2. bei Leistungen nach § 18a Abs. 3 Satz 1 Nr. 5 und 6 um 42,7 vom Hundert und

3. bei Leistungen nach § 18a Abs. 3 Satz 1 Nr. 7 um 25,3 vom Hundert.

[2]Dies gilt auch für Erziehungsrenten, wenn der geschiedene Ehegatte vor dem 1. Januar 2002 verstorben ist oder die geschiedene Ehe vor diesem Tag geschlossen wurde und mindestens einer der geschiedenen Ehegatten vor dem 2. Januar 1962 geboren ist sowie für Waisenrenten an vor dem 1. Januar 2002 geborene Waisen.

(5) Bestand am 31. Dezember 2001 Anspruch auf eine Rente wegen Todes, ist das monatliche Einkommen bis zum 30. Juni 2002 zu kürzen

1. bei Arbeitsentgelt um 35 vom Hundert, bei Arbeitseinkommen um 30 vom Hundert, bei Bezügen aus einem öffentlich-rechtlichen Dienst- oder Amtsverhältnis oder aus einem versicherungsfreien Arbeitsverhältnis mit Anwartschaften auf Versorgung nach beamtenrechtlichen Vorschriften oder Grundsätzen und bei Einkommen, das solchen Bezügen vergleichbar ist, jedoch nur um 27,5 vom Hundert,

2. bei Leistungen nach § 18a Abs. 3 Satz 1 Nr. 2, die nach den besonderen Vorschriften für die knappschaftliche Rentenversicherung berechnet sind, um 25 vom Hundert und bei Leistungen nach § 18a Abs. 3 Satz 1 Nr. 7 um 27,5 vom Hundert,

3. bei Leistungen nach § 18a Abs. 3 Satz 1 Nr. 5 und 6 um 37,5 vom Hundert.

§ 115
Entgeltumwandlung

Die für eine Entgeltumwandlung verwendeten Entgeltbestandteile gelten nicht als Arbeitsentgelt im Sinne des § 14 Abs. 1 Satz 2, soweit der Anspruch auf die Entgeltbestandteile bis zum 31. Dezember 2008 entsteht und soweit die Entgeltbestandteile 4 vom Hundert der jährlichen Beitragsbemessungsgrenze der allgemeinen Rentenversicherung nicht übersteigen.

X.
Sozialgesetzbuch (SGB) Fünftes Buch (V)
Gesetzliche Krankenversicherung

In der Fassung des Artikels 1 des Gesundheits-Reformgesetzes vom 20. 12. 1988 (BGBl. I S. 2477), zuletzt geändert durch Gesetz vom 21. 3. 2005 (BGBl. I S. 818).

– Auszug –

§ 201
Meldepflichten bei Rentenantragstellung und Rentenbezug

(1) [1]Wer eine Rente der gesetzlichen Rentenversicherung beantragt, hat mit dem Antrag eine Meldung für die zuständige Krankenkasse einzureichen. [2]Der Rentenversicherungsträger hat die Meldung unverzüglich an die zuständige Krankenkasse weiterzugeben.

(2) Wählen versicherungspflichtige Rentner oder Hinterbliebene eine andere Krankenkasse, hat die gewählte Krankenkasse dies der bisherigen Krankenkasse und dem zuständigen Rentenversicherungsträger unverzüglich mitzuteilen.

(3) [1]Nehmen versicherungspflichtige Rentner oder Hinterbliebene eine versicherungspflichtige Beschäftigung auf, für die eine andere als die bisherige Krankenkasse zuständig ist, hat die für das versicherungspflichtige Beschäftigungsverhältnis zuständige Krankenkasse dies der bisher zuständigen Krankenkasse und dem Rentenversicherungsträger mitzuteilen. [2]Satz 1 gilt entsprechend, wenn das versicherungspflichtige Beschäftigungsverhältnis endet.

(4) Der Rentenversicherungsträger hat der zuständigen Krankenkasse unverzüglich mitzuteilen

1. Beginn und Höhe einer Rente der gesetzlichen Rentenversicherung, den Monat, für den die Rente erstmalig laufend gezahlt wird,

2. den Tag der Rücknahme des Rentenantrags,

3. bei Ablehnung des Rentenantrags den Tag, an dem über den Rentenantrag verbindlich entschieden worden ist,

4. Ende, Entzug, Wegfall und sonstige Nichtleistung der Rente sowie

5. Beginn und Ende der Beitragszahlung aus der Rente.

(5) [1]Wird der Bezieher einer Rente der gesetzlichen Rentenversicherung

versicherungspflichtig, hat die Krankenkasse dies dem Rentenversicherungsträger unverzüglich mitzuteilen. [2]Satz 1 gilt entsprechend, wenn die Versicherungspflicht aus einem anderen Grund als den in Absatz 4 Nr. 4 genannten Gründen endet.

(6) [1]Die Meldungen sind auf maschinell verwertbaren Datenträgern oder durch Datenübertragung zu erstatten. [2]Die Spitzenverbände der Krankenkassen vereinbaren gemeinsam und einheitlich mit der Deutschen Rentenversicherung Bund das Nähere über das Verfahren im Benehmen mit dem Bundesversicherungsamt. [3]Kommt eine Vereinbarung nach Satz 3 bis zum 31. Dezember 1995 nicht zustande, bestimmt das Bundesministerium für Gesundheit im Einvernehmen mit dem Bundesministerium für Arbeit und Sozialordnung das Nähere über das Verfahren.

§ 202
Meldepflichten bei Versorgungsbezügen

[1]Die Zahlstelle hat bei der erstmaligen Bewilligung von Versorgungsbezügen sowie bei Mitteilung über die Beendigung der Mitgliedschaft eines Versorgungsempfängers die zuständige Krankenkasse des Versorgungsempfängers zu ermitteln und dieser Beginn, Höhe, Veränderungen und Ende der Versorgungsbezüge unverzüglich mitzuteilen. [2]Bei den am 1. Januar 1989 vorhandenen Versorgungsempfängern hat die Ermittlung der Krankenkasse innerhalb von sechs Monaten zu erfolgen. [3]Der Versorgungsempfänger hat der Zahlstelle seine Krankenkasse anzugeben und einen Kassenwechsel sowie die Aufnahme einer versicherungspflichtigen Beschäftigung anzuzeigen. [4]Die Krankenkasse hat der Zahlstelle der Versorgungsbezüge und dem Bezieher von Versorgungsbezügen unverzüglich die Beitragspflicht des Versorgungsempfängers, deren Umfang und den Beitragssatz aus Versorgungsbezügen mitzuteilen. [5]Die Krankenkasse kann mit der Zahlstelle der Versorgungsbezüge Abweichendes vereinbaren.

...

§ 205
Meldepflichten bestimmter Versicherungspflichtiger

Versicherungspflichtige, die eine Rente der gesetzlichen Rentenversicherung oder der Rente vergleichbare Einnahmen (Versorgungsbezüge) beziehen, haben ihrer Krankenkasse unverzüglich zu melden

1. Beginn und Höhe der Rente,

2. Beginn, Höhe, Veränderungen und die Zahlstelle der Versorgungsbezüge sowie

3. Beginn, Höhe und Veränderungen des Arbeitseinkommens.

§ 206
Auskunfts- und Mitteilungspflichten der Versicherten

(1) [1]Wer versichert ist oder als Versicherter in Betracht kommt, hat der Krankenkasse, soweit er nicht nach § 28o des Vierten Buches auskunftspflichtig ist,

1. auf Verlangen über alle für die Feststellung der Versicherungs- und Beitragspflicht und für die Durchführung der der Krankenkasse übertragenen Aufgaben erforderlichen Tatsachen unverzüglich Auskunft zu erteilen,

2. Änderungen in den Verhältnissen, die für die Feststellung der Versicherungs- und Beitragspflicht erheblich sind und nicht durch Dritte gemeldet werden, unverzüglich mitzuteilen.

[2]Er hat auf Verlangen die Unterlagen, aus denen die Tatsachen oder die Änderung der Verhältnisse hervorgehen, der Krankenkasse in deren Geschäftsräumen unverzüglich vorzulegen.

(2) Entstehen der Krankenkasse durch eine Verletzung der Pflichten nach Absatz 1 zusätzliche Aufwendungen, kann sie von dem Verpflichteten die Erstattung verlangen.

...

§ 220
Grundsatz

(1) [1]Die Mittel für die Krankenversicherung werden durch Beiträge und sonstige Einnahmen aufgebracht.

...

§ 223
Beitragspflicht, beitragspflichtige Einnahmen,
Beitragsbemessungsgrenze

(1) Die Beiträge sind für jeden Kalendertag der Mitgliedschaft zu zahlen, soweit dieses Buch nichts Abweichendes bestimmt.

(2) ¹Die Beiträge werden nach den beitragspflichtigen Einnahmen der Mitglieder bemessen. ²Für die Berechnung ist die Woche zu sieben, der Monat zu dreißig und das Jahr zu dreihundertsechzig Tagen anzusetzen.

(3) ¹Beitragspflichtige Einnahmen sind bis zu einem Betrag von einem Dreihundertsechzigstel der Jahresarbeitsentgeltgrenze nach § 6 Abs. 7 für den Kalendertag zu berücksichtigen (Beitragsbemessungsgrenze). ²Einnahmen, die diesen Betrag übersteigen, bleiben außer Ansatz, soweit dieses Buch nichts Abweichendes bestimmt.

...

§ 226
Beitragspflichtige Einnahmen versicherungspflichtig Beschäftigter

(1) ¹Bei versicherungspflichtig Beschäftigten werden der Beitragsbemessung zugrunde gelegt

1. das Arbeitsentgelt aus einer versicherungspflichtigen Beschäftigung,

2. der Zahlbetrag der Rente der gesetzlichen Rentenversicherung,

3. der Zahlbetrag der der Rente vergleichbaren Einnahmen (Versorgungsbezüge),

4. das Arbeitseinkommen, soweit es neben einer Rente der gesetzlichen Rentenversicherung oder Versorgungsbezügen erzielt wird.

²Dem Arbeitsentgelt steht das Vorruhestandsgeld gleich. ³Bei Auszubildenden, die in einer außerbetrieblichen Einrichtung im Rahmen eines Berufsausbildungsvertrages nach dem Berufsbildungsgesetz ausgebildet werden, steht die Ausbildungsvergütung dem Arbeitsentgelt gleich.

(2) Die nach Absatz 1 Satz 1 Nr. 3 und 4 zu bemessenden Beiträge sind nur zu entrichten, wenn die monatlichen beitragspflichtigen Einnahmen nach Absatz 1 Satz 1 Nr. 3 und 4 insgesamt ein Zwanzigstel der monatlichen Bezugsgröße nach § 18 des Vierten Buches übersteigen.

(3) Für Schwangere, deren Mitgliedschaft nach § 192 Abs. 2 erhalten bleibt, gelten die Bestimmungen der Satzung.

...

§ 229
Versorgungsbezüge als beitragspflichtige Einnahmen

(1) [1]Als der Rente vergleichbare Einnahmen (Versorgungsbezüge) gelten, soweit sie wegen einer Einschränkung der Erwerbsfähigkeit oder zur Alters- oder Hinterbliebenenversorgung erzielt werden,

1. Versorgungsbezüge aus einem öffentlich-rechtlichen Dienstverhältnis oder aus einem Arbeitsverhältnis mit Anspruch auf Versorgung nach beamtenrechtlichen Vorschriften oder Grundsätzen; außer Betracht bleiben

   a) lediglich übergangsweise gewährte Bezüge,

   b) unfallbedingte Leistungen und Leistungen der Beschädigtenversorgung,

   c) bei einer Unfallversorgung ein Betrag von 20 vom Hundert des Zahlbetrags und

   d) bei einer erhöhten Unfallversorgung der Unterschiedsbetrag zum Zahlbetrag der Normalversorgung, mindestens 20 vom Hundert des Zahlbetrags der erhöhten Unfallversorgung,

2. Bezüge aus der Versorgung der Abgeordneten, Parlamentarischen Staatssekretäre und Minister,

3. Renten der Versicherungs- und Versorgungseinrichtungen, die für Angehörige bestimmter Berufe errichtet sind,

4. Renten und Landabgaberenten nach dem Gesetz über die Alterssicherung der Landwirte mit Ausnahme einer Übergangshilfe,

5. Renten der betrieblichen Altersversorgung einschließlich der Zusatzversorgung im öffentlichen Dienst und der hüttenknappschaftlichen Zusatzversorgung.

[2]Satz 1 gilt auch, wenn Leistungen dieser Art aus dem Ausland oder von einer zwischenstaatlichen oder überstaatlichen Einrichtung bezogen werden. [3]Tritt an die Stelle der Versorgungsbezüge eine nicht regelmäßig wiederkehrende Leistung oder ist eine solche Leistung vor Eintritt des Versicherungsfalls vereinbart oder zugesagt worden, gilt ein Einhundertzwanzigstel der Leistung als monatlicher Zahlbetrag der Versorgungsbezüge, längstens jedoch für einhundertzwanzig Monate.

(2) Für Nachzahlungen von Versorgungsbezügen gilt § 228 Abs. 2 entsprechend.

...

§ 237
Beitragspflichtige Einnahmen versicherungspflichtiger Rentner

[1]Bei versicherungspflichtigen Rentnern werden der Beitragsbemessung zugrunde gelegt

1. der Zahlbetrag der Rente der gesetzlichen Rentenversicherung,
2. der Zahlbetrag der der Rente vergleichbaren Einnahmen und
3. das Arbeitseinkommen.

[2]§ 226 Abs. 2 und die §§ 228, 229 und 231 gelten entsprechend.

...

§ 248
Beitragssatz aus Versorgungsbezügen und Arbeitseinkommen

[1]Bei Versicherungspflichtigen gilt für die Bemessung der Beiträge aus Versorgungsbezügen und Arbeitseinkommen der jeweils am 1. Juli geltende allgemeine Beitragssatz ihrer Krankenkasse für das folgende Kalenderjahr. [2]Abweichend von Satz 1 gilt bei Versicherungspflichtigen für die Bemessung der Beiträge aus Versorgungsbezügen nach § 229 Abs. 1 Satz 1 Nr. 4 die Hälfte des am 1. März geltenden allgemeinen Beitragssatzes ihrer Krankenkasse vom 1. Juli des laufenden Kalenderjahres bis zum 30. Juni des folgenden Kalenderjahres. [3]In den Fällen des Satzes 2 gilt für die Bemessung der Beiträge für die Zeit vom 1. April 2004 bis 31. Dezember 2004 die Hälfte des am 1. Januar 2004 geltenden allgemeinen Beitragssatzes und für die Zeit vom 1. Januar 2005 bis 30. Juni 2005 die Hälfte des am 1. September 2004 geltenden allgemeinen Beitragssatzes.

XI.
Verordnung über die Bestimmung des Arbeitsentgelts in der Sozialversicherung
(Arbeitsentgeltverordnung – ArEV)

in der Fassung der Bekanntmachung vom 18. 12. 1984 (BGBl. I S. 1642; BStBl. I S. 656), zuletzt geändert durch Gesetz vom 18. 2. 2005 (BGBl. I S. 322).

– Auszug –

§ 1

Einmalige Einnahmen, laufende Zulagen, Zuschläge, Zuschüsse sowie ähnliche Einnahmen, die zusätzlich zu Löhnen oder Gehältern gewährt werden, sind nicht dem Arbeitsentgelt zuzurechnen, soweit sie lohnsteuerfrei sind und sich aus § 3 nichts Abweichendes ergibt.

§ 2

(1) ¹Dem Arbeitsentgelt sind nicht zuzurechnen:

1. sonstige Bezüge nach § 40 Abs. 1 Satz 1 Nr. 1 des Einkommensteuergesetzes, die nicht einmalig gezahltes Arbeitsentgelt nach § 23a des Vierten Buches Sozialgesetzbuch sind,

2. Einnahmen nach § 40 Abs. 2 des Einkommensteuergesetzes,

3. Beiträge und Zuwendungen nach § 40b des Einkommensteuergesetzes, die zusätzlich zu Löhnen oder Gehältern gewährt werden, soweit Satz 2 nichts Abweichendes bestimmt,

3.¹⁾ *Beiträge und Zuwendungen nach § 40b des Einkommensteuergesetzes, die zusätzlich zu Löhnen oder Gehältern gewährt werden und nicht aus einer Entgeltumwandlung (§ 1 Abs. 2 des Gesetzes zur Verbesserung der betrieblichen Altersversorgung) stammen, soweit Satz 2 nichts Abweichendes bestimmt,*

soweit der Arbeitgeber die Lohnsteuer mit einem Pauschsteuersatz erheben kann und er die Lohnsteuer nicht nach den Vorschriften der §§ 39b, 39c oder 39d des Einkommensteuergesetzes erhebt. ²Die in Satz 1 Nr. 3 genannten Beiträge und Zuwendungen sind bis zur Höhe von 2,5 vom Hundert des für ihre Bemessung maßgebenden Entgelts dem Arbeitsentgelt zu-

---

1 Gilt **ab 1. 1. 2009** – Anm. d. Red.

zurechnen, wenn die Versorgungsregelung mindestens bis zum 31. Dezember 2000 – vor der Anwendung etwaiger Nettobegrenzungsregelungen – eine allgemein erreichbare Gesamtversorgung von mindestens 75 vom Hundert des gesamtversorgungsfähigen Entgelts und nach Eintritt des Versorgungsfalles eine Anpassung nach Maßgabe der Entwicklung der Arbeitsentgelte im Bereich der entsprechenden Versorgungsregelung oder gesetzlicher Versorgungsbezüge vorgesehen hat; die dem Arbeitsentgelt zuzurechnenden Beiträge und Zuwendungen vermindern sich um monatlich 13,30 Euro.

(2) Dem Arbeitsentgelt sind ferner nicht zuzurechnen:

1. Beiträge nach § 10 des Entgeltfortzahlungsgesetzes,

2. Zuschüsse zum Mutterschaftsgeld nach § 14 des Mutterschutzgesetzes,

3. in den Fällen des § 6 Abs. 3 der Sachbezugsverordnung der vom Arbeitgeber insoweit übernommene Teil des Gesamtsozialversicherungsbeitrags;

4. Zuschüsse des Arbeitgebers zum Kurzarbeitergeld, soweit sie zusammen mit dem Kurzarbeitergeld 80 vom Hundert des Unterschiedsbetrages zwischen dem Sollentgelt und dem Istentgelt nach § 179 des Dritten Buches Sozialgesetzbuch nicht übersteigen,

5. steuerfreie Zuwendungen an Pensionskassen, Pensionsfonds oder Direktversicherungen nach § 3 Nr. 63 Satz 1 und 2 des Einkommensteuergesetzes im Kalenderjahr bis zur Höhe von insgesamt 4 vom Hundert der Beitragsbemessungsgrenze in der allgemeinen Rentenversicherung; für darin enthaltene Beträge aus einer Entgeltumwandlung (§ 1 Abs. 2 des Betriebsrentengesetzes) besteht Beitragsfreiheit bis zum 31. Dezember 2008,

6. Leistungen eines Arbeitgebers oder einer Unterstützungskasse an einen Pensionsfonds zur Übernahme bestehender Versorgungsverpflichtungen oder Versorgungsanwartschaften durch den Pensionsfonds, soweit diese nach § 3 Nr. 66 des Einkommensteuergesetzes steuerfrei sind,

7. Sanierungsgelder der Arbeitgeber zur Deckung eines finanziellen Fehlbetrages an die Einrichtungen, für die Absatz 1 Satz 2 gilt,

8. steuerlich nicht belastete Zuwendungen des Beschäftigten zugunsten von durch Naturkatastrophen im Inland Geschädigten aus Arbeitsentgelt einschließlich Wertguthaben.

...

XII.
Körperschaftsteuer-Durchführungsverordnung (KStDV)

in der Fassung der Bekanntmachung vom 22. 2. 1996 (BGBl. I S. 365), zuletzt geändert durch Gesetz vom 19. 12. 2000 (BGBl. I S. 1790).

Zu § 5 Abs. 1 Nr. 3 des Gesetzes

§ 1
Allgemeines

Rechtsfähige Pensions-, Sterbe-, Kranken- und Unterstützungskassen sind nur dann eine soziale Einrichtung im Sinne des § 5 Abs. 1 Nr. 3 Buchstabe b des Gesetzes, wenn sie die folgenden Voraussetzungen erfüllen:

1. Die Leistungsempfänger dürfen sich in der Mehrzahl nicht aus dem Unternehmer oder dessen Angehörigen und bei Gesellschaften in der Mehrzahl nicht aus den Gesellschaftern oder deren Angehörigen zusammensetzen.

2. Bei Auflösung der Kasse darf ihr Vermögen vorbehaltlich der Regelung in § 6 des Gesetzes satzungsmäßig nur den Leistungsempfängern oder deren Angehörigen zugute kommen oder für ausschließlich gemeinnützige oder mildtätige Zwecke verwendet werden.

3. Außerdem müssen bei Kassen mit Rechtsanspruch der Leistungsempfänger die Voraussetzungen des § 2, bei Kassen ohne Rechtsanspruch der Leistungsempfänger die Voraussetzungen des § 3 erfüllt sein.

§ 2
Kassen mit Rechtsanspruch der Leistungsempfänger

(1) Bei rechtsfähigen Pensions- oder Sterbekassen, die den Leistungsempfängern einen Rechtsanspruch gewähren, dürfen die jeweils erreichten Rechtsansprüche der Leistungsempfänger vorbehaltlich des Absatzes 2 die folgenden Beträge nicht übersteigen:

als Pension	25.769 Euro jährlich,
als Witwengeld	17.179 Euro jährlich,
als Waisengeld	5.154 Euro jährlich für jede Halbwaise,
	10.308 Euro jährlich für jede Vollwaise,
als Sterbegeld	7.669 Euro als Gesamtleistung.

(2) [1]Die jeweils erreichten Rechtsansprüche, mit Ausnahme des Anspruchs

auf Sterbegeld, dürfen in nicht mehr als 12 vom Hundert aller Fälle auf höhere als die in Absatz 1 bezeichneten Beträge gerichtet sein. [2]Dies gilt in nicht mehr als 4 vom Hundert aller Fälle uneingeschränkt. [3]Im übrigen dürfen die jeweils erreichten Rechtsansprüche die folgenden Beträge nicht übersteigen:

als Pension	38.654 Euro jährlich,
als Witwengeld	25.769 Euro jährlich,
als Waisengeld	7.731 Euro jährlich für jede Halbwaise,
	15.461 Euro jährlich für jede Vollwaise.

§ 3
Kassen ohne Rechtsanspruch der Leistungsempfänger

Rechtsfähige Unterstützungskassen, die den Leistungsempfängern keinen Rechtsanspruch gewähren, müssen die folgenden Voraussetzungen erfüllen:

1. Die Leistungsempfänger dürfen zu laufenden Beiträgen oder zu sonstigen Zuschüssen nicht verpflichtet sein.

2. Den Leistungsempfängern oder den Arbeitnehmervertretungen des Betriebs oder der Dienststelle muss satzungsgemäß und tatsächlich das Recht zustehen, an der Verwaltung sämtlicher Beträge, die der Kasse zufließen, beratend mitzuwirken.

3. Die laufenden Leistungen und das Sterbegeld dürfen die in § 2 bezeichneten Beträge nicht übersteigen.

Zu § 5 Abs. 1 Nr. 4 des Gesetzes

§ 4
Kleinere Versicherungsvereine

Kleinere Versicherungsvereine auf Gegenseitigkeit im Sinne des § 53 des Gesetzes über die Beaufsichtigung der privaten Versicherungsunternehmungen in der im Bundesgesetzblatt Teil III, Gliederungsnummer 7631-1, veröffentlichten bereinigten Fassung, zuletzt geändert durch das Gesetz vom 18. Dezember 1975 (BGBl. I S. 3139), sind von der Körperschaftsteuer befreit, wenn

1. ihre Beitragseinnahmen im Durchschnitt der letzten drei Wirtschaftsjahre einschließlich des im Veranlagungszeitraum endenden Wirtschaftsjahrs die folgenden Jahresbeträge nicht überstiegen haben:

a) 797.615 Euro bei Versicherungsvereinen, die die Lebensversicherung oder die Krankenversicherung betreiben.

b) 306.775 Euro bei allen übrigen Versicherungsvereinen, oder

2. sich ihr Geschäftsbetrieb auf die Sterbegeldversicherung beschränkt und sie im übrigen die Voraussetzungen des § 1 erfüllen.

Zu § 26 Abs. 3 des Gesetzes

§ 5
Entwicklungsländer

Entwicklungsländer im Sinne des § 26 Abs. 3 des Gesetzes sind die in der Anlage zu dieser Verordnung genannten Staaten.

Schlussvorschrift

§ 6
Anwendungszeitraum

Die Körperschaftsteuer-Durchführungsverordnung in der Fassung des Artikels 5 des Gesetzes vom 19. Dezember 2000 (BGBl. I S. 1790) ist erstmals für den Veranlagungszeitraum 2002 anzuwenden.

XIII.
Verordnung über die Anlage des gebundenen Vermögens von Pensionsfonds (Pensionsfonds-Kapitalanlagenverordnung – PFKapAV)

vom 21. 12. 2001 (BGBl. I S. 4185). Auf Grund des § 115 Abs. 2 des Versicherungsaufsichtsgesetzes, eingefügt durch Artikel 10 Nr. 4 des Gesetzes vom 26. 6. 2001 (BGBl. I S. 1310), verordnet die Bundesregierung:

§ 1
Anlagegrundsätze

(1) [1]Für die Anlage des Deckungsstocks und des übrigen gebundenen Vermögens eines Pensionsfonds (gebundenes Vermögen) gelten die nachfolgenden besonderen Vorschriften. [2]Die Bestimmungen des § 115 Abs. 1 Satz 2 des Versicherungsaufsichtsgesetzes bleiben unberührt.

(2) [1]Die Einhaltung der allgemeinen und besonderen Anlagegrundsätze sind durch ein qualifiziertes Anlagemanagement, insbesondere Maßnahmen der Risikosteuerung, geeignete interne Kapitalanlagegrundsätze und Kontrollverfahren, eine perspektivische Anlagepolitik sowie sonstige organisatorische Maßnahmen sicherzustellen. [2]Die Einzelheiten hierzu und die jährlichen Darlegungs- und Anzeigepflichten der Pensionsfonds bestimmt die Aufsichtsbehörde durch ein Rundschreiben.

(3) Anlagen in Versicherungsverträgen mit einem Lebensversicherungsunternehmen nach § 2 Abs. 1 Nr. 5 gelten als angemessen gemischt und gestreut, wenn die Anlagen des Versicherungsunternehmens in sich ausreichend gemischt und gestreut sind.

(4) Die Quoten der §§ 3 bis 5 beziehen sich jeweils auf die handelsrechtlich gebotene Bewertung von Vermögensgegenständen (§ 341 Abs. 4, §§ 341b, 341c und 341d des Handelsgesetzbuches).

§ 2
Anlageformen

(1) [1]Das gebundene Vermögen darf angelegt werden in

1. Forderungen, für die ein Grundpfandrecht an einem in einem Staat des Europäischen Wirtschaftsraums (EWR) belegenen Grundstück oder grundstücksgleichen Recht besteht, wenn das Grundpfandrecht die Erfordernisse der §§ 11 und 12 des Hypothekenbankgesetzes, Erbbaurech-

te darüber hinaus die des § 21 der Verordnung über das Erbbaurecht, oder die entsprechenden Vorschriften des anderen Staates erfüllen;

2. Forderungen, für die Guthaben oder Wertpapiere entsprechend § 9b Abs. 1 und 2 des Gesetzes über Kapitalanlagegesellschaften oder gleichwertiger Vorschriften eines anderen Staates des EWR verpfändet oder zur Sicherung übertragen sind (Wertpapierdarlehen);

3. Darlehen

   a) an die Bundesrepublik Deutschland, ihre Länder, Gemeinden und Gemeindeverbände,

   b) an einen anderen Staat des EWR, seine Regionalregierungen oder örtlichen Gebietskörperschaften, für die die zuständigen Behörden nach Artikel 44 der Richtlinie 2000/12/EG des Europäischen Parlaments und des Rates vom 20. März 2000 über die Aufnahme und Ausübung der Tätigkeit der Kreditinstitute (ABl. EG Nr. L 126 S. 1) eine Gewichtung von Null festgelegt haben, der Mitgliedstaat die Kommission der Europäischen Gemeinschaften hierüber unterrichtet und diese die Gewichtung bekannt gemacht hat,

   c) an sonstige Regionalregierungen und örtliche Gebietskörperschaften eines anderen Staates des EWR, für die die zuständigen Behörden nach Artikel 43 Abs. 1 Buchstabe b Nr. 5 der unter Buchstabe b genannten Richtlinie eine Gewichtung von 20 Prozent festgelegt haben,

   d) an eine internationale Organisation, der auch die Bundesrepublik Deutschland als Vollmitglied angehört,

   e) für deren Verzinsung und Rückzahlung eine der unter den Buchstaben a, b oder d genannten Stellen, ein geeignetes Kreditinstitut im Sinne der Nummer 16 Buchstabe b oder ein öffentlich-rechtliches Kreditinstitut im Sinne der Nummer 16 Buchstabe c die Gewährleistung übernommen hat;

4. Darlehen

   a) an Unternehmen mit Sitz in einem Staat des EWR mit Ausnahme der Kreditinstitute, sofern auf Grund der bisherigen und der zu erwartenden künftigen Entwicklung der Ertrags- und Vermögenslage des Unternehmens die vertraglich vereinbarte Verzinsung und Rückzahlung gewährleistet erscheinen und die Darlehen ausreichend

      aa) durch erstrangige Grundpfandrechte,

bb) durch verpfändete oder zur Sicherung übertragene Forderungen oder zum amtlichen Handel zugelassene oder in einen organisierten Markt einbezogene Wertpapiere oder

cc) in vergleichbarer Weise gesichert sind; eine Verpflichtungserklärung des Darlehensnehmers gegenüber dem Pensionsfonds (Negativerklärung) kann eine Sicherung des Darlehens nur ersetzen, wenn und solange der Darlehensnehmer bereits auf Grund seines Status die Gewähr für die Verzinsung und Rückzahlung des Darlehens bietet;

b) an Unternehmen mit Sitz in einem Staat des EWR mit Ausnahme der Kreditinstitute, sofern auf Grund der Besicherung im Rahmen eines Treuhandvertrages Verzinsung und Rückzahlung gewährleistet erscheinen (Asset-Backed-Securities);

5. Versicherungsverträgen, die bei Lebensversicherungsunternehmen im Sinne des § 1 Abs. 2 Satz 2 des Altersvorsorgeverträge-Zertifizierungsgesetzes zur Deckung von Verpflichtungen gegenüber den Versorgungsberechtigten eingegangen werden;

6. Pfandbriefen, Kommunalobligationen und anderen Schuldverschreibungen von Kreditinstituten mit Sitz in einem Staat des EWR, wenn die Kreditinstitute auf Grund gesetzlicher Vorschriften zum Schutz der Inhaber dieser Schuldverschreibungen einer besonderen öffentlichen Aufsicht unterliegen und die mit der Ausgabe der Schuldverschreibungen aufgenommenen Mittel nach den gesetzlichen Vorschriften in Vermögenswerten angelegt werden, die während der gesamten Laufzeit der Schuldverschreibungen die sich aus ihnen ergebenen Verbindlichkeiten ausreichend decken und die bei einem Ausfall des Ausstellers vorrangig für die fällig werdenden Rückzahlungen und die Zahlung der Zinsen bestimmt sind (kraft Gesetzes bestehende besondere Deckungsmasse);

7. Schuldverschreibungen,

a) die in einen organisierten Markt nach § 2 Abs. 5 des Gesetzes über den Wertpapierhandel oder gleichwertigen Vorschriften eines anderen Staates des EWR einbezogen sind (organisierter Markt) oder

b) deren Einbeziehung in einen organisierten Markt nach den Ausgabebedingungen zu beantragen ist, sofern die Einbeziehung dieser Schuldverschreibungen innerhalb eines Jahres nach ihrer Ausgabe erfolgt, oder

c) die an einer Börse in einem Staat außerhalb des EWR zum amtlichen Handel zugelassen sind;

8. anderen Schuldverschreibungen;

9. Forderungen aus nachrangigen Verbindlichkeiten gegen Unternehmen mit Sitz in einem Staat des EWR;

10. Genussrechten an Unternehmen mit Sitz in einem Staat des EWR;

11. Forderungen, die in das Schuldbuch der Bundesrepublik Deutschland, eines ihrer Länder oder in ein entsprechendes Verzeichnis eines anderen Staates des EWR eingetragen sind oder deren Eintragung als Schuldbuchforderung innerhalb eines Jahres nach ihrer Ausgabe erfolgt, sowie in Liquiditätspapieren (§ 42 Abs. 1 des Gesetzes über die Deutsche Bundesbank);

12. Aktien, die in einen organisierten Markt einbezogen sind; das übrige gebundene Vermögen darüber hinaus auch in Aktien, die an einer Börse in einem Staat außerhalb des EWR zum amtlichen Handel zugelassen sind;

13. anderen Aktien, Geschäftsanteilen an einer Gesellschaft mit beschränkter Haftung, Kommanditanteilen und Beteiligungen als stiller Gesellschafter im Sinne des Handelsgesetzbuches, wenn das Unternehmen

    a) seinen Sitz in einem Staat des EWR hat,

    b) dem Pensionsfonds den letzten Jahresabschluss zur Verfügung stellt, der in der entsprechenden Anwendung der für Kapitalgesellschaften geltenden Vorschriften aufgestellt und geprüft ist und

    c) sich verpflichtet, auch künftig zu jedem Bilanzstichtag einen derartigen Jahresabschluss vorzulegen;

14. bebauten, in Bebauung befindlichen oder zur alsbaldigen Bebauung bestimmten, in einem Staat des EWR belegenen Grundstücken, in dort belegenen grundstücksgleichen Rechten sowie in Anteilen an einem Unternehmen, dessen alleiniger Zweck der Erwerb, die Bebauung und Verwaltung von höchstens drei in einem solchen Staat belegenen Grundstücken oder grundstücksgleichen Rechten ist. [2]Der Pensionsfonds hat die Angemessenheit des Kaufpreises auf der Grundlage des Gutachtens eines vereidigten Sachverständigen oder in vergleichbarer Weise zu prüfen. [3]Von den Grundstücksanlagen sind die auf ihnen lastenden Grundpfandrechte abzusetzen;

15. Anteilen an in- und ausländischen thesaurierenden oder ausschüttenden Investmentfonds, für deren Rechnung gemäß Vertragsbedingungen oder Satzung nur solche Derivatgeschäfte abgeschlossen werden dürfen, die der Absicherung des Fondsvermögens, dem späteren Erwerb von Wertpapieren oder zur Erzielung eines zusätzlichen Ertrags aus bereits

vorhandenen Vermögensgegenständen dienen; bei ausschüttenden Investmentfonds müssen nach den Vertragsbestimmungen die Ausschüttungen zum Wert des Anteils (Inventarwert pro Anteil) kostenfrei unverzüglich wieder angelegt werden; inländische Investmentfonds müssen Sondervermögen nach dem Gesetz über Kapitalanlagegesellschaften sein; bei ausländischen Investmentanteilen muss es sich um Investmentanteile handeln, die der Richtlinie 85/611/EWG des Rates vom 20. Dezember 1985 zur Koordinierung der Rechts- und Verwaltungsvorschriften betreffend bestimmte Organismen für gemeinsame Anlagen in Wertpapieren (OGAW) (ABl. EG Nr. L 375 S. 3), zuletzt geändert durch die Richtlinie 95/26/EG des Europäischen Parlaments und des Rates vom 29. Juni 1995 (ABl. EG Nr. L 168 S. 7), unterliegen oder die nach dem Auslandinvestment-Gesetz öffentlich vertrieben werden dürfen;

16. Anlagen bei

a) der Europäischen Zentralbank oder der Zentralnotenbank eines Staates des EWR,

b) einem Kreditinstitut mit Sitz in einem Staat des EWR, das den Anforderungen der Richtlinie 2000/12/EG des Europäischen Parlaments und des Rates vom 20. März 2000 über die Aufnahme und Ausübung der Tätigkeit der Kreditinstitute (ABl. EG Nr. L 126 S. 1) unterliegt, wenn das Kreditinstitut dem Pensionsfonds schriftlich bestätigt, dass es die an seinem Sitz geltenden Vorschriften über das Eigenkapital und die Liquidität der Kreditinstitute einhält (geeignetes Kreditinstitut),

c) öffentlich-rechtlichen Kreditinstituten, die nach Artikel 2 Abs. 3 der unter Buchstabe b genannten Richtlinie vom Geltungsbereich dieser Richtlinie ausgenommen sind.

²Als Anlagen gelten auch laufende Guthaben.

(2) Das gebundene Vermögen kann darüber hinaus in Anlagen angelegt werden, die in Absatz 1 nicht genannt sind oder deren Voraussetzungen nicht erfüllen.

(3) Die Aufsichtsbehörde kann Überschreitungen der in § 3 Abs. 1 Satz 2 und § 4 Abs. 1 bis 4 genannten Begrenzungen gestatten, wenn die Belange der Versorgungsanwärter und Versorgungsempfänger (Versorgungsberechtigte) dadurch nicht beeinträchtigt werden und wenn die Mitgliedstaaten diese Abweichungen nach Artikel 21 oder 22 der Dritten Richtlinie Lebensversicherung zulassen können.

(4) ¹Eine Anlage in Konsumentenkrediten, Betriebsmittelkrediten, beweg-

lichen Sachen oder Ansprüchen auf bewegliche Sachen sowie in immateriellen Werten ist ausgeschlossen; das Gleiche gilt für eine Anlage, die nach Artikel 21 oder 22 der Dritten Richtlinie Lebensversicherung nicht zulässig ist. [2]Nicht zulässig sind darüber hinaus Anlagen bei Konzernunternehmen des Pensionsfonds im Sinne des § 18 des Aktiengesetzes mit Ausnahme von Unternehmen, deren alleiniger Zweck das Halten von Anteilen an konzernfremden Unternehmen oder von Grundstücken ist. [3]Gleiches gilt für Unternehmen, auf die der Pensionsfonds seinen Geschäftsbetrieb ganz oder teilweise im Wege der Funktionsausgliederung (§ 5 Abs. 3 Nr. 4 des Versicherungsaufsichtsgesetzes) übertragen hat oder die in unmittelbarem Zusammenhang mit dem Betrieb von Pensionsfondsgeschäften stehende Tätigkeiten für den Pensionsfonds ausführen. [4]Satz 2 gilt nicht für Anlagen nach § 2 Abs. 1 Nr. 5.

(5) Der Europäische Wirtschaftsraum im Sinne dieser Verordnung umfasst die Staaten der Europäischen Gemeinschaften sowie die Staaten des Abkommens über den Europäischen Wirtschaftsraum.

§ 3
Mischung

(1) [1]Die angemessene Verteilung des gebundenen Vermögens auf verschiedene Anlageformen (Mischung) bestimmt sich vorbehaltlich der weiteren Regelungen dieser Bestimmung nach dem jeweiligen Pensionsplan. [2]Gemäß § 2 Abs. 2 angelegte Anlagen sind auf jeweils 10 Prozent des Deckungsstocks beschränkt. [3]Die Begrenzung auf 10 Prozent in § 4 Abs. 4 bleibt unberührt.

(2) Die Aufsichtsbehörde kann den Anteil der unmittelbar und mittelbar gehaltenen Anlagen nach § 2 Abs. 1 Nr. 2, 9, 10, 12 und 13 herabsetzen, wenn es zur Wahrung der Belange der Versorgungsberechtigten erforderlich ist.

§ 4
Streuung

(1) [1]Anlagen in ein Trägerunternehmen (§ 7 Abs. 1 Satz 2 Nr. 2 des Gesetzes zur Verbesserung der betrieblichen Altersversorgung) des Pensionsfonds und seine Konzernunternehmen sowie alle sonstigen auf ein und denselben Aussteller (Schuldner) entfallenden Anlagen sind auf jeweils 5 Prozent des Deckungsstocks zu beschränken. [2]Wird ein Pensionsfonds von mehr als zwei Unternehmen getragen, sind Anlagen in diese Unternehmen auf insgesamt 15 Prozent des Deckungsstocks begrenzt. [3]Hat ein Aussteller

gegenüber dem Pensionsfonds für Verbindlichkeiten eines Dritten die Gewährleistung übernommen, so ist auch diese Gewährleistungsverbindlichkeit auf die Quote anzurechnen. [4]Anlagen in einem Sondervermögen oder in Anteilen, die von einer Investmentgesellschaft ausgegeben werden, gelten nicht als Anlagen bei ein und demselben Aussteller (Schuldner), wenn die Anlagen des Sondervermögens oder der Investmentgesellschaft in sich ausreichend gestreut sind.

(2) Abweichend von Absatz 1 gilt eine Quote von insgesamt 30 Prozent des Deckungsstocks für Anlagen

1. in Darlehen nach § 2 Abs. 1 Nr. 3 Buchstaben a, b und d bei demselben Schuldner,

2. in Schuldverschreibungen nach § 2 Abs. 1 Nr. 6, die von demselben Kreditinstitut in Verkehr gebracht wurden,

3. bei demselben geeigneten Kreditinstitut nach § 2 Abs. 1 Nr. 16 Buchstabe b, wenn und soweit die Anlagen durch eine umfassende Institutssicherung des Kreditinstituts oder durch ein Einlagensicherungssystem tatsächlich abgesichert sind; der satzungsmäßige Ausschluss eines Rechtsanspruchs auf Leistung der Einlagensicherungseinrichtung schließt eine tatsächliche Absicherung nicht aus, und

4. bei ein und demselben öffentlich-rechtlichen Kreditinstitut nach § 2 Abs. 1 Nr. 16 Buchstabe c.

(3) Bei der Berechnung der Quoten nach den Absätzen 1 und 2 sind Anlagen beim Aussteller und seinen Konzernunternehmen im Sinne des § 18 des Aktiengesetzes zusammenzurechnen.

(4) [1]Anlagen nach § 2 Abs. 1 Nr. 9, 10, 12 und 13 dürfen insgesamt 10 Prozent des Grundkapitals ein und derselben Gesellschaft nicht überschreiten. [2]Satz 1 gilt nicht für Anlagen nach § 2 Abs. 1 Nr. 9 und 10 bei geeigneten Kreditinstituten nach § 2 Abs. 1 Nr. 16 Buchstabe b. [3]Bei Anteilen an einem Unternehmen, dessen alleiniger Zweck das Halten von Anteilen an anderen Unternehmen ist, bezieht sich Satz 1 auf die durchgerechneten Anlagen des Pensionsfonds bei den anderen Unternehmen.

(5) [1]Bis zu jeweils 10 Prozent des Deckungsstocks können in einem einzelnen Grundstück oder grundstücksgleichen Recht oder in Anteilen an einem Unternehmen angelegt werden, dessen alleiniger Zweck der Erwerb, die Bebauung und Verwaltung von höchstens drei in einem Staat des EWR belegenen Grundstücken oder grundstücksgleichen Rechten ist. [2]Dieselbe Grenze gilt für mehrere rechtlich selbständige Grundstücke zusammengenommen, wenn sie wirtschaftlich eine Einheit bilden.

§ 5
Kongruenz

[1]Das gebundene Vermögen ist nach Maßgabe der Anlage Teil C zum Versicherungsaufsichtsgesetz in Vermögenswerten anzulegen, die auf dieselbe Währung lauten, in der die Verpflichtungen gegenüber den Versorgungsberechtigten erfüllt werden müssen (Kongruenzregeln). [2]Abweichend von der in Nummer 6 Buchstabe b der Anlage C zum Versicherungsaufsichtsgesetz genannten Begrenzung können bis zu 30 Prozent des Deckungsstocks in auf nichtkongruente Währungen lautende Vermögenswerte angelegt werden. [3]Dabei gelten Grundstücke und grundstücksgleiche Rechte als in der Währung des Landes angelegt, in dem sie belegen sind. [4]Aktien und Anteile gelten als in der Währung angelegt, in der sie an einer Börse zum amtlichen Handel zugelassen oder in einen organisierten Markt einbezogen sind; nicht an einer Börse zum amtlichen Handel zugelassene oder in einen organisierten Markt einbezogene Aktien und Anteile gelten als in der Währung des Landes angelegt, in dem der Aussteller der Wertpapiere oder Anteile seinen Sitz hat.

§ 6
Belegenheit

(1) [1]Soweit das gebundene Vermögen Deckungsrückstellungen aus im EWR belegenen Risiken bedeckt, darf es vorbehaltlich des Satzes 2 nur im EWR belegen sein oder in Staaten außerhalb des EWR nach § 5 Abs. 4 des Depotgesetzes verwahrt werden. [2]Von den Vermögenswerten nach Satz 1 dürfen 5 Prozent der Bestände des Deckungsstocks und 20 Prozent des übrigen gebundenen Vermögens in Staaten außerhalb des EWR belegen sein; hierbei sind die nach § 2 zulässigen, in Staaten außerhalb des EWR belegenen Anlagen anzurechnen.

(2) [1]Die Aufsichtsbehörde kann einem Pensionsfonds im Einzelfall auf Antrag weitere Ausnahmen von den Regelungen über die Belegenheit der Vermögensanlagen genehmigen, wenn die Belange der Versorgungsberechtigten hierdurch nicht beeinträchtigt werden. [2]Die Kongruenzregeln nach § 5 bleiben unberührt.

§ 7
In-Kraft-Treten

Diese Verordnung tritt am 1. 1. 2002 in Kraft.

XIV.
Verordnung über die Kapitalausstattung von Pensionsfonds
(Pensionsfonds-Kapitalausstattungsverordnung – PFKAustV)

vom 20. 12. 2001 (BGBl. I S. 4180). Auf Grund des § 114 Abs. 2 des Versicherungsaufsichtsgesetzes, eingefügt durch Artikel 10 Nr. 4 des Gesetzes vom 26. 6. 2001 (BGBl. I S. 1310), verordnet das Bundesministerium der Finanzen:

§ 1
Berechnung und Höhe der erforderlichen Solvabilitätsspanne

(1) Bei Pensionsfonds beträgt die erforderliche Solvabilitätsspanne, bezogen auf die jeweiligen Pensionspläne

1. 4 Prozent der Deckungsrückstellung und der um die Kostenanteile verminderten Beitragsüberträge, soweit der Pensionsfonds ein Kapitalanlagerisiko im Sinne des Absatzes 3 selbst trägt. [2]Soweit der Pensionsfonds im Rahmen eines beitragsbezogenen Pensionsplans eine Mindestleistung garantiert, kann das den Barwert dieser Garantie übersteigende Kapital auf drei Viertel der auf den Barwert bezogenen, erforderlichen Solvabilitätsspanne gemäß Satz 1 angerechnet werden unter der Voraussetzung, dass der Pensionsplan eine Entnahme zur Abwendung eines finanziellen Notstandes in dieser Höhe erlaubt; zuzüglich

2. 1 Prozent der Deckungsrückstellung und der um die Kostenanteile verminderten Beitragsüberträge, soweit der Pensionsfonds kein Kapitalanlagerisiko übernimmt und der Betrag zur Deckung der Verwaltungskosten für einen Zeitraum von mehr als fünf Jahren festgelegt wird, zuzüglich

3. 25 Prozent der Netto-Verwaltungsaufwendungen im letzten Geschäftsjahr, soweit der Pensionsfonds kein Kapitalanlagerisiko übernimmt und der Betrag zur Deckung der Verwaltungskosten für einen Zeitraum von höchstens fünf Jahren festgelegt wird, zuzüglich

4. 0,3 Prozent des Risikokapitals im Sinne der Verordnung über die Kapitalausstattung von Versicherungsunternehmen, soweit das Risiko im Sinne des Absatzes 3 selbst getragen wird. [2]Für die Berechnung gilt § 4 Abs. 1 Buchstabe b Satz 4 bis 12 der genannten Verordnung in der jeweiligen Fassung entsprechend.

(2) [1]Lässt sich das Risikokapital nach Absatz 1 Nr. 4 nicht ermitteln, so ist

stattdessen ein gleichwertiges Berechnungsverfahren, das dem vom Pensionsfonds getragenen Risiko in geeigneter Weise Rechnung trägt, zu verwenden. [2]Das Berechnungsverfahren ist der Aufsichtsbehörde spätestens bei Vorlage der in § 4 bestimmten Unterlagen mitzuteilen.

(3) [1]Der Pensionsfonds übernimmt das Kapitalanlagerisiko, wenn und soweit durch Vereinbarung im Pensionsplan zugleich die Höhe von Beiträgen und Leistungen garantiert wird. [2]Er trägt ein übernommenes Risiko selbst, soweit er es nicht durch Zukauf von Versicherungsschutz überträgt.

§ 2
Garantiefonds und Mindestgarantiefonds

[1]Ein Drittel der Solvabilitätsspanne gemäß § 1 bildet den Garantiefonds. [2]Der Mindestbetrag des Garantiefonds beträgt 3 Millionen Euro. [3]Für Pensionsfondsvereine auf Gegenseitigkeit ermäßigt sich der Mindestbetrag des Garantiefonds um ein Viertel, sofern satzungsgemäß Nachschüsse im Sinne von § 24 des Versicherungsaufsichtsgesetzes in Höhe des Ermäßigungsbetrages vorbehalten sind.

§ 3
Eigenmittel (verfügbare Solvabilitätsspanne)

(1) [1]Als Eigenmittel sind insbesondere anzusehen:

1. a) bei Aktiengesellschaften das Grundkapital abzüglich des Betrages der eigenen Aktien und abzüglich der Hälfte des nicht eingezahlten Teils;

   b) bei Pensionsfondsvereinen auf Gegenseitigkeit der Gründungsstock abzüglich des nicht eingezahlten Teils; ist der Gründungsstock zu mindestens 25 Prozent eingezahlt, so ist nur die Hälfte des nicht eingezahlten Teils abzuziehen;

2. die Kapitalrücklage und die Gewinnrücklagen;

3. der Gewinnvortrag;

4. Kapital, das gegen Gewährung von Genussrechten eingezahlt ist, nach Maßgabe der Absätze 2 und 4;

5. Kapital, das auf Grund der Eingehung nachrangiger Verbindlichkeiten eingezahlt ist, nach Maßgabe der Absätze 3 und 4;

6. auf Antrag und mit Zustimmung der Aufsichtsbehörde Bewertungsreserven, die sich aus der Unterbewertung der Aktiva ergeben, soweit die-

se Reserven nicht Ausnahmecharakter tragen; diese werden nicht auf den Garantiefonds gemäß § 2 angerechnet;

7. die Rückstellung für Beitragsrückerstattung, sofern sie zur Deckung von Verlusten verwendet werden darf und soweit sie nicht auf festgelegte Überschussanteile entfällt.

²Von der Summe der sich nach Satz 1 Nr. 1 bis 7 ergebenden Beiträge sind der Verlustvortrag und die in der Bilanz ausgewiesenen immateriellen Werte abzusetzen, insbesondere

1. die aktivierten Aufwendungen für die Ingangsetzung und Erweiterung des Geschäftsbetriebs (§ 269 des Handelsgesetzbuches),

2. ein aktivierter Geschäfts- und Firmenwert (§ 255 Abs. 4 des Handelsgesetzbuches).

(2) ¹Kapital, das gegen Gewährung von Genussrechten eingezahlt ist (Absatz 1 Satz 1 Nr. 4), ist den Eigenmitteln nach § 114 Abs. 1 des Versicherungsaufsichtsgesetzes nur zuzurechnen,

1. wenn es bis zur vollen Höhe am Verlust teilnimmt und der Pensionsfonds verpflichtet ist, im Falle eines Verlustes die Zinszahlungen aufzuschieben,

2. wenn vereinbart ist, dass es im Falle der Eröffnung des Insolvenzverfahrens oder der Liquidation des Pensionsfonds erst nach Befriedigung aller nicht nachrangigen Gläubiger zurückgezahlt wird,

3. wenn es dem Pensionsfonds mindestens für die Dauer von fünf Jahren zur Verfügung gestellt worden ist und nicht auf Verlangen des Gläubigers vorzeitig zurückgezahlt werden muss; die Frist von fünf Jahren braucht nicht eingehalten zu werden, wenn in Wertpapieren verbriefte Genussrechte wegen Änderung der Besteuerung, die zu Zusatzzahlungen an den Erwerber der Genussrechte führt, vorzeitig gekündigt werden und das Kapital vor Rückerstattung durch die Einzahlung anderer, zumindest gleichwertiger Eigenmittel ersetzt worden ist,

4. solange der Rückzahlungsanspruch nicht in weniger als zwei Jahren fällig wird oder auf Grund des Vertrages fällig werden kann und

5. wenn der Pensionsfonds bei Abschluss des Vertrages auf die in den Sätzen 2 und 3 genannten Rechtsfolgen ausdrücklich und in Textform hingewiesen hat.

²Nachträglich können die Teilnahme am Verlust nicht geändert, der Nachrang nicht beschränkt sowie die Laufzeit und die Kündigungsfrist nicht verkürzt werden. ³Eine vorzeitige Rückzahlung ist dem Pensionsfonds ohne

Rücksicht auf entgegenstehende Vereinbarungen zurückzugewähren, sofern nicht das Kapital durch die Einzahlung anderer, zumindest gleichwertiger Eigenmittel ersetzt worden ist. [4]Werden Wertpapiere über die Genussrechte begeben, so ist in den Zeichnungs- und Ausgabebedingungen auf die in den Sätzen 2 und 3 genannten Rechtsfolgen hinzuweisen. [5]Ein Pensionsfonds darf in Wertpapieren verbriefte eigene Genussrechte nicht erwerben. [6]Die Rückzahlungsverpflichtung gilt nicht als Belastung im Sinne des § 114 Abs. 1 Satz 1 des Versicherungsaufsichtsgesetzes.

(3) [1]Kapital, das auf Grund der Eingehung nachrangiger Verbindlichkeiten eingezahlt ist (Absatz 1 Satz 1 Nr. 5), ist den Eigenmitteln nach § 114 Abs. 1 des Versicherungsaufsichtsgesetzes nur zuzurechnen,

1. wenn es im Fall der Eröffnung des Insolvenzverfahrens oder der Liquidation des Pensionsfonds nach Befriedigung aller nicht nachrangigen Gläubiger zurückerstattet wird,

2. wenn es dem Pensionsfonds mindestens für die Dauer von fünf Jahren zur Verfügung gestellt wird und nicht auf Verlangen des Gläubigers vorzeitig zurückgezahlt werden muss; die Frist von fünf Jahren braucht nicht eingehalten zu werden, wenn Schuldverschreibungen wegen Änderung der Besteuerung, die zu Zusatzzahlungen an den Erwerber der Schuldverschreibungen führt, vorzeitig gekündigt werden und das Kapital vor Rückerstattung durch die Einzahlung anderer, zumindest gleichwertiger Eigenmittel ersetzt worden ist,

3. wenn die Aufrechnung des Rückerstattungsanspruchs gegen Forderungen des Pensionsfonds ausgeschlossen ist und für die Verbindlichkeiten keine vertraglichen Sicherheiten durch den Pensionsfonds oder durch Dritte gestellt werden und

4. solange der Rückerstattungsanspruch nicht in weniger als zwei Jahren fällig wird oder auf Grund des Vertrages fällig werden kann.

[2]Nachträglich können der Nachrang nicht beschränkt sowie die Laufzeit und die Kündigungsfrist nicht verkürzt werden. [3]Eine vorzeitige Rückerstattung ist dem Pensionsfonds ohne Rücksicht auf entgegenstehende Vereinbarungen zurückzugewähren, sofern der Pensionsfonds nicht aufgelöst wurde oder sofern nicht das Kapital durch die Einzahlung anderer, zumindest gleichwertiger Eigenmittel ersetzt worden ist. [4]Der Pensionsfonds hat bei Abschluss des Vertrages auf die in den Sätzen 2 und 3 genannten Rechtsfolgen ausdrücklich und in Textform hinzuweisen; werden Wertpapiere über die nachrangigen Verbindlichkeiten begeben, so ist nur in den Zeichnungs- und Ausgabebedingungen auf die genannten Rechtsfolgen hinzuweisen. [5]Ein Pensionsfonds darf in Wertpapieren verbriefte eigene

nachrangige Verbindlichkeiten nicht erwerben. [6]Die Rückzahlungsverpflichtung gilt nicht als Belastung im Sinne des § 114 Abs. 1 Satz 1 des Versicherungsaufsichtsgesetzes.

(4) Der Gesamtbetrag des Genussrechtskapitals nach Absatz 2 und der nachrangigen Verbindlichkeiten nach Absatz 3 ist den Eigenmitteln nach § 114 Abs. 1 des Versicherungsaufsichtsgesetzes nur zuzurechnen, soweit er 50 Prozent des niedrigeren der beiden Werte der verfügbaren bzw. erforderlichen Solvabilitätsspanne nicht übersteigt; davon dürfen höchstens 25 Prozent auf Genussrechtskapital oder nachrangige Verbindlichkeiten mit fester Laufzeit entfallen.

§ 4
Berichtspflicht gegenüber der Aufsichtsbehörde

(1) Der Aufsichtsbehörde sind jährlich zusammen mit dem gemäß § 341a des Handelsgesetzbuches vorgeschriebenen Jahresabschluss und dem Lagebericht eine Berechnung der erforderlichen Solvabilitätsspanne vorzulegen und die Eigenmittel nachzuweisen.

(2) Die Aufsichtsbehörde kann Näheres über die Form der Einreichung bestimmen.

§ 5
In-Kraft-Treten

Diese Verordnung tritt am 1. Januar 2002 in Kraft.

XV.
Verordnung über Rechnungsgrundlagen
für die Deckungsrückstellungen von Pensionsfonds
(Pensionsfonds-Deckungsrückstellungsverordnung –
PFDeckRV)

vom 20. 12. 2001 (BGBl. I S. 4183), zuletzt geändert durch VO vom 5. 11. 2003 (BGBl. I S. 2260). Auf Grund des § 116 Abs. 1 Satz 1 und Abs. 2 des Versicherungsaufsichtsgesetzes, eingefügt durch Artikel 10 Nr. 4 des Gesetzes vom 26. 6. 2001 (BGBl. I S. 1310), verordnet das Bundesministerium der Finanzen im Einvernehmen mit dem Bundesministerium der Justiz:

§ 1
Versicherungsförmige Garantien, Rechnungszinssatz

(1) [1]Soweit der Pensionsfonds im Rahmen eines beitrags- oder leistungsbezogenen Pensionsplans eine versicherungsförmige Garantie übernimmt, sind Deckungsrückstellungen unter Beachtung von § 2 Abs. 1 zu bilden. [2]Der Rechnungszinssatz ist unter Berücksichtigung der Mischung der die Verpflichtung deckenden Vermögenswerte und ihrer möglichen Wertschwankungen vorsichtig anzusetzen. [3]Er beträgt höchstens 2,75 Prozent bei Verträgen, die auf Euro lauten. [4]Bei Verträgen, die auf andere Währungen lauten, setzt das Bundesaufsichtsamt für das Versicherungswesen den Höchstzinssatz unter Berücksichtigung der Festlegungen der Deckungsrückstellungsverordnung vom 6. Mai 1996 (BGBl. I S. 670) in der jeweils geltenden Fassung nach pflichtgemäßem Ermessen fest.

(2) [1]Eine versicherungsförmige Garantie im Sinne des Absatzes 1 liegt dann vor, wenn sich der Pensionsfonds gegen in Höhe und Fälligkeit fest vereinbarte Beiträge zu fest vereinbarten Leistungen verpflichtet hat. [2]Dies ist insbesondere gegeben, wenn der Pensionsfonds

1. im Rahmen leistungs- oder beitragsbezogener Pensionspläne eine Leistung der Höhe nach zusagt, die unter Ausschluss einer vertraglichen Nachschussverpflichtung aus bereits erbrachten Beiträgen finanziert ist (beitragsfreie Verpflichtung),

2. im Rahmen beitragsbezogener Pensionspläne die Zusage der Mindestleistung übernimmt.

(3) [1]Der von einem Pensionsfonds im Zeitpunkt der Übernahme der versi-

cherungsförmigen Garantie verwendete Rechnungszins gilt für die gesamte weitere Laufzeit des Vertrages. [2]§ 2 Abs. 2 bleibt unberührt.

(4) [1]Abweichend von Absatz 3 Satz 1 kann für Verträge, denen derselbe Pensionsplan und dieselben Grundsätze für die Berechnung der mathematischen Rückstellungen zugrunde liegen, unter Beachtung von Absatz 1 Satz 2 ein nicht für die gesamte Laufzeit des Vertrages geltender einheitlicher Rechnungszins verwendet werden, der den jeweils gültigen Höchstzinssatz nicht überschreiten darf. [2]Eine dadurch erforderliche Herabsetzung des Rechnungszinses kann mit Zustimmung der Aufsichtsbehörde stufenweise erfolgen.

(5) [1]Ab Beginn des Rentenbezugs darf für die folgenden acht Jahre sowie für den Teil der Deckungsrückstellung, der auf die laufende Rentenzahlung entfällt, der Höchstzinssatz 85 Prozent des arithmetischen Mittels der letzten Monatswerte der Umlaufrenditen der Anleihen der öffentlichen Hand gemäß der von der Deutschen Bundesbank in ihren Monatsberichten veröffentlichten Kapitalmarktstatistik mit einer Restlaufzeit von einem Jahr bis zu acht Jahren betragen. [2]Der für die Bestimmung des Rechnungszinses des einzelnen Vertrages maßgebliche Zeitpunkt ist der Zeitpunkt des Rentenbeginns.

(6) [1]Sofern ein leistungsbezogener Pensionsplan die periodische Überprüfung und gegebenenfalls Neufestsetzung der für die Zukunft der Höhe und dem Zeitpunkt nach vereinbarten Beiträge in Abhängigkeit von der Entwicklung der Leistungsverpflichtungen und der Vermögensanlage vorsieht („Feststellungsverfahren"), ist die Deckungsrückstellung gemäß § 341f des Handelsgesetzbuches prospektiv zu bilden, wobei für die Berechnung des Barwertes der künftigen Beiträge die jeweils vereinbarten Beiträge anzusetzen sind. [2]Bei der Berechnung von Barwerten ist für die Zeit vor Rentenbezug der Rechnungszins vorsichtig zu wählen. [3]Er muss die Vertragswährung und die im Bestand befindlichen Vermögenswerte sowie den erwarteten Ertrag künftiger Vermögenswerte angemessen berücksichtigen. [4]§ 2 Abs. 1 ist mit der Maßgabe anzuwenden, dass die Rechnungsgrundlagen auf Basis eines besten Schätzwertes unter Einbeziehung einer Sicherheitsspanne, die insbesondere den zeitlichen Abstand bis zur nächsten Neufeststellung der künftig vom Arbeitgeber zu erbringenden Beiträge berücksichtigt, abgeleitet werden. [5]Für die Zeit des Rentenbezugs ist derjenige Rechnungszins anzusetzen, der gemäß § 1 Abs. 1 zum Zeitpunkt der Vereinbarung der vorgesehenen Leistungshöhe gegolten hat.

§ 2
Versicherungsmathematische Rechnungsgrundlagen

(1) [1]Bei der nach versicherungsmathematischen Methoden vorzunehmenden Ableitung von Rechnungsgrundlagen sind sämtliche Umstände, die Änderungen und Schwankungen der aus den zugrunde liegenden Statistiken gewonnenen Daten bewirken können, zu berücksichtigen und nach versicherungsmathematischen Grundsätzen geeignet zu gewichten. [2]Die Ableitung von Rechnungsgrundlagen auf der Basis eines besten Schätzwertes genügt nicht. [3]Die Rechnungsgrundlagen müssen ausreichend vorsichtig festgesetzt werden und nachteilige Abweichungen der relevanten Faktoren von den getroffenen, aus den Statistiken abgeleiteten Annahmen einbeziehen. [4]Dies gilt sowohl für die grundsätzlich auf ein einzelnes Risiko abzustellende Bewertung als auch sinngemäß für die Bewertung bei nicht individualisierbaren Risiken, für die keine ausreichenden Statistiken verfügbar sind. [5]Eine Beteiligung am Überschuss muss in angemessener Weise über die Laufzeit jedes Vertrages berücksichtigt werden.

(2) Bei einer gemäß § 341f Abs. 2 in Verbindung mit § 341 Abs. 4 des Handelsgesetzbuchs erforderlichen Berechnung der zu erwartenden Erträge des Pensionsfonds ist als Rendite das über einen Referenzzeitraum von zehn Kalenderjahren errechnete arithmetische Mittel der Umlaufrenditen der Anleihen der öffentlichen Hand gemäß der von der Deutschen Bundesbank in ihren Monatsberichten veröffentlichten Kapitalmarktstatistik zugrunde zu legen.

(3) Soweit versicherungsförmige Garantien betroffen sind, dürfen die Annahmen und Berechnungsmethoden nur insoweit geändert werden, als die den Annahmen zugrunde liegenden rechtlichen oder wirtschaftlichen Rahmenbedingungen dies erfordern oder rechtfertigen.

§ 3
In-Kraft-Treten

Diese Verordnung tritt am 1. Januar 2002 in Kraft.

XVI.
Steuerliche Förderung der privaten Altersvorsorge und betrieblichen Altersversorgung

Schreiben des Bundesministeriums der Finanzen vom 17. 11. 2004

IV C 4 – S 2222 – 177/04
IV C 5 – S 2333 – 269/04

– Auszug –

Zur steuerlichen Förderung der privaten Altersvorsorge und betrieblichen Altersversorgung nach den Änderungen durch das Alterseinkünftegesetz vom 5. Juli 2004 (BGBl. I S. 1427; BStBl. I S. 554) nehme ich im Einvernehmen mit den obersten Finanzbehörden der Länder wie folgt Stellung:

B. Betriebliche Altersversorgung

I. Allgemeines

Betriebliche Altersversorgung liegt vor, wenn dem Arbeitnehmer aus Anlass seines Arbeitsverhältnisses vom Arbeitgeber Leistungen zur Absicherung mindestens eines biometrischen Risikos (Alter, Tod, Invalidität) zugesagt werden und Ansprüche auf diese Leistungen erst mit dem Eintritt des biologischen Ereignisses fällig werden (§ 1 BetrAVG). Werden mehrere biometrische Risiken abgesichert, ist aus steuerrechtlicher Sicht die gesamte Vereinbarung nur dann als betriebliche Altersversorgung anzuerkennen, wenn für alle Risiken die Vorgaben der Rz. 154–159 beachtet werden. Als Durchführungswege der betrieblichen Altersversorgung kommen die Direktzusage (§ 1 Abs. 1 Satz 2 BetrAVG), die Unterstützungskasse (§ 1b Abs. 4 BetrAVG), die Direktversicherung (§ 1b Abs. 2 BetrAVG), die Pensionskasse (§ 1b Abs. 3 BetrAVG) oder der Pensionsfonds (§ 1b Abs. 3 BetrAVG, § 112 VAG) in Betracht. **154**

Nicht um betriebliche Altersversorgung handelt es sich, wenn der Arbeitgeber oder eine Versorgungseinrichtung dem nicht bei ihm beschäftigten Ehegatten eines Arbeitnehmers eigene Versorgungsleistungen zur Absicherung seiner biometrischen Risiken (Alter, Tod, Invalidität) verspricht, da hier keine Versorgungszusage aus Anlass eines Arbeitsverhältnisses zwischen dem Arbeitgeber und dem Ehegatten vorliegt (§ 1 BetrAVG). **155**

Das biologische Ereignis ist bei der Altersversorgung das altersbedingte Ausscheiden aus dem Erwerbsleben, bei der Hinterbliebenenversorgung der **156**

149

Tod des Arbeitnehmers und bei der Invaliditätsversorgung der Invaliditätseintritt. Als Untergrenze für betriebliche Altersversorgungsleistungen bei altersbedingtem Ausscheiden aus dem Erwerbsleben gilt im Regelfall das 60. Lebensjahr. In Ausnahmefällen können betriebliche Altersversorgungsleistungen auch schon vor dem 60. Lebensjahr gewährt werden, so z. B. bei Berufsgruppen wie Piloten, bei denen schon vor dem 60. Lebensjahr Versorgungsleistungen üblich sind. Ob solche Ausnahmefälle vorliegen, ergibt sich aus Gesetz, Tarifvertrag oder Betriebsvereinbarung. Erreicht der Arbeitnehmer im Zeitpunkt der Auszahlung das 60. Lebensjahr, hat aber seine berufliche Tätigkeit noch nicht beendet, so ist dies unschädlich.

157 Eine Hinterbliebenenversorgung im steuerlichen Sinne darf nur Leistungen an die Witwe des Arbeitnehmers oder den Witwer der Arbeitnehmerin, die Kinder i. S. d. § 32 Abs. 3 und 4 Satz 1 Nr. 1 bis 3 EStG, den früheren Ehegatten oder die Lebensgefährtin/den Lebensgefährten vorsehen. Der Begriff des/der Lebensgefährten/in ist dabei als Oberbegriff zu verstehen, der auch die gleichgeschlechtliche Lebenspartnerschaft mit erfasst. Ob eine gleichgeschlechtliche Lebenspartnerschaft eingetragen wurde oder nicht, ist dabei zunächst unerheblich. Für Partner einer eingetragenen Lebenspartnerschaft besteht allerdings die Besonderheit, dass sie einander nach § 5 Lebenspartnerschaftsgesetz zum Unterhalt verpflichtet sind. Insoweit liegt eine mit der zivilrechtlichen Ehe vergleichbare Partnerschaft vor. Handelt es sich dagegen um eine andere Form der nicht ehelichen Lebensgemeinschaft, muss anhand der im BMF-Schreiben vom 25. Juli 2002 (BStBl. I S. 706) genannten Voraussetzungen geprüft werden, ob diese als Hinterbliebenenversorgung anerkannt werden kann. Ausreichend ist dabei regelmäßig, wenn neben der geforderten namentlichen Benennung des/der Lebensgefährten/in in der schriftlichen Vereinbarung gegenüber dem Arbeitgeber auch versichert wird, dass eine gemeinsame Haushaltsführung besteht.

158 Die Möglichkeit, andere als die in Rz. 157 genannten Personen als Begünstigte für den Fall des Todes des Arbeitnehmers zu benennen, führt steuerrechtlich dazu, dass es sich nicht mehr um eine Hinterbliebenenversorgung handelt, sondern von einer Vererblichkeit der Anwartschaften auszugehen ist. Gleiches gilt, wenn bei einer vereinbarten Rentengarantiezeit die Auszahlung auch an andere als die in Rz. 157 genannten Personen möglich ist. Lediglich die Möglichkeit, ein einmaliges angemessenes Sterbegeld an andere Personen als die in Rz. 157 genannten Hinterbliebenen auszuzahlen, führt nicht zur Versagung der Anerkennung als betriebliche Altersversorgung; bei Auszahlung ist das Sterbegeld, soweit es auf steuerfrei geleisteten Beiträgen beruht, gemäß § 22 Nr. 5 Satz 1 EStG vollständig zu besteuern. Nur im Fall der Pauschalbesteuerung von Beiträgen für eine Direktversicherung nach § 40b EStG in der am 31. Dezember 2004 geltenden Fassung (§ 40b EStG a. F.) ist es unschädlich, wenn eine beliebige Person als Bezugsberechtigte für den Fall des Todes des Arbeitnehmers benannt wird.

Keine betriebliche Altersversorgung liegt vor, wenn zwischen Arbeitneh-   **159** mer und Arbeitgeber die Vererblichkeit von Anwartschaften vereinbart ist. Auch Vereinbarungen, nach denen Arbeitslohn gutgeschrieben und ohne Abdeckung eines biometrischen Risikos zu einem späteren Zeitpunkt (z. B. bei Ausscheiden aus dem Dienstverhältnis) ggf. mit Wertsteigerung ausgezahlt wird, sind nicht dem Bereich der betrieblichen Altersversorgung zuzuordnen. Gleiches gilt, wenn von vornherein eine Abfindung der Versorgungsanwartschaft, z. B. zu einem bestimmten Zeitpunkt oder bei Vorliegen bestimmter Voraussetzungen, vereinbart ist und dadurch nicht mehr von der Absicherung eines biometrischen Risikos ausgegangen werden kann. Demgegenüber führt allein die Möglichkeit einer Beitragserstattung einschließlich der gutgeschriebenen Erträge bzw. einer entsprechenden Abfindung für den Fall des Ausscheidens aus dem Dienstverhältnis vor Erreichen der gesetzlichen Unverfallbarkeit und/oder für den Fall des Todes vor Ablauf einer arbeitsrechtlich vereinbarten Wartezeit sowie der Abfindung einer Witwenrente/Witwerrente für den Fall der Wiederheirat noch nicht zur Versagung der Anerkennung als betriebliche Altersversorgung; zu den steuerlichen Folgen im Auszahlungsfall siehe Rz. 214 ff.

II. Lohnsteuerliche Behandlung von Zusagen auf Leistungen der betrieblichen Altersversorgung

1. Allgemeines

Der Zeitpunkt des Zuflusses von Arbeitslohn richtet sich bei einer arbeitge-   **160** berfinanzierten und einer steuerlich anzuerkennenden durch Entgeltumwandlung finanzierten betrieblichen Altersversorgung nach dem Durchführungsweg der betrieblichen Altersversorgung (vgl. auch R 129 LStR zur Abgrenzung). Bei der Versorgung über eine Direktversicherung, eine Pensionskasse oder einen Pensionsfonds liegt Zufluss von Arbeitslohn im Zeitpunkt der Zahlung der Beiträge durch den Arbeitgeber an die entsprechende Versorgungseinrichtung vor. Erfolgt die Beitragszahlung durch den Arbeitgeber vor „Versicherungsbeginn", liegt ein Zufluss von Arbeitslohn jedoch erst im Zeitpunkt des „Versicherungsbeginns" vor. Die Einbehaltung der Lohnsteuer richtet sich nach § 38a Abs. 1 und 3 EStG (vgl. auch R 115, 118 und 119 LStR). Bei der Versorgung über eine Direktzusage oder Unterstützungskasse fließt der Arbeitslohn erst im Zeitpunkt der Zahlung der Altersversorgungsleistungen an den Arbeitnehmer zu.

2.   Entgeltumwandlung zugunsten betrieblicher Altersversorgung

161   Um durch Entgeltumwandlung finanzierte betriebliche Altersversorgung handelt es sich, wenn Arbeitgeber und Arbeitnehmer vereinbaren, künftige Arbeitslohnansprüche zugunsten einer betrieblichen Altersversorgung herabzusetzen (Umwandlung in eine wertgleiche Anwartschaft auf Versorgungsleistungen – Entgeltumwandlung – § 1 Abs. 2 Nr. 3 BetrAVG). Davon zu unterscheiden sind die sog. Eigenbeiträge des Arbeitnehmers (§ 1 Abs. 2 Nr. 4 BetrAVG), bei denen der Arbeitnehmer aus seinem bereits zugeflossenen und versteuerten Arbeitsentgelt Beiträge zur Finanzierung der betrieblichen Altersversorgung leistet.

162   Eine Herabsetzung von Arbeitslohnansprüchen zugunsten betrieblicher Altersversorgung ist steuerlich als Entgeltumwandlung auch dann anzuerkennen, wenn die in § 1 Abs. 2 Nr. 3 BetrAVG geforderte Wertgleichheit außerhalb versicherungsmathematischer Grundsätze berechnet wird. Entscheidend ist allein, dass die Versorgungsleistung zur Absicherung mindestens eines biometrischen Risikos (Alter, Tod, Invalidität) zugesagt und erst bei Eintritt des biologischen Ereignisses fällig wird.

163   Die Herabsetzung von Arbeitslohn (laufender Arbeitslohn, Einmal- und Sonderzahlungen) zugunsten der betrieblichen Altersversorgung wird aus Vereinfachungsgründen grundsätzlich auch dann als Entgeltumwandlung steuerlich anerkannt, wenn die Gehaltsänderungsvereinbarung bereits erdiente, aber noch nicht fällig gewordene Anteile umfasst. Dies gilt auch, wenn eine Einmal- oder Sonderzahlung einen Zeitraum von mehr als einem Jahr betrifft.

164   Bei einer Herabsetzung laufenden Arbeitslohns zugunsten einer betrieblichen Altersversorgung hindert es die Annahme einer Entgeltumwandlung nicht, wenn der bisherige ungekürzte Arbeitslohn weiterhin Bemessungsgrundlage für künftige Erhöhungen des Arbeitslohns oder andere Arbeitgeberleistungen (wie z. B. Weihnachtsgeld, Tantieme, Jubiläumszuwendungen, betriebliche Altersversorgung) bleibt, die Gehaltsminderung zeitlich begrenzt oder vereinbart wird, dass der Arbeitnehmer oder der Arbeitgeber sie für künftigen Arbeitslohn einseitig ändern können.

3.   Arbeitszeitkonten

165   Vereinbaren Arbeitgeber und Arbeitnehmer, künftig fällig werdenden Arbeitslohn ganz oder teilweise betragsmäßig auf einem Konto gutzuschreiben, um ihn in Zeiten der Arbeitsfreistellung auszuzahlen (Arbeitszeitkonto), führt weder die Vereinbarung noch die Wertgutschrift auf dem Arbeitszeitkonto zum Zufluss von Arbeitslohn. Rz. 163 gilt sinngemäß.

Wird das Wertguthaben des Arbeitszeitkontos auf Grund einer Vereinba- **166** rung zwischen Arbeitgeber und Arbeitnehmer vor Fälligkeit (planmäßige Auszahlung während der Freistellung) ganz oder teilweise zugunsten der betrieblichen Altersversorgung herabgesetzt, ist dies steuerlich als Entgeltumwandlung anzuerkennen. Die Ausbuchung der Beträge aus dem Arbeitszeitkonto führt in diesem Fall nicht zum Zufluss von Arbeitslohn. Der Zeitpunkt des Zuflusses dieser zugunsten der betrieblichen Altersversorgung umgewandelten Beträge richtet sich nach dem Durchführungsweg der zugesagten betrieblichen Altersversorgung (vgl. Rz. 160).

Bei einem Altersteilzeitarbeitsverhältnis im sog. Blockmodell gilt dies in **167** der Arbeitsphase und der Freistellungsphase entsprechend. Folglich ist auch in der Freistellungsphase steuerlich von einer Entgeltumwandlung auszugehen, wenn vor Fälligkeit (planmäßige Auszahlung) vereinbart wird, das Wertguthaben des Arbeitszeitkontos oder den während der Freistellung auszuzahlenden Arbeitslohn zugunsten der betrieblichen Altersversorgung herabzusetzen.

4. Steuerfreiheit nach § 3 Nr. 63 EStG

a) Steuerfreiheit nach § 3 Nr. 63 Satz 1 und 3 EStG

aa) Begünstigter Personenkreis

Zu dem durch § 3 Nr. 63 EStG begünstigten Personenkreis gehören alle Ar- **168** beitnehmer (§ 1 LStDV), unabhängig davon, ob sie in der gesetzlichen Rentenversicherung pflichtversichert sind oder nicht (z. B. beherrschende Gesellschafter-Geschäftsführer, geringfügig Beschäftigte, in einem berufsständischen Versorgungswerk Versicherte).

Die Steuerfreiheit setzt lediglich ein bestehendes erstes Dienstverhältnis **169** voraus. Diese Voraussetzung kann auch erfüllt sein, wenn es sich um ein geringfügiges Beschäftigungsverhältnis oder eine Aushilfstätigkeit handelt. Die Steuerfreiheit ist jedoch nicht bei Arbeitnehmern zulässig, die dem Arbeitgeber eine Lohnsteuerkarte mit der Steuerklasse VI vorgelegt haben.

bb) Begünstigte Aufwendungen

Zu den nach § 3 Nr. 63 EStG begünstigten Aufwendungen gehören nur Bei- **170** träge an Pensionsfonds, Pensionskassen und Direktversicherungen, die zum Aufbau einer betrieblichen Altersversorgung im Kapitaldeckungsverfahren erhoben werden. Für Umlagen, die vom Arbeitgeber an eine Versorgungseinrichtung entrichtet werden, kommt die Steuerfreiheit nach § 3 Nr. 63 EStG dagegen nicht in Betracht. Werden sowohl Umlagen als auch Beiträge im Kapitaldeckungsverfahren erhoben, gehören letztere nur dann zu den begünstigten Aufwendungen, wenn eine getrennte Verwaltung und Abrechnung beider Vermögensmassen erfolgt (Trennungsprinzip).

171 Steuerfrei sind sowohl die Beiträge des Arbeitgebers, die zusätzlich zum ohnehin geschuldeten Arbeitslohn erbracht werden (rein arbeitgeberfinanzierte Beiträge) als auch die Beiträge des Arbeitgebers, die durch Entgeltumwandlung finanziert werden (vgl. Rz. 161 ff.). Im Fall der Finanzierung der Beiträge durch eine Entgeltumwandlung ist die Beachtung des Mindestbetrages gemäß § 1a BetrAVG für die Inanspruchnahme der Steuerfreiheit nicht erforderlich. Eigenbeiträge des Arbeitnehmers (§ 1 Abs. 2 Nr. 4 BetrAVG) sind dagegen vom Anwendungsbereich des § 3 Nr. 63 EStG ausgeschlossen, auch wenn sie vom Arbeitgeber an die Versorgungseinrichtung abgeführt werden.

172 Die Steuerfreiheit nach § 3 Nr. 63 EStG kann nur dann in Anspruch genommen werden, wenn der vom Arbeitgeber zur Finanzierung der zugesagten Versorgungsleistung gezahlte Beitrag nach bestimmten individuellen Kriterien dem einzelnen Arbeitnehmer zugeordnet wird. Allein die Verteilung eines vom Arbeitgeber gezahlten Gesamtbeitrags nach der Anzahl der begünstigten Arbeitnehmer genügt hingegen für die Anwendung des § 3 Nr. 63 EStG nicht. Für die Anwendung des § 3 Nr. 63 EStG ist nicht Voraussetzung, dass sich die Höhe der zugesagten Versorgungsleistung an der Höhe des eingezahlten Beitrags des Arbeitgebers orientiert, da der Arbeitgeber nach § 1 BetrAVG nicht nur eine Beitragszusage mit Mindestleistung oder eine beitragsorientierte Leistungszusage, sondern auch eine Leistungszusage erteilen kann.

173 Maßgeblich für die betragsmäßige Begrenzung der Steuerfreiheit auf 4 % der Beitragsbemessungsgrenze in der allgemeinen Rentenversicherung ist auch bei einer Beschäftigung in den neuen Ländern oder Berlin (Ost) die in dem Kalenderjahr gültige Beitragsbemessungsgrenze (West). Zusätzlich zu diesem Höchstbetrag können Beiträge, die vom Arbeitgeber auf Grund einer nach dem 31. Dezember 2004 erteilten Versorgungszusage (Neuzusage, vgl. Rz. 201 ff.) geleistet werden, bis zur Höhe von 1.800 Euro steuerfrei bleiben. Dieser zusätzliche Höchstbetrag kann jedoch nicht in Anspruch genommen werden, wenn für den Arbeitnehmer in dem Kalenderjahr Beiträge nach § 40b Abs. 1 und 2 EStG a. F. pauschal besteuert werden (vgl. Rz. 208). Bei den Höchstbeträgen des § 3 Nr. 63 EStG handelt es sich jeweils um Jahresbeträge. Eine zeitanteilige Kürzung der Höchstbeträge ist daher nicht vorzunehmen, wenn das Arbeitsverhältnis nicht während des ganzen Jahres besteht oder nicht für das ganze Jahr Beiträge gezahlt werden. Die Höchstbeträge können erneut in Anspruch genommen werden, wenn der Arbeitnehmer sie in einem vorangegangenen Dienstverhältnis bereits ausgeschöpft hat. Im Fall der Gesamtrechtsnachfolge und des Betriebsübergangs nach § 613a BGB kommt dies dagegen nicht in Betracht.

Soweit die Beiträge die Höchstbeträge übersteigen, sind sie individuell zu besteuern. Für die individuell besteuerten Beiträge kann eine Förderung durch Sonderausgabenabzug und Zulage nach § 10a und Abschnitt XI EStG in Betracht kommen (vgl. Rz. 205 ff.). Zur Übergangsregelung des § 52 Abs. 52a EStG siehe Rz. 191 ff. **174**

Bei monatlicher Zahlung der Beiträge bestehen keine Bedenken, wenn die Höchstbeträge in gleichmäßige monatliche Teilbeträge aufgeteilt werden. Stellt der Arbeitgeber vor Ablauf des Kalenderjahrs, z. B. bei Beendigung des Dienstverhältnisses fest, dass die Steuerfreiheit im Rahmen der monatlichen Teilbeträge nicht in vollem Umfang ausgeschöpft worden ist oder werden kann, muss eine ggf. vorgenommene Besteuerung der Beiträge rückgängig gemacht (spätester Zeitpunkt hierfür ist die Übermittlung oder Erteilung der Lohnsteuerbescheinigung) oder der monatliche Teilbetrag künftig so geändert werden, dass die Höchstbeträge ausgeschöpft werden. **175**

Rein arbeitgeberfinanzierte Beiträge sind steuerfrei, soweit sie die Höchstbeträge (4 % der Beitragsbemessungsgrenze in der allgemeinen Rentenversicherung sowie 1.800 Euro) nicht übersteigen. Die Höchstbeträge werden zunächst durch diese Beiträge ausgefüllt. Sofern die Höchstbeträge dadurch nicht ausgeschöpft worden sind, sind die auf Entgeltumwandlung beruhenden Beiträge zu berücksichtigen. **176**

cc) Begünstigte Auszahlungsformen

Voraussetzung für die Steuerfreiheit ist, dass die Auszahlung der zugesagten Alters-, Invaliditäts- oder Hinterbliebenenversorgungsleistungen in Form einer lebenslangen Rente oder eines Auszahlungsplans mit anschließender lebenslanger Teilkapitalverrentung (§ 1 Abs. 1 Satz 1 Nr. 4 AltZertG) vorgesehen ist. Im Hinblick auf die entfallende Versorgungsbedürftigkeit z. B. für den Fall der Vollendung des 27. Lebensjahres der Kinder, der Wiederheirat der Witwe/des Witwers, dem Ende der Erwerbsminderung durch Wegfall der Voraussetzungen für den Bezug (insbesondere bei Verbesserung der Gesundheitssituation oder Erreichen der Altersgrenze) **177** ist es nicht zu beanstanden, wenn eine Rente oder ein Auszahlungsplan zeitlich befristet ist. Von einer Rente oder einem Auszahlungsplan ist auch noch auszugehen, wenn bis zu 30 % des zu Beginn der Auszahlungsphase zur Verfügung stehenden Kapitals außerhalb der monatlichen Leistungen ausgezahlt werden. Die zu Beginn der Auszahlungsphase zu treffende Entscheidung und Entnahme des Teilkapitalbetrags aus diesem Vertrag (Rz. 107) führt zur Besteuerung nach § 22 Nr. 5 EStG. Allein die Möglichkeit, anstelle dieser Auszahlungsformen eine Einmalkapitalauszahlung (100 % des zu Beginn der Auszahlungsphase zur Verfügung stehenden Kapitals) zu wählen, steht der Steuerfreiheit noch nicht entgegen. Die Möglichkeit, eine Einmalkapitalauszahlung anstelle einer Rente oder eines Auszahlungsplans zu wählen, gilt nicht nur für Altersversorgungsleistungen, sondern auch für Invaliditäts- oder Hinterbliebenenversorgungsleistungen. Entscheidet sich der Arbeitnehmer zugunsten einer Einmalkapitalauszahlung, so sind von diesem Zeitpunkt an die Voraussetzungen des § 3 Nr. 63 EStG nicht mehr erfüllt und die Beitragsleistungen zu besteuern. Erfolgt die Ausübung des Wahlrechtes innerhalb des letzten Jahres vor dem altersbedingten Ausscheiden aus dem Erwerbsleben, so ist es aus Vereinfachungsgründen nicht zu beanstanden, wenn die Beitragsleistungen weiterhin nach § 3 Nr. 63 EStG steuerfrei belassen werden. Bei Auszahlung oder anderweitiger wirtschaftlicher Verfügung ist der Einmalkapitalbetrag, soweit er auf steuerfrei geleisteten Beiträgen beruht, gemäß § 22 Nr. 5 Satz 1 EStG vollständig zu besteuern. Da es sich bei der Teil- bzw. Einmalkapitalauszahlung nicht um außerordentliche Einkünfte i. S. d. § 34 Abs. 2 EStG (weder eine Entschädigung noch eine Vergütung für eine mehrjährige Tätigkeit) handelt, kommt eine Anwendung der Fünftelungsregelung des § 34 EStG auf diese Zahlungen nicht in Betracht.

dd)　Sonstiges

178　Eine Steuerfreiheit der Beiträge kommt nicht in Betracht, soweit es sich hierbei nicht um Arbeitslohn im Rahmen eines Dienstverhältnisses, sondern um eine verdeckte Gewinnausschüttung i. S. d. § 8 Abs. 3 Satz 2 KStG handelt. Die allgemeinen Grundsätze zur Abgrenzung zwischen verdeckter Gewinnausschüttung und Arbeitslohn sind hierbei zu beachten.

179　Beiträge an Pensionsfonds, Pensionskassen und – bei Direktversicherungen – an Versicherungsunternehmen in der EU sowie in Drittstaaten, mit denen besondere Abkommen abgeschlossen worden sind, können nach § 3 Nr. 63 EStG begünstigt sein, wenn der ausländische Pensionsfonds, die ausländische Pensionskasse oder das ausländische Versicherungsunternehmen aufsichtsrechtlich zur Ausübung ihrer Tätigkeit zugunsten von Arbeitnehmern in inländischen Betriebsstätten befugt sind.

b) Ausschluss der Steuerfreiheit nach § 3 Nr. 63 Satz 2 EStG

aa) Personenkreis

Auf die Steuerfreiheit können grundsätzlich nur Arbeitnehmer verzichten, **180** die in der gesetzlichen Rentenversicherung pflichtversichert sind (§§ 1a, 17 Abs. 1 Satz 3 BetrAVG). Alle anderen Arbeitnehmer können von dieser Möglichkeit nur dann Gebrauch machen, wenn der Arbeitgeber zustimmt.

bb) Höhe und Zeitpunkt der Ausübung des Wahlrechts

Soweit der Arbeitnehmer einen Anspruch auf Entgeltumwandlung nach **181** § 1a BetrAVG hat, ist eine individuelle Besteuerung dieser Beiträge bereits auf Verlangen des Arbeitnehmers durchzuführen. In allen anderen Fällen der Entgeltumwandlung (z. B. Entgeltumwandlungsvereinbarung aus dem Jahr 2001 oder früher) ist die individuelle Besteuerung der Beiträge hingegen nur auf Grund einvernehmlicher Vereinbarung zwischen Arbeitgeber und Arbeitnehmer möglich. Bei rein arbeitgeberfinanzierten Beiträgen kann auf die Steuerfreiheit nicht verzichtet werden (vgl. Rz. 176).

Die Ausübung des Wahlrechts nach § 3 Nr. 63 Satz 2 EStG muss bis zu dem **182** Zeitpunkt erfolgen, zu dem die entsprechende Gehaltsänderungsvereinbarung steuerlich noch anzuerkennen ist (vgl. Rz. 163).

Eine nachträgliche Änderung der steuerlichen Behandlung der im Wege **183** der Entgeltumwandlung finanzierten Beiträge ist nicht zulässig.

c) Vervielfältigungsregelung nach § 3 Nr. 63 Satz 4 EStG

Beiträge an einen Pensionsfonds, eine Pensionskasse oder für eine Direkt- **184** versicherung, die der Arbeitgeber aus Anlass der Beendigung des Dienstverhältnisses leistet, können im Rahmen des § 3 Nr. 63 Satz 4 EStG steuerfrei belassen werden. Die Höhe der Steuerfreiheit ist dabei begrenzt auf den Betrag, der sich ergibt aus 1.800 Euro vervielfältigt mit der Anzahl der Kalenderjahre, in denen das Dienstverhältnis des Arbeitnehmers zu dem Arbeitgeber bestanden hat; der vervielfältigte Betrag vermindert sich um die nach § 3 Nr. 63 EStG steuerfreien Beiträge, die der Arbeitgeber in dem Kalenderjahr, in dem das Dienstverhältnis beendet wird, und in den sechs vorangegangenen Jahren erbracht hat. Sowohl bei der Ermittlung der zu vervielfältigenden als auch der zu kürzenden Jahre sind nur die Kalenderjahre ab 2005 zu berücksichtigen. Dies gilt unabhängig davon, wie lange das Dienstverhältnis zu dem Arbeitgeber tatsächlich bestanden hat. Die Vervielfältigungsregelung steht jedem Arbeitnehmer aus demselben Dienstverhältnis insgesamt nur einmal zu. Werden die Beiträge statt als Einmalbeitrag in Teilbeträgen geleistet, sind diese so lange steuerfrei, bis der für den Arbeitnehmer maßgebende Höchstbetrag ausgeschöpft ist. Eine Anwendung der Vervielfältigungsregelung des § 3 Nr. 63 Satz 4 EStG ist nicht möglich, wenn gleichzeitig die Vervielfältigungsregelung des § 40b Abs. 2 Satz 3 und 4 EStG a. F. auf die Beiträge, die der Arbeitgeber aus Anlass der Beendigung des Dienstverhältnisses leistet, angewendet wird (vgl. Rz. 210). Eine Anwendung ist ferner nicht möglich, wenn der Arbeitnehmer bei Beiträgen für eine Direktversicherung auf die Steuerfreiheit der Beiträge zu dieser Direktversicherung zugunsten der Weiteranwendung des § 40b EStG a. F. verzichtet hatte (vgl. Rz. 205 ff.).

5.   Steuerfreiheit nach § 3 Nr. 66 EStG

185   Voraussetzung für die Steuerfreiheit ist, dass vom Arbeitgeber ein Antrag nach § 4d Abs. 3 EStG oder § 4e Abs. 3 EStG gestellt worden ist. Die Steuerfreiheit nach § 3 Nr. 66 EStG gilt auch dann, wenn beim übertragenden Unternehmen keine Zuwendungen i. S. v. § 4d Abs. 3 EStG oder Leistungen i. S. v. § 4e Abs. 3 EStG im Zusammenhang mit der Übernahme einer Versorgungsverpflichtung durch einen Pensionsfonds anfallen.

6.   Steuerfreiheit nach § 3 Nr. 55 EStG

186   Gemäß § 4 Abs. 2 Nr. 2 BetrAVG kann nach Beendigung des Arbeitsverhältnisses im Einvernehmen des ehemaligen mit dem neuen Arbeitgeber sowie dem Arbeitnehmer der Wert der vom Arbeitnehmer erworbenen Altersversorgung (Übertragungswert nach § 4 Abs. 5 BetrAVG) auf den neuen Arbeitgeber übertragen werden, wenn dieser eine wertgleiche Zusage erteilt. § 4 Abs. 3 BetrAVG gibt dem Arbeitnehmer für Versorgungszusagen, die nach dem 31. Dezember 2004 erteilt werden, das Recht, innerhalb eines Jahres nach Beendigung des Arbeitsverhältnisses von seinem ehemaligen Arbeitgeber zu verlangen, dass der Übertragungswert auf den neuen Arbeitgeber übertragen wird, wenn die betriebliche Altersversorgung beim ehemaligen Arbeitgeber über einen Pensionsfonds, eine Pensionskasse oder eine Direktversicherung durchgeführt worden ist und der Übertragungswert die Beitragsbemessungsgrenze in der allgemeinen Rentenversicherung nicht übersteigt.

187   Der geleistete Übertragungswert ist nach § 3 Nr. 55 Satz 1 EStG steuerfrei, wenn die betriebliche Altersversorgung sowohl beim ehemaligen Arbeitgeber als auch beim neuen Arbeitgeber über einen Pensionsfonds, eine Pensionskasse oder eine Direktversicherung durchgeführt wird. Es ist nicht Voraussetzung, dass beide Arbeitgeber auch den gleichen Durchführungsweg gewählt haben. Um eine Rückabwicklung der steuerlichen Behandlung der Beitragsleistungen an einen Pensionsfonds, eine Pensionskasse oder eine Direktversicherung vor der Übertragung (Steuerfreiheit nach § 3 Nr. 66 EStG, individuelle Besteuerung, Besteuerung nach § 40b EStG) zu verhindern, bestimmt § 3 Nr. 55 Satz 3 EStG, dass die auf dem Übertragungsbetrag beruhenden Versorgungsleistungen weiterhin zu den Einkünften gehören, zu denen sie gehört hätten, wenn eine Übertragung nach § 4 BetrAVG nicht stattgefunden hätte.

Der Übertragungswert ist gemäß § 3 Nr. 55 Satz 2 EStG auch steuerfrei, **188** wenn er vom ehemaligen Arbeitgeber oder von einer Unterstützungskasse an den neuen Arbeitgeber oder an eine andere Unterstützungskasse geleistet wird.

Die Steuerfreiheit des § 3 Nr. 55 EStG kommt jedoch nicht in Betracht, **189** wenn die betriebliche Altersversorgung beim ehemaligen Arbeitgeber als Direktzusage oder mittels einer Unterstützungskasse ausgestaltet war, während sie beim neuen Arbeitgeber über einen Pensionsfonds, eine Pensionskasse oder eine Direktversicherung abgewickelt wird. Dies gilt auch für den umgekehrten Fall. Ebenso kommt die Steuerfreiheit nach § 3 Nr. 55 EStG bei einem Betriebsübergang nach § 613a BGB nicht in Betracht, da in einem solchen Fall die Regelung des § 4 BetrAVG keine Anwendung findet.

Wird die betriebliche Altersversorgung sowohl beim alten als auch beim **190** neuen Arbeitgeber über einen Pensionsfonds, eine Pensionskasse oder eine Direktversicherung abgewickelt, liegt im Fall der Übernahme der Versorgungszusage nach § 4 Abs. 2 Nr. 1 BetrAVG lediglich ein Schuldnerwechsel und damit für den Arbeitnehmer kein lohnsteuerlich relevanter Vorgang vor. Entsprechendes gilt im Fall der Übernahme der Versorgungszusage nach § 4 Abs. 2 Nr. 1 BetrAVG, wenn die betriebliche Altersversorgung sowohl beim alten als auch beim neuen Arbeitgeber über eine Direktzusage oder Unterstützungskasse durchgeführt wird.

7.   Förderung durch Sonderausgabenabzug nach § 10a EStG und Zulage nach Abschnitt XI EStG

Zahlungen im Rahmen der betrieblichen Altersversorgung an einen Pen- **191** sionsfonds, eine Pensionskasse oder eine Direktversicherung können als

Altersvorsorgebeiträge durch Sonderausgabenabzug nach § 10a EStG und Zulage nach Abschnitt XI EStG gefördert werden (§ 82 Abs. 2 EStG). Die zeitliche Zuordnung der Altersvorsorgebeiträge i. S. d. § 82 Abs. 2 EStG richtet sich grundsätzlich nach den für die Zuordnung des Arbeitslohns geltenden Vorschriften (§ 38a Abs. 3 EStG; R 115, 118 und 119 LStR).

192 Um Beiträge im Rahmen der betrieblichen Altersversorgung handelt es sich nur, wenn die Beiträge für eine vom Arbeitgeber aus Anlass des Arbeitsverhältnisses zugesagte Versorgungsleistung erbracht werden (§ 1 BetrAVG). Dies gilt unabhängig davon, ob die Beiträge ausschließlich vom Arbeitgeber finanziert werden, auf einer Entgeltumwandlung beruhen oder es sich um Eigenbeiträge des Arbeitnehmers handelt (§ 1 Abs. 1 und 2 BetrAVG). Im Übrigen sind die Rz. 155 ff. zu beachten.

193 Voraussetzung für die steuerliche Förderung ist neben der individuellen Besteuerung der Beiträge, dass die Auszahlung der zugesagten Altersversorgungsleistung in Form einer lebenslangen Rente oder eines Auszahlungsplans mit anschließender lebenslanger Teilkapitalverrentung (§ 1 Abs. 1 Satz 1 Nr. 4 AltZertG) vorgesehen ist. Die steuerliche Förderung von Beitragsteilen, die zur Absicherung einer Invaliditäts- oder Hinterbliebenenversorgung verwendet werden, kommt nur dann in Betracht, wenn die Auszahlung in Form einer Rente (§ 1 Abs. 1 Satz 1 Nr. 4 AltZertG; vgl. Rz. 177) vorgesehen ist. Rente oder Auszahlungsplan in diesem Sinne liegt auch dann vor, wenn bis zu 30 % des zu Beginn der Auszahlungsphase zur Verfügung stehenden Kapitals außerhalb der monatlichen Leistungen ausgezahlt werden. Die zu Beginn der Auszahlungsphase zu treffende Entscheidung und Entnahme des Teilkapitalbetrags aus diesem Vertrag (Rz. 107) führt zur Besteuerung nach § 22 Nr. 5 EStG. Allein die Möglichkeit, anstelle dieser Auszahlungsformen eine Einmalkapitalauszahlung (100 % des zu Beginn der Auszahlungsphase zur Verfügung stehenden Kapitals) zu wählen, steht der Förderung noch nicht entgegen. Die Möglichkeit, eine Einmalkapitalauszahlung anstelle einer Rente oder eines Auszahlungsplans zu wählen, gilt nicht nur für Altersversorgungsleistungen, sondern auch für Invaliditäts- oder Hinterbliebenenversorgungsleistungen. Entscheidet sich der Arbeitnehmer zugunsten einer Einmalkapitalauszahlung, so sind von diesem Zeitpunkt an die Voraussetzungen des § 10a und Abschnitt XI EStG nicht mehr erfüllt und die Beitragsleistungen können nicht mehr gefördert werden. Erfolgt die Ausübung des Wahlrechtes innerhalb des letzten Jahres vor dem altersbedingten Ausscheiden aus dem Erwerbsleben, so ist es aus Vereinfachungsgründen nicht zu beanstanden, wenn die Beitragsleistungen weiterhin nach § 10a und Abschnitt XI EStG gefördert werden. Bei Auszahlung des Einmalkapitalbetrags handelt es sich um eine schädliche Verwendung i. S. d. § 93 EStG (vgl. Rz. 227 und 228), soweit sie auf steuerlich gefördertem Altersvorsorgevermögen beruht. Da es sich bei der Teil- bzw. Einmalkapitalauszahlung nicht um außerordentliche Einkünfte i. S. d. § 34 Abs. 2 EStG (weder eine Entschädigung noch eine Vergütung für eine mehrjährige Tätigkeit) handelt, kommt eine Anwendung der Fünftelungsregelung des § 34 EStG auf diese Zahlungen nicht in Betracht.

Altersvorsorgebeiträge i. S. d. § 82 Abs. 2 EStG sind auch die Beiträge des **194** ehemaligen Arbeitnehmers, die dieser im Fall einer zunächst ganz oder teilweise durch Entgeltumwandlung finanzierten und nach § 3 Nr. 63 oder § 10a/Abschnitt XI EStG geförderten betrieblichen Altersversorgung nach der Beendigung des Arbeitsverhältnisses nach Maßgabe des § 1b Abs. 5 Nr. 2 BetrAVG selbst erbringt. Dies gilt entsprechend in den Fällen der Finanzierung durch Eigenbeiträge des Arbeitnehmers.

Die vom Steuerpflichtigen nach Maßgabe des § 1b Abs. 5 Nr. 2 BetrAVG **195** selbst zu erbringenden Beiträge müssen nicht aus individuell versteuertem Arbeitslohn stammen (z. B. Finanzierung aus steuerfreiem Arbeitslosengeld). Gleiches gilt, soweit der Arbeitnehmer trotz eines weiterbestehenden Arbeitsverhältnisses keinen Anspruch auf Arbeitslohn mehr hat und anstelle der Beiträge aus einer Entgeltumwandlung die Beiträge selbst erbringt (z. B. während der Schutzfristen des § 3 Abs. 2 und § 6 Abs. 1 des Mutterschutzgesetzes, der Elternzeit, des Bezugs von Krankengeld oder auch § 1a Abs. 4 BetrAVG) oder auf Grund einer gesetzlichen Verpflichtung Beiträge zur betrieblichen Altersversorgung entrichtet werden (z. B. nach §§ 14a und 14b des Arbeitsplatzschutzgesetzes).

Voraussetzung für die Förderung durch Sonderausgabenabzug nach § 10a **196** EStG und Zulage nach Abschnitt XI EStG ist in den Fällen der Rz. 194 und 195, dass der Steuerpflichtige zum begünstigten Personenkreis gehört. Die zeitliche Zuordnung dieser Altersvorsorgebeiträge richtet sich grundsätzlich nach § 11 Abs. 2 EStG.

Zu den begünstigten Altersvorsorgebeiträgen gehören nur Beiträge, die **197** zum Aufbau einer betrieblichen Altersversorgung im Kapitaldeckungsverfahren erhoben werden. Für Umlagen, die an eine Versorgungseinrichtung gezahlt werden, kommt die Förderung dagegen nicht in Betracht. Werden sowohl Umlagen als auch Beiträge im Kapitaldeckungsverfahren erhoben, gehören letztere nur dann zu den begünstigten Aufwendungen, wenn eine getrennte Verwaltung und Abrechnung beider Vermögensmassen erfolgt (Trennungsprinzip).

198 Die Versorgungseinrichtung hat dem Zulageberechtigten jährlich eine Bescheinigung zu erteilen (§ 92 EStG). Diese Bescheinigung muss u. a. den Stand des Altersvorsorgevermögens ausweisen (§ 92 Nr. 5 EStG). Bei einer Leistungszusage (§ 1 Abs. 1 Satz 2 Halbsatz 2 BetrAVG) und einer beitragsorientierten Leistungszusage (§ 1 Abs. 2 Nr. 1 BetrAVG) kann stattdessen der Barwert der erdienten Anwartschaft bescheinigt werden.

8. Anwendung des § 40b EStG in der ab 1. Januar 2005 geltenden Fassung (§ 40b EStG n. F.)

199 § 40b EStG n. F. erfasst nur noch Zuwendungen des Arbeitgebers zum Aufbau einer betrieblichen Altersversorgung an eine Pensionskasse, die nicht im Kapitaldeckungsverfahren, sondern im Umlageverfahren finanziert wird (wie z. B. Umlagen an die Versorgungsanstalt des Bundes und der Länder – VBL – bzw. an eine kommunale oder kirchliche Zusatzversorgungskasse). Werden von einer Versorgungseinrichtung sowohl Umlagen als auch Beiträge im Kapitaldeckungsverfahren erhoben, ist § 40b EStG n. F. auch auf die im Kapitaldeckungsverfahren erhobenen Beiträge anwendbar, wenn eine getrennte Verwaltung und Abrechnung beider Vermögensmassen (Trennungsprinzip, Rz. 170) nicht erfolgt.

200 Zuwendungen des Arbeitgebers an eine Pensionskasse, die dieser auf Grund einer ausschließlichen oder teilweisen Umlagefinanzierung anlässlich seines Ausscheidens für die bei der Pensionskasse verbleibenden Versorgungsverpflichtungen und Versorgungsanwartschaften erbringen muss, können in voller Höhe pauschal nach § 40b EStG n. F. besteuert werden. Dazu gehören z. B. Gegenwertzahlungen nach § 23 Abs. 2 der Satzung der Versorgungsanstalt des Bundes und der Länder – VBL –.

9. Übergangsregelungen § 52 Abs. 6 und 52a EStG zur Anwendung des §§ 3 Nr. 63 EStG und 40b EStG a. F.

a) Abgrenzung von Alt- und Neuzusage

201 Für die Anwendung von § 3 Nr. 63 Satz 3 EStG sowie § 40b Abs. 1 und 2 EStG a. F. kommt es darauf an, ob die entsprechenden Beiträge auf Grund einer Versorgungszusage geleistet werden, die vor dem 1. Januar 2005 (Altzusage) oder nach dem 31. Dezember 2004 (Neuzusage) erteilt wurde.

202 Für die Frage, zu welchem Zeitpunkt eine Versorgungszusage erstmalig erteilt wurde, ist grundsätzlich die zu einem Rechtsanspruch führende arbeitsrechtliche bzw. betriebsrentenrechtliche Verpflichtungserklärung des Arbeitgebers maßgebend (z. B. Einzelvertrag, Betriebsvereinbarung oder

Tarifvertrag). Entscheidend ist danach nicht, wann Mittel an die Versorgungseinrichtung fließen. Bei kollektiven, rein arbeitgeberfinanzierten Versorgungsregelungen ist die Zusage daher in der Regel mit Abschluss der Versorgungsregelung bzw. mit Beginn des Dienstverhältnisses des Arbeitnehmers erteilt. Ist die erste Dotierung durch den Arbeitgeber erst nach Ablauf einer von vorneherein arbeitsrechtlich festgelegten Wartezeit vorgesehen, so wird der Zusagezeitpunkt dadurch nicht verändert. Im Fall der ganz oder teilweise durch Entgeltumwandlung finanzierten Zusage gilt diese regelmäßig mit Abschluss der erstmaligen Gehaltsänderungsvereinbarung (vgl. auch Rz. 161 ff.) als erteilt. Liegen zwischen der Gehaltsänderungsvereinbarung und der erstmaligen Herabsetzung des Arbeitslohns mehr als 12 Monate, gilt die Versorgungszusage erst im Zeitpunkt der erstmaligen Herabsetzung als erteilt.

Die Änderung einer solchen Versorgungszusage stellt aus steuerrechtlicher **203** Sicht unter dem Grundsatz der Einheit der Versorgung insbesondere dann keine Neuzusage dar, wenn bei ansonsten unveränderter Versorgungszusage:

- die Beiträge und/oder die Leistungen erhöht oder vermindert werden,

- die Finanzierungsform ersetzt oder ergänzt wird (rein arbeitgeberfinanziert, Entgeltumwandlung oder Eigenbeiträge i. S. d. § 1 Abs. 1 und 2 BetrAVG),

- der Versorgungsträger/Durchführungsweg gewechselt wird,

- die zu Grunde liegende Rechtsgrundlage gewechselt wird (z. B. bisher tarifvertraglich jetzt einzelvertraglich),

- eine befristete Entgeltumwandlung erneut befristet oder unbefristet fortgesetzt wird.

Eine Altzusage liegt auch im Fall der Übernahme der Zusage (Schuldübernahme) nach § 4 Abs. 2 Nr. 1 BetrAVG durch den neuen Arbeitgeber und bei Betriebsübergang nach § 613a BGB vor.

Um eine Neuzusage handelt es sich neben den in Rz. 202 aufgeführten Fäl- **204** len insbesondere,

- soweit die bereits erteilte Versorgungszusage um zusätzliche biometrische Risiken erweitert wird und dies mit einer Beitragserhöhung verbunden ist,

- im Fall der Übertragung der Zusage beim Arbeitgeberwechsel nach § 4 Abs. 2 Nr. 2 und Abs. 3 BetrAVG.

b) Weiteranwendung des § 40b Abs. 1 und 2 EStG a. F.

205 Auf Beiträge zugunsten einer kapitalgedeckten betrieblichen Altersversorgung, die auf Grund von Altzusagen geleistet werden, kann § 40b Abs. 1 und 2 EStG a. F. unter folgenden Voraussetzungen weiter angewendet werden:

Beiträge für eine Direktversicherung, die die Voraussetzungen des § 3 Nr. 63 EStG nicht erfüllen, können weiterhin vom Arbeitgeber nach § 40b Abs. 1 und 2 EStG a. F. pauschal besteuert werden, ohne dass es hierfür einer Verzichtserklärung des Arbeitnehmers bedarf.

206 Beiträge für eine Direktversicherung, die die Voraussetzungen des § 3 Nr. 63 EStG erfüllen, können nur dann nach § 40b Abs. 1 und 2 EStG a. F. pauschal besteuert werden, wenn der Arbeitnehmer zuvor gegenüber dem Arbeitgeber für diese Beiträge auf die Anwendung des § 3 Nr. 63 EStG verzichtet hat; dies gilt auch dann, wenn der Höchstbetrag nach § 3 Nr. 63 Satz 1 EStG bereits durch anderweitige Beitragsleistungen vollständig ausgeschöpft wird. Handelt es sich um rein arbeitgeberfinanzierte Beiträge und wird die Pauschalsteuer nicht auf den Arbeitnehmer abgewälzt, kann von einer solchen Verzichtserklärung bereits dann ausgegangen werden, wenn der Arbeitnehmer der Weiteranwendung des § 40b EStG a. F. bis zum Zeitpunkt der ersten Beitragsleistung in 2005 nicht ausdrücklich widerspricht. In allen anderen Fällen ist eine Weiteranwendung des § 40b EStG a. F. möglich, wenn der Arbeitnehmer dem Angebot des Arbeitgebers, die Beiträge weiterhin nach § 40b EStG a. F. pauschal zu versteuern, spätestens bis zum 30. Juni 2005 zustimmt. Erfolgt die Verzichtserklärung erst nach Beitragszahlung, kann § 40b EStG a. F. für diese Beitragszahlung/en nur dann weiter angewendet und die Steuerfreiheit nach § 3 Nr. 63 EStG rückgängig gemacht werden, wenn die Lohnsteuerbescheinigung noch nicht übermittelt oder ausgeschrieben worden ist. Im Fall eines späteren Arbeitgeberwechsels ist in den Fällen des § 4 Abs. 2 Nr. 1 BetrAVG die Weiteranwendung des § 40b EStG a. F. möglich, wenn der Arbeitnehmer dem Angebot des Arbeitgebers, die Beiträge weiterhin nach § 40b EStG a. F. pauschal zu versteuern, spätestens bis zur ersten Beitragsleistung zustimmt.

207 Beiträge an Pensionskassen können nach § 40b EStG a. F. insbesondere dann weiterhin pauschal besteuert werden, wenn die Summe der nach § 3 Nr. 63 EStG steuerfreien Beiträge und der Beiträge, die wegen der Ausübung des Wahlrechts nach § 3 Nr. 63 Satz 2 EStG individuell versteuert werden, 4 % der Beitragsbemessungsgrenze in der allgemeinen Rentenversicherung übersteigt. Wurde im Fall einer Altzusage bisher lediglich § 3 Nr. 63 EStG angewendet und wird der Höchstbetrag von 4 % der Beitragsbemessungsgrenze in der allgemeinen Rentenversicherung erst nach dem 31. Dezember 2004 durch eine Beitragserhöhung überschritten, ist eine Pauschalversteuerung nach § 40b EStG a. F. für die übersteigenden Beiträge möglich. Der zusätzliche Höchstbetrag von 1.800 Euro bleibt in diesen Fällen unberücksichtigt, da er nur dann zur Anwendung gelangt, wenn es sich um eine Neuzusage handelt.

c)   **Verhältnis von § 3 Nr. 63 Satz 3 EStG und § 40b Abs. 1 und 2 Satz 1 und 2 EStG a. F.**

Der zusätzliche Höchstbetrag von 1.800 Euro nach § 3 Nr. 63 Satz 3 EStG **208** für eine Neuzusage kann dann nicht in Anspruch genommen werden, wenn die für den Arbeitnehmer auf Grund einer Altzusage geleisteten Beiträge bereits nach § 40b Abs. 1 und 2 Satz 1 und 2 EStG a. F. pauschal besteuert werden. Dies gilt unabhängig von der Höhe der pauschal besteuerten Beiträge und somit auch unabhängig davon, ob der Dotierungsrahmen des § 40b Abs. 2 Satz 1 EStG a. F (1.752 Euro) voll ausgeschöpft wird oder nicht. Eine Anwendung des zusätzlichen Höchstbetrags von 1.800 Euro kommt aber dann in Betracht, wenn z. B. bei einem Beitrag zugunsten der Altzusage statt der Weiteranwendung des § 40b Abs. 1 und 2 Satz 1 und 2 EStG a. F dieser Beitrag individuell besteuert wird.

Werden für den Arbeitnehmer im Rahmen einer umlagefinanzierten be- **209** trieblichen Altersversorgung Beiträge an eine Pensionskasse geleistet und pauschal besteuert, ist § 40b Abs. 1 und 2 EStG n. F. anzuwenden. Dies gilt unabhängig davon, ob die umlagefinanzierten Beiträge auf Grund einer Alt- oder Neuzusage geleistet werden. Lediglich für den Bereich der kapitalgedeckten betrieblichen Altersversorgung wurde die Möglichkeit der Pauschalversteuerung nach § 40b EStG grds. zum 1. Januar 2005 aufgehoben. Die Inanspruchnahme des zusätzlichen Höchstbetrags von 1.800 Euro nach § 3 Nr. 63 Satz 3 EStG für getrennt im Kapitaldeckungsverfahren erhobene Beiträge (Rz. 170) wird somit durch nach § 40b EStG n. F. pauschal besteuerte Beiträge zugunsten einer umlagefinanzierten betrieblichen Altersversorgung nicht ausgeschlossen.

d)   **Verhältnis von § 3 Nr. 63 Satz 4 EStG und § 40b Abs. 1 und 2 Satz 3 und 4 EStG a. F.**

Begünstigte Aufwendungen (Rz. 170 ff.), die der Arbeitgeber aus Anlass **210** der Beendigung des Dienstverhältnisses nach dem 31. Dezember 2004 leistet, können entweder nach § 3 Nr. 63 Satz 4 EStG steuerfrei belassen oder nach § 40b Abs. 2 Satz 3 und 4 EStG a. F. pauschal besteuert werden. Für die

Anwendung der Vervielfältigungsregelung des § 3 Nr. 63 Satz 4 EStG kommt es nicht darauf an, ob die Zusage vor oder nach dem 1. Januar 2005 erteilt wurde; sie muss allerdings die Voraussetzungen des § 3 Nr. 63 EStG erfüllen (vgl. insbesondere Rz. 177 und 236). Die Anwendung von § 3 Nr. 63 Satz 4 EStG ist allerdings ausgeschlossen, wenn gleichzeitig § 40b Abs. 2 Satz 3 und 4 EStG a. F. auf die Beiträge, die der Arbeitgeber aus Anlass der Beendigung des Dienstverhältnisses leistet, angewendet wird. Eine Anwendung ist ferner nicht möglich, wenn der Arbeitnehmer bei Beiträgen für eine Direktversicherung auf die Steuerfreiheit der Beiträge zu dieser Direktversicherung zugunsten der Weiteranwendung des § 40b EStG a. F. verzichtet hatte (vgl. Rz. 205 ff.). Bei einer Pensionskasse hindert die Pauschalbesteuerung nach § 40b Abs. 1 und 2 Satz 1 und 2 EStG a. F. die Inanspruchnahme des § 3 Nr. 63 Satz 4 EStG nicht. Für die Anwendung der Vervielfältigungsregelung nach § 40b Abs. 2 Satz 3 und 4 EStG a. F. ist allerdings Voraussetzung, dass die begünstigten Aufwendungen zugunsten einer Altzusage geleistet werden. Die Höhe der begünstigten Beiträge muss dabei nicht bereits bei Erteilung dieser Zusage bestimmt worden sein (vgl. Rz. 203 zu Beitragserhöhungen). Entsprechendes gilt in den Fällen, in denen bei einer Altzusage bisher lediglich § 3 Nr. 63 EStG angewendet wurde und der Höchstbetrag von 4 % der Beitragsbemessungsgrenze in der allgemeinen Rentenversicherung erst durch die Beiträge, die der Arbeitgeber aus Anlass der Beendigung des Dienstverhältnisses nach dem 31. Dezember 2004 leistet, überschritten wird.

e)   Keine weitere Anwendung von § 40b Abs. 1 und 2 EStG a. F. auf Neuzusagen

211   Auf Beiträge, die auf Grund von Neuzusagen geleistet werden, kann § 40b Abs. 1 und 2 EStG a. F. nicht mehr angewendet werden. Die Beiträge bleiben bis zur Höhe von 4 % der Beitragsbemessungsgrenze in der allgemeinen Rentenversicherung zuzüglich 1.800 Euro grundsätzlich nach § 3 Nr. 63 EStG steuerfrei.

f)   Verhältnis von § 3 Nr. 63 EStG und § 40b EStG a. F., wenn die betriebliche Altersversorgung nebeneinander bei verschiedenen Versorgungseinrichtungen durchgeführt wird

212   Leistet der Arbeitgeber nach § 3 Nr. 63 Satz 1 EStG begünstigte Beiträge an verschiedene Versorgungseinrichtungen, kann er § 40b EStG a. F. auf Beiträge an Pensionskassen unabhängig von der zeitlichen Reihenfolge der Beitragszahlung anwenden, wenn die Voraussetzungen für die weitere Anwendung der Pauschalbesteuerung dem Grunde nach vorliegen. Allerdings muss zum Zeitpunkt der Anwendung des § 40b EStG a. F. bereits feststehen oder zumindest konkret beabsichtigt sein, die nach § 3 Nr. 63 Satz 1 EStG steuerfreien Beiträge in voller Höhe zu zahlen. Stellt der Arbeitgeber fest, dass die Steuerfreiheit noch nicht oder nicht in vollem Umfang ausgeschöpft worden ist oder werden kann, muss die Pauschalbesteuerung nach § 40b EStG a. F. – ggf. teilweise – rückgängig gemacht werden; spätester Zeitpunkt hierfür ist die Übermittlung oder Erteilung der Lohnsteuerbescheinigung.

Im Jahr der Errichtung kann der Arbeitgeber für einen neu eingerichteten **213** Durchführungsweg die Steuerfreiheit in Anspruch nehmen, wenn er die für den bestehenden Durchführungsweg bereits in Anspruch genommene Steuerfreiheit rückgängig gemacht und die Beiträge nachträglich bis zum Dotierungsrahmen des § 40b EStG a. F (1.752 Euro) pauschal besteuert hat.

III. Steuerliche Behandlung der Versorgungsleistungen

1. Allgemeines

Die Leistungen aus einer Versorgungszusage des Arbeitgebers können Ein- **214** künfte aus nichtselbständiger Arbeit, aus Kapitalvermögen oder sonstige Einkünfte sein oder nicht der Besteuerung unterliegen.

2. Direktzusage und Unterstützungskasse

Versorgungsleistungen des Arbeitgebers auf Grund einer Direktzusage und **215** Versorgungsleistungen einer Unterstützungskasse führen zu Einkünften aus nichtselbständiger Arbeit (§ 19 EStG).

3. Direktversicherung, Pensionskasse und Pensionsfonds

a) Leistungen aus kapitalgedeckten Versorgungseinrichtungen

Die steuerliche Behandlung der Leistungen aus einer kapitalgedeckten Di- **216** rektversicherung, Pensionskasse und Pensionsfonds in der Auszahlungsphase hängt davon ab, ob und inwieweit die Beiträge in der Ansparphase durch die Steuerfreiheit nach § 3 Nr. 63 EStG (vgl. Rz. 168 ff.), nach § 3 Nr. 66 EStG (vgl. Rz. 185) oder durch Sonderausgabenabzug nach § 10a EStG und Zulage nach Abschnitt XI EStG (vgl. Rz. 191 ff.) gefördert wurden. Zu den nicht geförderten Beiträgen gehören insbesondere die nach § 40b EStG a. F. pauschal besteuerten sowie die vor dem 1. Januar 2002 erbrachten Beiträge an eine Pensionskasse oder für eine Direktversicherung. Im Einzelnen gilt Folgendes:

aa) Leistungen, die ausschließlich auf nicht geförderten Beiträgen beruhen

217 Leistungen aus Altzusagen (vgl. Rz. 201 ff.), die ausschließlich auf nicht geförderten Beiträgen beruhen, sind, wenn es sich um Rentenzahlungen handelt, als sonstige Einkünfte gemäß § 22 Nr. 5 Satz 2 i. V. m. § 22 Nr. 1 Satz 3 Buchstabe a Doppelbuchstabe bb EStG mit dem Ertragsanteil zu besteuern. Bei Kapitalauszahlungen sind die Regelungen in Rz. 87 entsprechend anzuwenden.

218 Handelt es sich um Leistungen aus Neuzusagen (vgl. Rz. 201 ff.), die die Voraussetzungen des § 10 Abs. 1 Nr. 2 Buchstabe b EStG n. F. erfüllen, sind diese als sonstige Einkünfte gemäß § 22 Nr. 5 Satz 2 i. V. m. § 22 Nr. 1 Satz 3 Buchstabe a Doppelbuchstabe aa EStG zu besteuern. Liegen die Voraussetzungen des § 10 Abs. 1 Nr. 2 Buchstabe b EStG nicht vor, erfolgt bei einer Auszahlung in Form einer Rente die Besteuerung gemäß § 22 Nr. 5 Satz 2 i. V. m. § 22 Nr. 1 Satz 3 Buchstabe a Doppelbuchstabe bb EStG mit dem Ertragsanteil. Bei Kapitalauszahlungen sind die Regelungen in Rz. 87 für nach dem 31. Dezember 2004 abgeschlossene Verträge entsprechend anzuwenden.

bb) Leistungen, die ausschließlich auf geförderten Beiträgen beruhen

219 Leistungen, die ausschließlich auf geförderten Beiträgen beruhen, unterliegen als sonstige Einkünfte nach § 22 Nr. 5 Satz 1 EStG in vollem Umfang der Besteuerung (vgl. auch Rz. 93 und 94).

cc) Leistungen, die auf geförderten und nicht geförderten Beiträgen beruhen

220 Beruhen die Leistungen sowohl auf geförderten als auch auf nicht geförderten Beiträgen, müssen die Leistungen in der Auszahlungsphase aufgeteilt werden (vgl. Rz. 95 ff.). Für die Frage des Aufteilungsmaßstabs ist das BMF-Schreiben vom 11. November 2004 (BStBl. I S. 1061) anzuwenden.

221 Soweit die Leistungen auf geförderten Beiträgen beruhen, unterliegen sie als sonstige Einkünfte nach § 22 Nr. 5 Satz 1 EStG in vollem Umfang der Besteuerung. Dies gilt unabhängig davon, ob sie in Form der Rente oder als Kapitalauszahlung geleistet werden.

Soweit die Leistungen auf nicht geförderten Beiträgen beruhen, gelten die **222** Regelungen in Rz. 217 und 218 entsprechend.

dd) Bescheinigungspflicht

Nach § 22 Nr. 5 Satz 7 EStG hat der Anbieter beim erstmaligen Bezug von **223** Leistungen sowie bei Änderung der im Kalenderjahr auszuzahlenden Leistungen dem Steuerpflichtigen nach amtlich vorgeschriebenem Vordruck den Betrag der im abgelaufenen Kalenderjahr zugeflossenen Leistungen zu bescheinigen. In dieser Bescheinigung sind die Leistungen entsprechend den Grundsätzen in Rz. 95 ff. gesondert auszuweisen. Vgl. dazu BMF-Schreiben vom 11. November 2004 (BStBl. I S. 1061).

b) Leistungen aus umlagefinanzierten Versorgungseinrichtungen

Rentenleistungen, soweit sie umlagefinanziert sind (vgl. dazu auch Rz. 170, **224** 197 und 199), werden nach § 22 Nr. 1 Satz 3 Buchstabe a Doppelbuchstabe bb EStG mit dem Ertragsanteil besteuert.

4. Sonderregelung für Leistungen aus einem Pensionsfonds auf Grund der Übergangsregelung nach § 52 Abs. 34b EStG

Haben Arbeitnehmer bereits vor dem 1. Januar 2002 von ihrem Arbeitge- **225** ber oder von einer Unterstützungskasse laufende Versorgungsleistungen erhalten und wurde diese Versorgungsverpflichtung auf einen Pensionsfonds übertragen, werden bei den Leistungsempfängern nach § 52 Abs. 34b Satz 1 EStG weiterhin der Arbeitnehmer-Pauschbetrag (§ 9a Satz 1 Nr. 1 Buchstabe a EStG) bzw. der Pauschbetrag nach § 9a Satz 1 Nr. 1 Buchstabe b EStG und der Versorgungsfreibetrag sowie der Zuschlag zum Versorgungsfreibetrag (§ 19 Abs. 2 EStG) berücksichtigt. Die Leistungen unterliegen unabhängig davon als sonstige Einkünfte nach § 22 Nr. 5 Satz 1 EStG der Besteuerung.

Handelt es sich bereits beim erstmaligen Bezug der Versorgungsleistungen **226** um Versorgungsbezüge i. S. d. § 19 Abs. 2 EStG, wird der Pauschbetrag nach § 9a Satz 1 Nr. 1 Buchstabe b EStG abgezogen; zusätzlich werden der Versorgungsfreibetrag und der Zuschlag zum Versorgungsfreibetrag mit dem für das Jahr 2005 maßgebenden Vomhundertsatz und Beträgen berücksichtigt. Handelt es sich beim erstmaligen Bezug der Versorgungsleistungen nicht um Versorgungsbezüge i. S. d. § 19 Abs. 2 EStG, weil z. B. keine der Altersgrenzen in § 19 Abs. 2 EStG erreicht ist, ist lediglich der Arbeitnehmer-Pauschbetrag (§ 9a Satz 1 Nr. 1 Buchstabe a EStG) abzuziehen. Wird eine der Altersgrenzen in § 19 Abs. 2 EStG erst zu einem späteren Zeitpunkt erreicht, sind ab diesem Zeitpunkt der für dieses Jahr maßgebende Versorgungsfreibetrag und der Zuschlag zum Versorgungsfreibetrag abzuziehen sowie anstelle des Arbeitnehmer-Pauschbetrags der Pauschbetrag nach § 9a Satz 1 Nr. 1 Buchstabe b EStG. Ein Abzug des Versorgungs-Freibetrags nach § 19 Abs. 2 EStG in der bis zum 31. Dezember 2004 geltenden Fassung kommt nach dem 31. Dezember 2004 nicht mehr in Betracht. Dies gilt unabhängig vom Zeitpunkt der Übertragung der Versorgungsverpflichtung auf den Pensionsfonds.

IV.   Schädliche Auszahlung von gefördertem Altersvorsorgevermögen

1.   Allgemeines

227   Wird das nach § 10a und Abschnitt XI EStG steuerlich geförderte Altersvorsorgevermögen an den Arbeitnehmer nicht als Rente oder im Rahmen eines Auszahlungsplans ausgezahlt, handelt es sich grundsätzlich um eine schädliche Verwendung (§ 93 Abs. 1 EStG; Rz. 103 ff.). Im Bereich der betrieblichen Altersversorgung kann eine solche schädliche Verwendung dann gegeben sein, wenn Versorgungsanwartschaften abgefunden oder übertragen werden. Entsprechendes gilt, wenn der Arbeitnehmer im Versorgungsfall ein bestehendes Wahlrecht auf Einmalkapitalauszahlung ausübt (vgl. Rz. 193).

228   Liegt eine schädliche Verwendung von gefördertem Altersvorsorgevermögen vor, gelten die Rz. 111 bis 130.

2.   Abfindungen von Anwartschaften, die auf nach § 10a/Abschnitt XI EStG geförderten Beiträgen beruhen

229   Im Fall der Abfindung von Anwartschaften der betrieblichen Altersversorgung gemäß § 3 BetrAVG handelt es sich gemäß § 93 Abs. 2 Satz 3 EStG um keine schädliche Verwendung, soweit das nach § 10a und Abschnitt XI EStG geförderte Altersvorsorgevermögen zugunsten eines auf den Namen des Zulageberechtigten lautenden zertifizierten privaten Altersvorsorgevertrags geleistet wird.

3.   Abfindungen von Anwartschaften, die auf steuerfreien und nicht geförderten Beiträgen beruhen

230   Wird eine Anwartschaft der betrieblichen Altersversorgung abgefunden, die ganz oder teilweise auf nach § 3 Nr. 63 EStG, § 3 Nr. 66 EStG steuerfreien oder nicht geförderten Beiträgen beruht und zugunsten eines auf den

Namen des Steuerpflichtigen lautenden zertifizierten Altersvorsorgevertrags geleistet, unterliegt der Abfindungsbetrag im Zeitpunkt der Abfindung nicht der Besteuerung.

Wird der Abfindungsbetrag nicht entsprechend der Rz. 230 verwendet, erfolgt eine Besteuerung des Abfindungsbetrags im Zeitpunkt der Abfindung entsprechend den Grundsätzen der Rz. 217 bis 222.   **231**

4. Portabilität

Bei einem Wechsel des Arbeitgebers kann der Arbeitnehmer für Versorgungszusagen, die nach dem 31. Dezember 2004 erteilt werden, gemäß § 4 Abs. 3 BetrAVG verlangen, dass der bisherige Arbeitgeber den Übertragungswert (§ 4 Abs. 5 BetrAVG) auf eine Versorgungseinrichtung des neuen Arbeitgebers überträgt. Die Übertragung ist gemäß § 93 Abs. 2 Satz 2 EStG dann keine schädliche Verwendung, wenn auch nach der Übertragung eine lebenslange Altersversorgung des Arbeitnehmers i. S. d. § 1 Abs. 1 Satz 1 Nr. 4 AltZertG gewährleistet wird. Dies gilt auch, wenn der alte und neue Arbeitgeber sowie der Arbeitnehmer sich gemäß § 4 Abs. 2 Nr. 2 BetrAVG freiwillig auf eine Übertragung der Versorgungsanwartschaften mittels Übertragungswert von einer Versorgungseinrichtung i. S. d. § 82 Abs. 2 EStG auf eine andere Versorgungseinrichtung i. S. d. § 82 Abs. 2 EStG verständigen.   **232**

Erfüllt die Versorgungseinrichtung des neuen Arbeitgebers nicht die Voraussetzungen des § 1 Abs. 1 Satz 1 Nr. 4 AltZertG, gelten die Rz. 217 bis 222 entsprechend.   **233**

5. Entschädigungsloser Widerruf eines noch verfallbaren Bezugsrechts

Hat der Arbeitnehmer für arbeitgeberfinanzierte Beiträge an eine Direktversicherung, eine Pensionskasse oder einen Pensionsfonds die Förderung durch Sonderausgabenabzug nach § 10a EStG und Zulage nach Abschnitt XI EStG erhalten und verliert er vor Eintritt der Unverfallbarkeit sein Bezugsrecht durch einen entschädigungslosen Widerruf des Arbeitgebers, handelt es sich um eine schädliche Verwendung i. S. d. § 93 Abs. 1 EStG. Das Versicherungsunternehmen oder die Pensionskasse hat der ZfA die schädliche Verwendung nach § 94 Abs. 1 EStG anzuzeigen. Die gutgeschriebenen Zulagen sind vom Anbieter einzubehalten. Darüber hinaus hat die ZfA den steuerlichen Vorteil aus dem Sonderausgabenabzug nach § 10a EStG beim Arbeitnehmer nach § 94 Abs. 2 EStG zurückzufordern. Der maßgebliche Zeitpunkt für die Rückforderung der Zulagen und des steuer-   **234** lichen Vorteils ist der Zeitpunkt, in dem die den Verlust des Bezugsrechts begründenden Willenserklärungen (z. B. Kündigung oder Widerruf) wirksam geworden sind. Im Übrigen gilt R 129 Abs. 14 ff. LStR.

C. Anwendungsregelung

235 Dieses Schreiben ist mit Wirkung ab 1. Januar 2005 anzuwenden.

236 Bei Versorgungszusagen, die vor dem 1. Januar 2005 erteilt wurden (Altzusagen, vgl. Rz. 201 ff.), ist es nicht zu beanstanden, wenn in den Versorgungsordnungen in Abweichung von Rz. 154 ff. die Möglichkeit einer Elternrente oder der Beitragserstattung an die in Rz. 157 genannten Personen im Fall des Versterbens vor Erreichen der Altersgrenze und in Abweichung von Rz. 177 lediglich für die zugesagte Altersversorgung, nicht aber für die Hinterbliebenen- oder Invaliditätsversorgung die Auszahlung in Form einer Rente oder eines Auszahlungsplans vorgesehen ist. Dagegen sind Versorgungszusagen, die nach dem 31. Dezember 2004 (Neuzusagen, vgl. Rz. 201 ff.) auf Grund von Versorgungsordnungen erteilt werden, die die Voraussetzungen dieses Schreibens nicht erfüllen, aus steuerlicher Sicht nicht mehr als betriebliche Altersversorgung anzuerkennen und eine steuerliche Förderung ist hierfür nicht mehr möglich.

237 Die BMF-Schreiben vom:

- 05. 08. 2002 – IV C 4 – S 2222 – 295/02/IV C 5 – S 2333 – 154/02 –, BStBl. I S. 767,

- 03. 12. 2002 – IV C 4 – S 2222 – 434/02 –, BStBl. I S. 1391,

- 13. 12. 2002 – IV C 4 – S 2222 – 441/02 –, BStBl. I S. 1395,

- 01. 07. 2003 – IV C 4 – S 2222 – 112/03 –, BStBl. I S. 383,

- 16. 07. 2003 – IV C 4 – S 2222 – 207/03 –, BStBl. I S. 385,

- 17. 10. 2003 – IV C 4 – S 2495 – 23/03 –, BStBl. I S. 509 und

- 11. 03. 2004 – IV C 4 – S 2222 –10/04 –, BStBl. I S. 407

werden mit Wirkung ab 01. 01. 2005 aufgehoben.

XVII.
Gesetz zur Neuordnung der einkommensteuerrechtlichen Behandlung von Altersvorsorgeaufwendungen und Altersbezügen – Alterseinkünftegesetz (AltEinkG)

Schreiben des Bundesministeriums der Finanzen vom 24. 2. 2005 –
IV C 3 – S 2255 – 51/05 –

Zum Sonderausgabenauszug für Beiträge nach § 10 Abs. 1, zur Besteuerung von Versorgungsbezügen nach § 19 Abs. 2 und von Einkünften nach § 22 Nr. 1 Satz 3 Buchstabe a des Einkommensteuergesetzes (EStG) in der Fassung des Alterseinkünftegesetzes vom 5. Juli 2004 (BGBl. I S. 1427; BStBl. I S. 554) gilt im Einvermehmen mit den obersten Finanzbehörden der Länder ab 1. Januar 2005 Folgendes:

– Auszug –

A.   Abzug von Altersvorsorgeaufwendungen – § 10 EStG –

I.   Sonderausgabenabzug für Beiträge nach § 10 Abs. 1 Nr. 2 EStG

1.   Begünstigte Beiträge

b)   Beiträge im Sinne des § 10 Abs. 1 Nr. 2 Buchstabe b EStG

Eigene Beiträge (H 86a [abzugsberechtigte Person] EStH 2004) zum Auf-   **8**
bau einer eigenen kapitalgedeckten Altersversorgung liegen vor, wenn Personenidentität zwischen dem Beitragszahler, der versicherten Person und dem Leistungsempfänger besteht (bei Ehegatten siehe R 86a EStR). Im Fall einer ergänzenden Hinterbliebenenabsicherung ist insoweit ein abweichender Leistungsempfänger zulässig.

Die Beiträge können als Sonderausgaben berücksichtigt werden, wenn die   **9**
Laufzeit der Versicherung nach dem 31. Dezember 2004 beginnt (zu Verträgen mit einem Beginn der Laufzeit und mindestens einer Beitragsleistung vor dem 1. Januar 2005 vgl. Rz. 43) und der Vertrag nur die Zahlung einer monatlichen lebenslangen Leibrente vorsieht, die nicht vor Vollendung des 60. Lebensjahres des Steuerpflichtigen beginnt. Ergänzend können der Eintritt der Berufsunfähigkeit, der verminderten Erwerbsfähigkeit oder auch Hinterbliebene abgesichert werden, wenn die Zahlung einer Rente vorgesehen ist. Im Hinblick auf die entfallende Versorgungsbedürftigkeit, z. B. bei Ende der Erwerbsminderung durch Wegfall der Voraussetzungen für den Bezug (insbesondere bei Verbesserung der Gesundheitssituation oder

Erreichen der Altersgrenze), ist es nicht zu beanstanden, wenn eine Rente zeitlich befristet ist. Ebenso ist es unschädlich, wenn der Vertrag bei Eintritt der Berufsunfähigkeit oder der verminderten Erwerbsfähigkeit anstelle oder ergänzend zu einer Rentenzahlung eine Beitragsfreistellung vorsieht.

10 In der vertraglichen Vereinbarung muss geregelt sein, dass die Ansprüche aus dem Vertrag nicht vererblich, nicht übertragbar, nicht beleihbar, nicht veräußerbar und nicht kapitalisierbar sind. Im Vertrag muss eine nachträgliche Änderung dieser Voraussetzungen ausgeschlossen sein.

11 Die ergänzende Absicherung des Eintritts der Berufsunfähigkeit, der verminderten Erwerbsfähigkeit und von Hinterbliebenen ist nur dann unschädlich, wenn mehr als 50 % der Beiträge auf die eigene Altersversorgung des Steuerpflichtigen entfallen. Sowohl die Altersversorgung als auch die ergänzenden Absicherungen müssen in einem einheitlichen Vertrag geregelt sein. Andernfalls sind die Aufwendungen für die ergänzenden Absicherungen unter den Voraussetzungen des § 10 Abs. 1 Nr. 3 EStG als sonstige Vorsorgeaufwendungen zu berücksichtigen (Rz. 42 ff.).

12 Eine zulässige Hinterbliebenenabsicherung liegt auch dann vor, wenn im Vertrag geregelt ist, dass das (Rest-)Kapital beim Tode des Primärversicherten für eine Rentenzahlung an den zu diesem Zeitpunkt Hinterbliebenen verwendet wird.

13 Zu den Hinterbliebenen, die zusätzlich abgesichert werden können, gehören nur der Ehegatte des Steuerpflichtigen und Kinder im Sinne des § 32 EStG. Der Anspruch auf Waisenrente ist dabei auf den Zeitraum zu begrenzen, in dem das Kind die Voraussetzungen des § 32 EStG erfüllt. Es ist nicht zu beanstanden, wenn die Waisenrente auch für den Zeitraum gezahlt wird, in dem das Kind nur die Voraussetzungen nach § 32 Abs. 4 Satz 1 EStG erfüllt.

14 Wird bei Ehegatten eine lebenslange Leibrente bis zum Tode des Letztversterbenden vereinbart, handelt es sich nicht um eine ergänzende Hinterbliebenenabsicherung, sondern insgesamt um eine Altersversorgung.

15 Für die Anerkennung als Beiträge zur eigenen kapitalgedeckten Altersversorgung i. S. d. § 10 Abs. 1 Nr. 2 Buchstabe b EStG müssen die Ansprüche aus dem Vertrag folgende weitere Voraussetzungen erfüllen:

– **Nichtvererblichkeit:**

Es darf nach den Vertragsbedingungen nicht zu einer Auszahlung an die Erben kommen; im Todesfall kommt das vorhandene Vermögen der Versichertengemeinschaft zugute. Die Nichtvererblichkeit wird z. B.

nicht ausgeschlossen durch gesetzlich zugelassene Hinterbliebenenleistungen im Rahmen der ergänzenden Hinterbliebenenabsicherung (Rz. 11 ff.) und durch Rentenzahlungen für die Zeit bis zum Ablauf des Todesmonats an die Erben.

– **Nichtübertragbarkeit:**

Der Vertrag darf keine Übertragung der Ansprüche des Leistungsempfängers auf eine andere Person vorsehen z. B. im Wege der Schenkung; die Pfändbarkeit nach den Vorschriften der ZPO steht dem nicht entgegen. Die Übertragbarkeit zur Regelung von Scheidungsfolgen ist unschädlich. Der Vertrag darf zulassen, dass die Ansprüche des Leistungsempfängers aus dem Vertrag unmittelbar auf einen Vertrag auch bei einem anderen Unternehmen übertragen werden, sofern der neue Vertrag die Voraussetzungen des § 10 Abs. 1 Nr. 2 Buchstabe b EStG ebenfalls erfüllt.

– **Nichtbeleihbarkeit:**

Es muss vertraglich ausgeschlossen sein, dass die Ansprüche z. B. sicherungshalber abgetreten oder verpfändet werden können.

– **Nichtveräußerbarkeit:**

Der Vertrag muss so gestaltet sein, dass die Ansprüche nicht an einen Dritten veräußert werden können.

– **Nichtkapitalisierbarkeit:**

Es darf vertraglich kein Recht auf Kapitalisierung des Rentenanspruchs vorgesehen sein mit Ausnahme der Abfindung einer Kleinbetragsrente in Anlehnung an § 93 Abs. 3 Satz 2 und 3 EStG.

Zu den nach § 10 Abs. 1 Nr. 2 Buchstabe b EStG begünstigten Beiträgen **16** können auch Beiträge gehören, die im Rahmen der betrieblichen Altersversorgung erbracht werden (rein arbeitgeberfinanzierte und durch Entgeltumwandlung finanzierte Beiträge sowie Eigenbeiträge). Nicht zu berücksichtigen sind steuerfreie Beiträge, pauschal besteuerte Beiträge (H 86a [Zukunftssicherungsleistungen] EStH 2004) und Beiträge, die auf Grund einer Altzusage geleistet werden (vgl. Rz. 201 ff. und 217 des BMF-Schreibens vom 17. November 2004, BStBl I S. 1065).

Werden Beiträge zugunsten von Vorsorgeverträgen geleistet, die u. a. folgende Möglichkeiten vorsehen, liegen keine Beiträge im Sinne des § 10 Abs. 1 Nr. 2 Buchstabe b EStG vor: **17**

– Kapitalwahlrecht,

- Anspruch bzw. Optionsrecht auf (Teil-)Auszahlung nach Eintritt des Versorgungsfalls,

- Zahlung eines Sterbegeldes,

- Abfindung einer Rente – Abfindungsansprüche und Beitragsrücker- stattungen im Fall einer Kündigung des Vertrags; dies gilt nicht für ge- setzliche Abfindungsansprüche (z. B. § 3 BetrAVG) oder die Abfindung einer Kleinbetragsrente (vgl. Rz. 15).

c) Zusammenhang mit steuerfreien Einnahmen

18 Voraussetzung für die Berücksichtigung von Vorsorgeaufwendungen im Sinne des § 10 Abs. 1 Nr. 2 EStG ist, dass sie nicht in unmittelbarem wirt- schaftlichen Zusammenhang mit steuerfreien Einnahmen stehen. Beiträge – z. B. zur gesetzlichen Rentenversicherung – in unmittelbarem wirtschaftli- chen Zusammenhang mit steuerfreiem Arbeitslohn (z. B. nach dem Aus- landstätigkeitserlass, auf Grund eines Doppelbesteuerungsabkommens oder auf Grund des zusätzlichen Höchstbetrags von 1.800 Euro nach § 3 Nr. 63 Satz 3 EStG) sind nicht als Sonderausgaben abziehbar. Die Hinzu- rechnung des nach § 3 Nr. 62 EStG steuerfreien Arbeitgeberanteils oder ei- nes gleichgestellten steuerfreien Zuschusses des Arbeitgebers nach § 10 Abs. 1 Nr. 2 Satz 2 EStG bleibt hiervon unberührt; dies gilt nicht, soweit der steuerfreie Arbeitgeberanteil auf steuerfreien Arbeitslohn entfällt.

d) Beitragsempfänger

19 Zu den Beitragsempfängern im Sinne des § 10 Abs. 2 Nr. 2 Buchstabe a EStG gehören auch Pensionsfonds, die wie Versicherungsunternehmen den aufsichtsrechtlichen Regelungen des Versicherungsaufsichtsgesetzes unter- liegen.

...

II. Sonderausgabenabzug für Beiträge nach § 10 Abs. 1 Nr. 3 EStG

1. Begünstigte Beiträge

42 Begünstigt sind nach § 10 Abs. 1 Nr. 3 Buchstabe a EStG Beiträge zu

- Versicherungen gegen Arbeitslosigkeit (gesetzliche Beiträge an die Bundesagentur für Arbeit und Beiträge zu privaten Versicherungen),

- Erwerbs- und Berufsunfähigkeitsversicherungen, die nicht Bestandteil einer Versicherung im Sinne des § 10 Abs. 1 Nr. 2 Buchstabe b EStG sind; dies gilt auch für Beitragsbestandteile von kapitalbildenden Lebensversicherungen im Sinne des § 20 Abs. 1 Nr. 6 EStG, die bei der Ermittlung des steuerpflichtigen Ertrags nicht abgezogen werden dürfen,

– gesetzlichen oder privaten Kranken- und Pflegeversicherungen,

– Unfallversicherungen, wenn es sich nicht um eine Unfallversicherung mit garantierter Beitragsrückzahlung handelt, die insgesamt als Rentenversicherung oder Kapitalversicherung behandelt wird,

– Haftpflichtversicherungen,

– Lebensversicherungen, die nur für den Todesfall eine Leistung vorsehen (Risikolebensversicherungen).

Rz. 18 gilt entsprechend.

Begünstigt sind nach § 10 Abs. 1 Nr. 3 Buchstabe b EStG Beiträge zu **43**

– Rentenversicherungen im Sinne des § 10 Abs. 1 Nr. 2 Buchstabe b EStG,

– Rentenversicherungen ohne Kapitalwahlrecht, die die Voraussetzungen des § 10 Abs. 1 Satz 1 Nr. 2 EStG nicht erfüllen,

– Rentenversicherungen mit Kapitalwahlrecht gegen laufende Beitragsleistung, wenn das Kapitalwahlrecht nicht vor Ablauf von zwölf Jahren seit Vertragsabschluss ausgeübt werden kann,

– Kapitalversicherungen gegen laufende Beitragsleistung mit Sparanteil, wenn der Vertrag für die Dauer von mindestens zwölf Jahren abgeschlossen wird,

wenn die Laufzeit dieser Versicherungen vor dem 1. Januar 2005 begonnen hat und mindestens ein Versicherungsbeitrag bis zum 31. Dezember 2004 entrichtet wurde. Der Zeitpunkt des Vertragsabschlusses ist insoweit unmaßgeblich. Rz. 18 gilt entsprechend.

Ein Versicherungsbeitrag ist bis zum 31. Dezember 2004 entrichtet, wenn **44** nach § 11 Abs. 2 EStG der Beitrag einem Kalenderjahr vor 2005 zuzuordnen ist. Für Beiträge im Rahmen der betrieblichen Altersversorgung an einen Pensionsfonds, an eine Pensionskasse oder für eine Direktversicherung gilt Rz. 191 des BMF-Schreibens vom 17. November 2004 (BStBl. I S. 1065).

Für die Berücksichtigung von Beiträgen nach § 10 Abs. 1 Nr. 3 Buchstabe b **45** EStG gelten außerdem die bisherigen Regelungen zu § 10 Abs. 1 Nr. 2 Satz 2 bis 5 und Abs. 2 Satz 2 EStG in der am 31. Dezember 2004 geltenden Fassung.

...

B.   Besteuerung von Versorgungsbezügen – § 19 Abs. 2 EStG –

I.   Arbeitnehmer-/Werbungskosten-Pauschbetrag/Zuschlag zum Versorgungsfreibetrag

59   Ab 2005 ist der Arbeitnehmer-Pauschbetrag (§ 9a Satz 1 Nr. 1 Buchstabe a EStG) bei Versorgungsbezügen im Sinne des § 19 Abs. 2 EStG nicht mehr anzuwenden. Stattdessen wird – wie auch bei den Renten – ein Werbungskosten-Pauschbetrag von 102 Euro berücksichtigt (§ 9a Satz 1 Nr. 1 Buchstabe b EStG). Als Ausgleich für den Wegfall des Arbeitnehmer-Pauschbetrags wird dem Versorgungsfreibetrag ein Zuschlag von zunächst 900 Euro hinzugerechnet, der für jeden ab 2006 neu in den Ruhestand tretenden Jahrgang abgeschmolzen wird (§ 19 Abs. 2 Satz 3 EStG). Bei Einnahmen aus nichtselbständiger Arbeit i. S. d. § 19 Abs. 1 EStG und Versorgungsbezügen i. S. d. § 19 Abs. 2 EStG kommen der Arbeitnehmer-Pauschbetrag und der Werbungskosten-Pauschbetrag nebeneinander zur Anwendung. Der Werbungskosten-Pauschbetrag ist auch zu berücksichtigen, wenn bei Einnahmen aus nichtselbständiger Arbeit im Sinne des § 19 Abs. 1 EStG höhere Werbungskosten anzusetzen sind.

60   Diese Rechtsänderung wird für das Lohnsteuerabzugsverfahren im Programmablaufplan 2005 für die maschinelle Berechnung der vom Arbeitslohn einzubehaltenden Lohnsteuer, des Solidaritätszuschlags und der Maßstabsteuer für die Kirchenlohnsteuer berücksichtigt (vgl. BMF-Schreiben vom 22. Oktober 2004, BStBl. I S. 975).

II.   Versorgungsfreibetrag/Zuschlag zum Versorgungsfreibetrag

1.   Allgemeines

61   Der maßgebende Vomhundertsatz für den steuerfreien Teil der Versorgungsbezüge und der Höchstbetrag des Versorgungsfreibetrags sowie der Zuschlag zum Versorgungsfreibetrag bestimmen sich ab 2005 nach dem Jahr des Versorgungsbeginns (§ 19 Abs. 2 Satz 3 EStG). Sie werden für jeden ab 2006 neu in den Ruhestand tretenden Jahrgang abgeschmolzen.

...

III.   Aufzeichnungs- und Bescheinigungspflichten

79   Nach § 4 Abs. 1 Nr. 4 LStDV hat der Arbeitgeber im Lohnkonto des Arbeitnehmers in den Fällen des § 19 Abs. 2 EStG die für die zutreffende Berechnung des Versorgungsfreibetrags und des Zuschlags zum Versorgungsfreibetrag erforderlichen Angaben aufzuzeichnen. Aufzuzeichnen sind die

Bemessungsgrundlage für den Versorgungsfreibetrag (Jahreswert, Rz. 62), das Jahr des Versorgungsbeginns und die Zahl der Monate (Zahl der Zwölftel), für die Versorgungsbezüge gezahlt werden. Bei mehreren Versorgungsbezügen sind die Angaben für jeden Versorgungsbezug getrennt aufzuzeichnen, soweit die maßgebenden Versorgungsbeginne in unterschiedliche Kalenderjahre fallen (vgl. Rz. 67). Demnach können z. B. alle Versorgungsbezüge mit Versorgungsbeginn bis zum Jahre 2005 zusammengefasst werden. Zu den Bescheinigungspflichten wird auf die jährlichen BMF-Schreiben zu den Lohnsteuerbescheinigungen hingewiesen.

C. Besteuerung von Einkünften gemäß § 22 Nr. 1 Satz 3 Buchstabe a EStG

I. Allgemeines

Leibrenten und andere Leistungen aus den gesetzlichen Rentenversiche- **80** rungen, den landwirtschaftlichen Alterskassen, den berufsständischen Versorgungseinrichtungen und aus Leibrentenversicherungen im Sinne des § 10 Abs. 1 Nr. 2 Buchstabe b EStG (vgl. Rz. 8 bis 17) werden innerhalb eines bis in das Jahr 2039 reichenden Übergangszeitraums in die vollständige nachgelagerte Besteuerung überführt (§ 22 Nr. 1 Satz 3 Buchstabe a Doppelbuchstabe aa EStG). Diese Regelung gilt sowohl für Leistungen von inländischen als auch von ausländischen Versorgungsträgern.

Bei den übrigen Leibrenten erfolgt die Besteuerung auch weiterhin mit **81** dem Ertragsanteil (§ 22 Nr. 1 Satz 3 Buchstabe a Doppelbuchstabe bb EStG ggf. in Verbindung mit § 55 Abs. 2 EStDV; vgl. Rz. 119 und 120). Die Regelungen in § 22 Nr. 5 EStG bleiben unberührt (vgl. BMF-Schreiben vom 17. November 2004, BStBl. I S. 1065).

II. Leibrenten und andere Leistungen im Sinne des § 22 Nr. 1 Satz 3 Buchstabe a Doppelbuchstabe aa EStG

...

2. Leibrenten und andere Leistungen aus Rentenversicherungen i. S. d. § 10 Abs. 1 Nr. 2 Buchstabe b EStG

Leistungen aus Rentenversicherungen i. S. d. § 10 Abs. 1 Nr. 2 Buchstabe b **91** EStG unterliegen der nachgelagerten Besteuerung gemäß § 22 Nr. 1 Satz 3 Buchstabe a Doppelbuchstabe aa EStG. Vgl. im Einzelnen die Ausführungen unter Rz. 8 ff.

...

III. Leibrenten und andere Leistungen im Sinne des § 22 Nr. 1 Satz 3 Buchstabe a Doppelbuchstabe bb EStG

96 Der Anwendungsbereich des § 22 Nr. 1 Satz 3 Buchstabe a Doppelbuchstabe bb EStG umfasst diejenigen Leibrenten und anderen Leistungen, die nicht bereits unter Doppelbuchstabe aa der Vorschrift (vgl. Rz. 82 ff.) oder § 22 Nr. 5 Satz 1 und 3 bis 6 einzuordnen sind, wie Renten aus

– Rentenversicherungen, die nicht den Voraussetzungen des § 10 Abs. 1 Nr. 2 Buchstabe b EStG entsprechen, weil sie z. B. eine Teilkapitalisierung oder Einmalkapitalauszahlung (Kapitalwahlrecht) oder einen Rentenbeginn vor Vollendung des 60. Lebensjahres vorsehen oder die Laufzeit der Versicherung vor dem 1. Januar 2005 begonnen hat und mindestens ein Versicherungsbeitrag bis zum 31. Dezember 2004 entrichtet wurde,

– umlagefinanzierten Zusatzversorgungseinrichtungen (z. B. VBL) oder

– Verträgen i. S. d. § 10 Abs. 1 Nr. 3 Buchstabe b EStG.

97 Hierzu gehören auch abgekürzte Leibrenten, die nicht unter § 22 Nr. 1 Satz 3 Buchstabe a Doppelbuchstabe aa EStG fallen (z. B. private selbständige Erwerbsminderungsrente, Waisenrente aus einer privaten Versicherung, die die Voraussetzungen des § 10 Abs. 1 Nr. 2 Buchstabe b EStG nicht erfüllt).

98 Auf Antrag des Steuerpflichtigen sind unter bestimmten Voraussetzungen auch Leibrenten und andere Leistungen im Sinne des § 22 Nr. 1 Satz 3 Buchstabe a Doppelbuchstabe aa EStG nach § 22 Nr. 1 Satz 3 Buchstabe a Doppelbuchstabe bb EStG zu versteuern (sog. Öffnungsklausel). Wegen der Einzelheiten hierzu vgl. die Ausführungen unter Rz. 121 ff.

IV. Besonderheiten bei der kapitalgedeckten betrieblichen Altersversorgung

99 Die Versorgungsleistungen einer Pensionskasse, eines Pensionsfonds oder aus einer Direktversicherung (z. B. Rente, Auszahlungsplan, Teilkapitalauszahlung, Einmalkapitalauszahlung) unterliegen der Besteuerung nach § 22 Nr. 5 EStG. Einzelheiten zur Besteuerung von Leistungen aus der betrieblichen Altersversorgung sind im BMF-Schreiben vom 17. November 2004 (BStBl. I S. 1065) Rz. 214 ff. geregelt.

V. Durchführung der Besteuerung

...

2. Leibrenten und andere Leistungen i. S. d. § 22 Nr. 1 Satz 3 Buchstabe a Doppelbuchstabe bb EStG

Leibrenten i. S. d. § 22 Nr. 1 Satz 3 Buchstabe a Doppelbuchstabe bb EStG **119** (vgl. Rz. 96) unterliegen auch ab dem Veranlagungszeitraum 2005 nur mit dem Ertragsanteil der Besteuerung. Die Ertragsanteile sind gegenüber dem bisherigen Recht abgesenkt worden. Sie ergeben sich aus der Tabelle in § 22 Nr. 1 Satz 3 Buchstabe a Doppelbuchstabe bb Satz 4 EStG. Die neuen Ertragsanteile gelten sowohl für Renten, deren Rentenbeginn vor dem 1. Januar 2005 liegt, als auch für Renten, die erst nach dem 31. Dezember 2004 zu laufen beginnen.

Für abgekürzte Leibrenten (vgl. Rz. 97) – z. B. aus einer privaten selbständi- **120** gen Erwerbsminderungsversicherung, die nur bis zum 65. Lebensjahr gezahlt wird – bestimmen sich die Ertragsanteile auch weiterhin nach § 55 Abs. 2 EStDV.

...

XVIII.
Aufteilung von Leistungen bei der nachgelagerten Besteuerung nach § 22 Nr. 5 EStG

Schreiben des Bundesministeriums der Finanzen vom 11. 11. 2004 –
IV C 3 – S 2257b – 47/04 –

Unter Bezugnahme auf das Ergebnis der Erörterung mit den obersten Finanzbehörden der Länder gilt Folgendes:

Leistungen aus zertifizierten Altersvorsorgeverträgen, Direktversicherungen, Pensionsfonds und Pensionskassen werden nach Maßgabe des § 22 Nr. 5 EStG besteuert. Wurden in der Ansparphase sowohl geförderte als auch nicht geförderte Beiträge geleistet, sind die Leistungen aufzuteilen. Aufzuteilen ist bei erstmaligem Bezug von Leistungen und in den Fällen des § 93 Abs. 1 EStG (Fälle schädlicher Verwendung).

1.   Wurden für jeden Versicherten die Beiträge individualisiert, die Beiträge ab dem 1. Januar 2002 zusätzlich nach den Steuerkriterien getrennt aufgezeichnet und die sich daraus ergebenden Leistungen einschließlich zugeteilter Erträge ebenfalls getrennt ermittelt, erfasst und fortgeschrieben, ist bereits durch diese Bestandsführung eine zutreffende Aufteilung der Leistungen gewährleistet.

2.   Nur für den Fall, dass die geleisteten Beiträge und/oder die sich daraus ergebenden Leistungen einschließlich zugeteilter Erträge für jeden Versicherten, insbesondere für den vor dem 1. Januar 2002 liegenden Zeitraum, nicht ermittelt werden können, kann für die Aufteilung folgendes versicherungsmathematische Näherungsverfahren angewendet werden:

2.1.   Zunächst ist für den einzelnen Berechtigten das am 31. Dezember 2001 zur Erfüllung der zugesagten Leistungen reservierte Vermögen der Versorgungseinrichtung zu ermitteln.

2.1.1   Bei einem **individuellen Anwartschaftsdeckungsverfahren** entspricht das reservierte Vermögen dem geschäftsplanmäßigen Deckungskapital, das dem einzelnen Berechtigten individuell zugeordnet wird, zuzüglich der zugeteilten Überschüsse. Soweit die Berechnung des Deckungskapitals nicht zum Geschäftsplan gehört, tritt an die Stelle des geschäftsplanmäßigen Deckungskapitals der nach § 176 Abs. 3 VVG berechnete Zeitwert.

2.1.2   Bei einem **kollektiven Anwartschaftsdeckungsverfahren** ist das für den Versichertenbestand reservierte Vermögen (kollektives Deckungskapital) nach folgendem Verfahren den einzelnen Berechtigten zuzuordnen:

2.1.2.1   Zunächst ist aus diesem reservierten Vermögen der Vermögensanteil abzuspalten, der zur vollständigen Erfüllung der Versorgungsverpflichtungen für die am 31. Dezember 2001 in Rente befindlichen und die zu diesem Zeitpunkt mit unverfallbaren Anwartschaften ausgeschiedenen Personen erforderlich ist. Hierzu ist der Barwert der Versorgungsverpflichtungen mit den am Stichtag angewendeten Rechnungsgrundlagen (z. B. Zins, Sterbetafeln) anzusetzen.

2.1.2.2   Anschließend ist das verbleibende reservierte Vermögen (V_{akt}) auf die aktiven Arbeitnehmer aufzuteilen. Dabei ist als Aufteilungsmaßstab der zeitanteilig quotierte Barwert der zugesagten Leistungen am 31. Dezember 2001 mit den an diesem Tag angewendeten Rechnungsgrundlagen (z. B. Zins, Sterbetafeln) heranzuziehen.[1] Aus dem zeitanteilig quotierten Barwert der zugesagten Leistungen am 31. Dezember 2001 und dem reservierten Vermögen (V_{akt}) wird das individuell zugeordnete Vermögen (V_i) berechnet.[2]

2.2.   Berechnung des Teils der Leistungen, der nach § 22 Nr. 5 Satz 2 EStG zu versteuern ist:

2.2.1   Das am 31. Dezember 2001 für den einzelnen Berechtigten reservierte Vermögen gemäß Tz. 2.1 ist zusammen mit ggf. danach gezahlten, in § 22 Nr. 5 Satz 2 EStG genannten Beiträgen bis zum Zeitpunkt des erstmaligen Bezugs von Leistungen (in der Regel: Eintritt des Versorgungsfalls) mit dem sich aus den tatsächlich er-

---

1   Formel zur Ermittlung des quotierten Barwerts der zugesagten Leistungen zum 31. Dezember 2001:

$$\frac{m_i}{n_i} \cdot \ddot{a}^L_{x_i+m_i} / \sum_i (\frac{m_i}{n_i} \cdot \ddot{a}^L_{x_i+m_i})$$

Hierbei ist:
m_i die bis zum 31. Dezember 2001 abgeleistete tatsächliche Dienstzeit der Person i;
n_i die bis zum vertraglichen Pensionsalter insgesamt mögliche Dienstzeit der Person i;
$\ddot{a}^L_{x_i+m_i}$ der Barwert der zugesagten Leistungen am 31. Dezember 2001 der Person i, deren Alter am 31. Dezember 2001 x_i+m_i beträgt.

2   Formel zur Ermittlung des individuell zugeordneten Vermögens:

$$V_i = V_{akt} \cdot \{\frac{m_i}{n_i} \cdot \ddot{a}^L_{x_i+m_i} / \sum_i (\frac{m_i}{n_i} \cdot \ddot{a}^L_{x_i+m_i})\}$$

wirtschafteten Kapitalerträgen ergebenden Zinssatz aufzuzinsen (= Summe der aufgezinsten nicht steuerfrei gestellten und/oder nicht geförderten Beiträge je Berechtigten).

2.2.2   Daneben ist das für diesen Berechtigten am 31. Dezember 2001 reservierte Vermögen zusammen mit <u>allen</u> nach diesem Zeitpunkt gezahlten Beiträgen bis zum Zeitpunkt des erstmaligen Bezugs von Leistungen (in der Regel: Eintritt des Versorgungsfalls) mit dem sich aus den tatsächlich erwirtschafteten Kapitalerträgen ergebenden Zinssatz aufzuzinsen (= Summe der <u>insgesamt</u> bis zum Zeitpunkt des erstmaligen Bezugs von Leistungen tatsächlich erbrachten aufgezinsten Beiträge je Berechtigten).

2.2.3   Der für diesen Berechtigten nach § 22 Nr. 5 Satz 2 EStG zu versteuernde Teil der Leistungen ergibt sich aus dem folgenden Verhältnis:

$$\frac{\text{Summe der aufgezinsten nicht steuerfrei gestellten und/oder nicht geförderten Beiträge je Berechtigten (Tz. 2.2.1)}}{\text{Summe der \underline{insgesamt} bis zum Zeitpunkt des erstmaligen Bezugs von Leistungen tatsächlich erbrachten aufgezinsten Beiträge je Berechtigten (Tz. 2.2.2)}}$$

3.   Aus steuerrechtlicher Sicht ist nicht zu beanstanden, an Stelle des in Tz. 2 beschriebenen versicherungsmathematischen Verfahrens die Leistungen ausschließlich nach dem Verhältnis der Summe der steuerfreien und/oder nicht geförderten Beiträge zur Summe der insgesamt geleisteten Beiträge ohne Berücksichtigung von Zinseffekten aufzuteilen (= beitragsproportionales Verfahren).

4.   Das Betriebsstättenfinanzamt der Versorgungseinrichtung kann im Einzelfall ein von Tz. 2 und 3 abweichendes Aufteilungsverfahren genehmigen, wenn dies zu sachgerechten Ergebnissen führt und z. B. wegen eines besonderen Finanzierungsverfahrens erforderlich ist.

XIX.
Übertragung von Betriebsrentenanwartschaften (Portabilität) Auslegung des Begriffs „gebildetes Kapital" gemäß § 4 Abs. 5 Betriebsrentengesetz (BetrAVG) n. F.

Schreiben des Bundesministeriums für Gesundheit und Soziale Sicherung vom 14. 12. 2004 – 416 – 42107 –

Zur Auslegung des Begriffs „gebildetes Kapital" in dem am 1. Januar 2005 in Kraft tretenden § 4 Abs. 5 BetrAVG vertritt das Bundesministerium für Gesundheit und Soziale Sicherung folgende Auffassung:

Intention des Gesetzgebers bei der Neuregelung der Portabilität ist es, dem einzelnen Beschäftigten bei einem Arbeitgeberwechsel die Mitnahme seiner beim ehemaligen Arbeitgeber erworbenen unverfallbaren Betriebsrentenanwartschaften problemlos zu ermöglichen. Vor diesem Hintergrund wurde geregelt, dass, soweit die betriebliche Altersversorgung über einen Pensionsfonds, eine Pensionskasse oder eine Direktversicherung durchgeführt worden ist, der Übertragungswert dem gebildeten Kapital im Zeitpunkt der Übertragung entspricht. In der Begründung des Gesetzes (Bundestags-Drucksache 15/2150 S. 53 f.) wird der Begriff „gebildetes Kapital" näher dargelegt. Danach ist von dem gesamten Wert des den Beschäftigten begünstigenden Vertrages auszugehen; Abzüge dürfen ausdrücklich nicht vorgenommen werden.

Differenziert nach Durchführungswegen bedeutet dies Folgendes: Soweit die betriebliche Altersversorgung über eine **Pensionskasse** oder eine **Direktversicherung** durchgeführt worden ist, ergibt sich das gebildete Kapital aus dem zum Zeitpunkt der Übertragung vorhandenen Deckungskapital für die ohne Abzüge ermittelte Anwartschaft des Arbeitnehmers zuzüglich des Guthabens aus der verzinslichen Ansammlung und dem Anteil am Schlussüberschuss. Soweit die Berechnung des Deckungskapitals nicht zum Geschäftsplan gehört, entspricht das gebildete Kapital dem Zeitwert der Versicherung einschließlich der Überschuss- und Schlussüberschussanteile gemäß § 176 Abs. 3 Versicherungsvertragsgesetz ohne Abzüge. „Ohne Abzüge" bedeutet, dass folgende Positionen nicht abgezogen werden dürfen:

– Ein Ausgleich für die risikomäßige Verschlechterung des Versicherungsbestandes,

– die mit der Stornierung und Übertragung verbundenen Verwaltungskosten,

– die noch nicht getilgten Abschlusskosten (wobei im Wege der Zillme-
   rung gedeckte Abschlusskosten als bereits getilgt gelten).

Soweit die betriebliche Altersversorgung über einen **Pensionsfonds** durchgeführt worden ist und ein individuelles Konto für den Arbeitnehmer geführt wird, ist das gebildete Kapital das auf diesem Konto vorhandene Kapital, mindestens aber der Barwert der vom Pensionsfonds ggf. garantierten
Leistung. Bei nicht vorhandenem individuellen Konto ist das gebildete Kapital der Barwert der vom Pensionsfonds ggf. garantierten Leistung; im
Übrigen sind die Regelungen des Pensionsplans zu berücksichtigen. Darin
können z. B. Regelungen getroffen werden, wonach das gebildete Kapital
der Anteil des einzelnen Arbeitnehmers am gesamten für die Versorgungsanwärter gebildeten Kapital ist, der dem Verhältnis des Barwerts seiner unverfallbaren Anwartschaft an der Summe der Barwerte aller Anwartschaften entspricht. Auch beim Pensionsfonds gilt, dass Abzüge nicht vorgenommen werden dürfen.

Ich gehe davon aus, dass diese Auslegung in der Praxis allgemein Anwendung finden wird, da sie von der Bundesanstalt für Finanzdienstleistungsaufsicht geteilt werden dürfte.

XX.
Rundschreiben der Bundesanstalt für Finanzdienstleistungsaufsicht 9/2004 (VA) vom 29. 10. 2004

– Auszug –

A. Anordnung betreffend die nach dem 31. Dezember 2004 abgeschlossenen Rentenversicherungsverträge

Auf Grund der steigenden Lebenserwartung ist bei den derzeit für Versicherungen mit Erlebensfallcharakter verwendeten Sterbetafeln (z. B. DAV 1994 R) eine insoweit überproportionale Abnahme der Sicherheitsmargen zu beobachten. Bei einer weiteren Verwendung dieser Tafeln ist daher voraussichtlich mit Risikoverlusten aus dem Sterblichkeitsergebnis zu rechnen. Es ist deshalb notwendig, dass beim Neuabschluss von Rentenversicherungsverträgen nur noch Tarife zur Anwendung kommen, bei denen die Deckungsrückstellung unter Berücksichtigung der aktuellen Erkenntnisse gebildet wird.

Zur Vermeidung eines Missstandes ordne ich auf Grund von § 81 Abs. 2 Satz 1 VAG an:

I.

1. Bei den nach dem 31. Dezember 2004 abgeschlossenen Rentenversicherungsverträgen, denen keine aufsichtsbehördlich genehmigten Tarife zu Grunde liegen, muss die für den einzelnen Vertrag zu bildende Deckungsrückstellung jederzeit mindestens so hoch sein, wie sie sich bei Verwendung der DAV-Sterbetafel 2004R und des gemäß der Rechtsverordnung zu § 65 Abs. 1 VAG jeweils zulässigen Höchstzinssatzes unter Berücksichtigung der dort zugelassenen sonstigen versicherungsmathematischen Rechnungsgrundlagen ergeben würde, es sei denn, es liegen Erkenntnisse über Abweichungen von den der Sterbetafel DAV 2004 R zu Grunde liegenden Voraussetzungen vor. Der genannte Termin kann bei Pensionskassen längstens ein halbes Jahr aufgeschoben werden, soweit ein Tarif zu Grunde liegt, der neben Rentenleistungen auch Leistungen bei Invalidität und Tod vorsieht.

In diesem Zusammenhang wird darauf hingewiesen, dass die Prämien nach § 11 Abs. 1 VAG insbesondere so zu bemessen sind, dass für die für den einzelnen Vertrag zu bildende Deckungsrückstellung neben den Prämien planmäßig und auf Dauer keine Mittel benötigt werden, die nicht aus Prämienzahlungen oder den auf den einzelnen Vertrag entfallenden Überschüssen stammen.

2. Sofern bei Abschluss von Rentenversicherungsverträgen eine Herabsetzung der bisher gewährten Überschussanteilsätze bereits absehbar ist, darf keine Werbung mit diesen Überschussanteilsätzen mehr ohne entsprechenden klarstellenden Hinweis erfolgen. Die in den Urteilen der Oberlandesgerichte Koblenz (Az. 10 U 1342/99) und Düsseldorf (Az. 4 U 139/99) genannten Grundsätze sind einzuhalten.

II.

Diese Anordnung gilt entsprechend für Pensionsfonds gemäß § 112 Abs. 1 VAG.

...

XXI.
Gemeinsames Rundschreiben der Spitzenorganisationen der Sozialversicherungsträger zum Alterseinkünftegesetz vom 21. 12. 2004

– Auszug –

Entgeltumwandlungen zum Aufbau einer kapitalgedeckten betrieblichen Altersvorsorge

hier: Auswirkungen auf die Arbeitsentgelteigenschaft

...

7   Sozialversicherungsrechtliche Auswirkungen

7.1   Allgemeines

Entgeltumwandlungen zur Finanzierung von Aufwendungen für eine betriebliche Altersvorsorge verringern bis zum 31. 12. 2008 das Arbeitsentgelt i. S. der Sozialversicherung und damit das für die Beurteilung der Versicherungspflicht in der Krankenversicherung maßgebende Jahresarbeitsentgelt sowie ggf. die für die Berechnung der Sozialversicherungsbeiträge maßgebende Bemessungsgrundlage. Die Entgeltumwandlungen haben in den einzelnen Durchführungswegen der betrieblichen Altersversorgung unterschiedliche versicherungs- und beitragsrechtliche Konsequenzen.

7.2   Direktzusage

Rückstellungen des Arbeitgebers zu Direktzusagen sind steuer- und sozialversicherungsfrei, da diese keine Einnahmen im steuerrechtlichen Sinne und kein Arbeitsentgelt nach § 14 Abs. 1 SGB IV sind.

Beträge, die im Zusammenhang mit Entgeltumwandlungen zu Direktzusagen des Arbeitgebers geleistet werden, sind wegen fehlender, die Steuerfreiheit einschränkender Vorschriften und des im Steuerrecht geltenden Zuflussprinzips in voller Höhe steuerfrei. In der Sozialversicherung gelten sie nach § 14 Abs. 1 i. V. m. § 115 SGB IV bis zu 4 v. H. der Beitragsbemessungsgrenze der allgemeinen Rentenversicherung bis zum 31. 12. 2008 nicht als Arbeitsentgelt, wobei es unerheblich ist, ob die Aufwendungen aus laufendem Arbeitsentgelt oder aus Einmalzahlungen finanziert werden.

189

7.3   Unterstützungskasse

Die unter 7.2 getroffenen Aussagen gelten entsprechend.

7.4   Direktversicherung

7.4.1   Vertragsabschluss vor dem 1. 1. 2005 (Altzusage)

7.4.1.1   Direktversicherungen, die nicht die Voraussetzungen des § 3 Nr. 63 EStG erfüllen

Beiträge des Arbeitnehmers für Direktversicherungen, die vor dem 1. 1. 2005 abgeschlossen wurden, sind sozialversicherungsrechtlich dann kein Arbeitsentgelt,

– wenn sie pauschal versteuert werden

und

– es sich um zusätzliche Leistungen des Arbeitgebers handelt, die neben dem laufenden Arbeitsentgelt gezahlt werden

oder

– aus Einmalzahlungen finanziert werden (§ 2 Abs. 1 Satz 1 Nr. 3 ArEV).

Sofern also für die vorgenannten Leistungen laufendes Arbeitsentgelt verwendet wird, führt dies wie bisher nicht zu einer Minderung des beitragspflichtigen Arbeitsentgelts. Das heißt, dass die aus dem laufenden Arbeitsentgelt finanzierten Beiträge für eine Direktversicherung auch bei einer vorgenommenen Pauschalbesteuerung der Beitragspflicht unterliegen. Im Falle der Verwendung einer Einmalzahlung für die Zukunftssicherungsleistung darf die beitragspflichtige Einmalzahlung auch nur um den Betrag der pauschal versteuerten Zukunftssicherungsleistung gekürzt werden. Ist die Einmalzahlung niedriger als die Zukunftssicherungsleistung, kann folglich nur der Zahlbetrag der Einmalzahlung beitragsfrei belassen werden, da eine Umwandlung von laufendem Arbeitsentgelt in Zukunftssicherungsleistungen nicht zu einer Minderung des beitragspflichtigen Arbeitsentgelts führt.

Die Lohnsteuer kann nach § 40b Abs. 2 EStG a. F. i. V. m. § 52 Abs. 52a Satz 1 EStG mit einem Pauschsteuersatz in Höhe von 20 v. H. erhoben werden, soweit die Beiträge für eine Direktversicherung die Entgeltgrenze von 1.752 EUR im Kalenderjahr nicht überschreiten.

Sind mehrere Arbeitnehmer gemeinsam in einem Direktversicherungsvertrag (Gruppenversicherung) versichert, so gilt nach § 40b Abs. 2 Satz 2 EStG a. F. als Beitrag für den einzelnen Arbeitnehmer der Teilbetrag, der sich bei einer Aufteilung der gesamten Beiträge durch die Zahl der begünstigten Arbeitnehmer ergibt, wenn dieser Teilbetrag 1.752 EUR nicht übersteigt; hierbei sind Arbeitnehmer, für die Beiträge von mehr als 2.148 EUR im Kalenderjahr geleistet werden, nicht einzubeziehen.

Die Lohnsteuerpauschalierung nach § 40b Abs. 2 EStG a. F. kann immer dann durchgeführt werden, wenn der Direktversicherungsvertrag nicht die Voraussetzungen des § 3 Nr. 63 EStG erfüllt. Das ist der Fall, wenn der Versicherungsvertrag eine Kapitalleistung und keine Rentenleistung vorsieht (siehe unter 6.1 und 7.4.1.2). Eine Verzichtserklärung nach § 52 Abs. 6 Satz 1 EStG ist nicht erforderlich.

7.4.1.2 Direktversicherungen, die die Voraussetzungen des § 3 Nr. 63 EStG erfüllen

Bei Direktversicherungsverträgen, die die Voraussetzungen des § 3 Nr. 63 EStG erfüllen (der Versicherungsvertrag sieht eine Rentenleistung vor, siehe unter 6.1), ist für die Beiträge zu der Direktversicherung kraft Gesetzes vorrangig die Steuerfreiheit auszuschöpfen. Die Beiträge zu dieser Direktversicherung wären über § 2 Abs. 2 Nr. 5 ArEV bis zu 4 v. H. der Beitragsbemessungsgrenze der allgemeinen Rentenversicherung dem Arbeitsentgelt in der Sozialversicherung nicht hinzurechnen und damit beitragsfrei. Das gilt auch für Entgeltumwandlungen unabhängig davon, ob sie aus laufendem oder einmalig gezahltem Arbeitsentgelt finanziert werden.

Der Arbeitnehmer hat jedoch die Möglichkeit, auf die Steuerfreiheit zugunsten der nach § 40b Abs. 2 EStG a. F. weiterhin zulässigen Pauschalbesteuerung zu verzichten (§ 52 Abs. 6 i. V. m. Abs. 52a EStG). Die Pauschalbesteuerung ist dann über den 31. 12. 2004 hinaus weiterhin möglich, wenn der Arbeitnehmer für diese Direktversicherungen

- bis zum 30. 6. 2005 (Übergangsfälle) oder
- bei Neueintritt in ein neues Beschäftigungsverhältnis (Arbeitgeberwechsel) bis zur ersten Beitragszahlung,

den Verzicht auf die Steuerfreiheit nach § 3 Nr. 63 EStG erklärt. In diesem Fall ist bei einer Entgeltumwandlung wie bisher nur der Teil der Direktversicherungsbeiträge nicht dem Arbeitsentgelt hinzuzurechnen, der aus einmalig gezahltem Arbeitsentgelt finanziert wird (siehe unter 7.4.1.1).

Wird in den Übergangsfällen zunächst keine Erklärung auf die Steuerfreiheit verzichten zu wollen durch den Arbeitnehmer abgegeben und werden deshalb in der Entgeltabrechnung die Aufwendungen für die Direktversicherung im Rahmen des § 3 Nr. 63 EStG steuerfrei behandelt, so ändert sich die sozialversicherungsrechtliche Beurteilung nicht, wenn die Verzichtserklärung bis zum 30. 6. 2005 nachgeholt und rückwirkend auf Pauschalbesteuerung umgestellt wird. Die dann für die Sozialversicherung relevante Pauschalbesteuerung wird erst für die auf die Verzichtserklärung folgende Entgeltzahlung wirksam. Auch für diesen Fall gelten die Grundsätze über das rechtmäßig abgewickelte Versicherungsverhältnis (siehe unter 7.7) entsprechend.

7.4.2 Vertragsabschluss nach dem 31. 12. 2004

Beiträge für Direktversicherungen, die nach dem 31. 12. 2004 abgeschlossen werden, können nicht mehr pauschal versteuert werden. Sie sind aber steuerfrei nach § 3 Nr. 63 EStG und über § 2 Abs. 2 Nr. 5 ArEV bis zu 4 v. H. der Beitragsbemessungsgrenze der allgemeinen Rentenversicherung auch beitragsfrei in der Sozialversicherung.

Da eine Pauschalversteuerung nicht in Betracht kommt, können die Aufwendungen dieser neuen Direktversicherungen sowohl aus laufendem Arbeitsentgelt als auch aus Einmalzahlungen finanziert werden.

Voraussetzung für die Steuer- und Beitragsfreiheit ist jedoch, dass im Versicherungsfall keine Kapitalauszahlung, sondern zumindest als Wahlrecht eine Rentenzahlung vorgesehen ist (siehe unter 6.1).

7.5 Pensionskasse

7.5.1 Umlagefinanzierte Altersversorgung

Sowohl für Alt- als auch für Neuzusagen gilt, dass Beiträge in eine umlagefinanzierte Pensionskasse nicht steuerfrei nach § 3 Nr. 63 EStG sind, aber pauschal versteuert werden können.

Beiträge des Arbeitnehmers für umlagefinanzierte Pensionskassen sind sozialversicherungsrechtlich dann kein Arbeitsentgelt,

– wenn sie pauschal versteuert werden

und

– es sich um zusätzliche Leistungen des Arbeitgebers handelt, die neben dem laufenden Arbeitsentgelt gezahlt

oder

– aus Einmalzahlungen finanziert

werden (§ 2 Abs. 1 Satz 1 Nr. 3 ArEV).

Sofern also für die vorgenannten Leistungen laufendes Arbeitsentgelt verwendet wird, führt dies wie bisher nicht zu einer Minderung des beitragspflichtigen Arbeitsentgelts. Das heißt, dass die aus dem laufenden Arbeitsentgelt finanzierten Zuwendungen auch bei einer vorgenommenen Pauschalbesteuerung der Beitragspflicht unterliegen. Im Falle der Verwendung einer Einmalzahlung für die Zukunftssicherungsleistung darf die beitragspflichtige Einmalzahlung auch nur um den Betrag der pauschal versteuerten Zukunftssicherungsleistung gekürzt werden. Ist die Einmalzahlung niedriger als die Zukunftssicherungsleistung, kann folglich nur der Zahlbetrag der Einmalzahlung beitragsfrei belassen werden, da eine Umwandlung von laufendem Arbeitsentgelt in Zukunftssicherungsleistungen nicht zu einer Minderung des beitragspflichtigen Arbeitsentgelts führt.

Die Lohnsteuer kann nach § 40b Abs. 2 EStG mit einem Pauschsteuersatz von 20 v. H. erhoben werden, soweit die Zuwendungen die in § 40b Abs. 2 EStG genannte Entgeltgrenze von 1.752 EUR im Kalenderjahr nicht überschreiten.

Sind mehrere Arbeitnehmer gemeinsam in der Pensionskasse versichert, so gilt nach § 40b Abs. 2 Satz 2 EStG als Zuwendung für den einzelnen Arbeitnehmer der Teilbetrag, der sich bei einer Aufteilung der gesamten Zuwendungen durch die Zahl der begünstigten Arbeitnehmer ergibt, wenn dieser Teilbetrag 1.752 EUR nicht übersteigt; hierbei sind Arbeitnehmer, für die Zuwendungen von mehr als 2.148 EUR im Kalenderjahr geleistet werden, nicht einzubeziehen.

7.5.2 Kapitalgedeckte Altersversorgung

Beiträge zu einer kapitalgedeckten Pensionskassenversorgung sind nach § 3 Nr. 63 EStG steuerfrei und bis zu 4 v. H. der Beitragsbemessungsgrenze der allgemeinen Rentenversicherung auch beitragsfrei in der Sozialversicherung. Die Aufwendungen können sowohl aus laufendem Arbeitsentgelt als auch aus Einmalzahlungen finanziert werden.

Zu beachten ist, dass Beiträge zu einer bereits 2004 bestehenden Pensionskasse wie bisher zuerst steuerfrei nach § 3 Nr. 63 EStG und darüber hinaus auch weiterhin nach § 40b EStG a. F. pauschal versteuert werden können. Dafür ist keine gesonderte Erklärung des Arbeitnehmers erforderlich.

7.6 Pensionsfonds

Beiträge zu diesem Durchführungsweg der kapitalgedeckten Altersversorgung sind nach § 3 Nr. 63 EStG steuerfrei und bis zu 4 v. H. der Beitragsbemessungsgrenze der allgemeinen Rentenversicherung auch beitragsfrei in der Sozialversicherung. Die Aufwendungen können sowohl aus laufendem Arbeitsentgelt als auch aus Einmalzahlungen finanziert werden.

7.7   Auswirkungen auf das monatliche Arbeitsentgelt

Bei dem Steuerfreibetrag von 4 v. H. der Beitragsbemessungsgrenze der allgemeinen Rentenversicherung ist zu beachten, dass es sich hierbei um einen echten Freibetrag handelt, d. h., wird ein höheres Arbeitsentgelt umgewandelt, ist nur der übersteigende Betrag sozialversicherungspflichtig.

...

Wurde der Jahresfreibetrag nach § 3 Nr. 63 EStG monatlich nur mit $^1/_{12}$ berücksichtigt und bestand die Beschäftigung nicht im ganzen Jahr, weil die Beschäftigung unterjährig aufgenommen oder beendet wurde, muss der Freibetrag dennoch in voller Höhe in Anspruch genommen werden. Stellt der Arbeitgeber vor der Übermittlung oder Erteilung der Lohnsteuerbescheinigung fest, dass die Steuerfreiheit durch die monatlichen Teilbeträge nicht in vollem Umfang ausgeschöpft worden ist, muss eine ggf. vorgenommene Besteuerung (pauschal oder individuell) der Beiträge rückgängig gemacht werden.

...

7.8   Arbeitgeberbezogener Freibetrag nach § 3 Nr. 63 EStG

Für die Inanspruchnahme der Steuerfreiheit wird ab 1. 1. 2005 auf eine arbeitgeberbezogene Betrachtung umgestellt (siehe unter 6.1). D. h., wechselt der Arbeitnehmer im Laufe des Kalenderjahres sein erstes Dienstverhältnis, kann im neuen Dienstverhältnis der Höchstbetrag des § 3 Nr. 63 EStG erneut in Anspruch genommen werden. Diese Regelung wurde in der Sozialversicherung nachvollzogen. Das in § 2 Abs. 2 Nr. 5 ArEV aufgenommene Wort „insgesamt" bezieht sich lediglich auf die Durchführungswege Pensionsfonds, Pensionskasse und Direktversicherung, die bei einem Arbeitgeber in der Summe mit höchstens 4 v. H. der Beitragsbemessungsgrenze der allgemeinen Rentenversicherung beitragsfrei geleistet werden können.

7.9   Steuerfreibetrag von 1.800 EUR und Vervielfältigungsregelung nach § 3 Nr. 63 Satz 3 und 4 EStG

Zusätzlich zu dem Freibetrag nach § 3 Nr. 63 Satz 1 EStG können nach § 3 Nr. 63 Satz 3 EStG Beiträge, die vom Arbeitgeber auf Grund einer nach dem 31. 12. 2004 erteilten Versorgungszusage in einen Pensionsfonds, eine Pensionskasse oder eine Direktversicherung geleistet werden, bis zur Höhe von 1.800 EUR steuerfrei bleiben (siehe unter 6.2.1). Durch die Bezugnahme in § 2 Abs. 2 Nr. 5 ArEV auf § 3 Nr. 63 Satz 1 und 2 EStG ist klargestellt, dass der Steuerfreibetrag in Höhe von 1.800 EUR in der Sozialversicherung nicht zum Tragen kommt. Dies gilt auch für die mit § 3 Nr. 63 Satz 4 EStG begründete Vervielfältigkeitsregelung, Abfindungszahlungen oder Wertguthaben aus Arbeitszeitkonten steuerfrei für den Aufbau einer kapitalgedeckten betrieblichen Altersvorsorge zu nutzen. Abfindungen für den Verlust des Arbeitsplatzes im Sinne der Rechtsprechung des Bundessozialgerichts vom 21. 2. 1990 – 12 RK 20/88 – (USK 9010) gehören nicht zum Arbeitsentgelt im Sinne der Sozialversicherung.

8   Mehrere Durchführungswege

Werden mehrere Durchführungswege nebeneinander praktiziert (z. B. Direktzusage bzw. Unterstützungskassenversorgung neben Pensionskasse, Pensionsfonds oder Direktversicherung), gelten für jeden Durchführungsweg die in den Gesetzen oder Verordnungen genannten Grenzen. Werden jedoch mehrere in den maßgebenden Einzelvorschriften gemeinsam genannte Durchführungswege wie Direktzusage und Unterstützungskassenversorgung (§§ 14 Abs. 1 Satz 2, 115 SGB IV) oder Pensionskasse, Pensionsfonds und Direktversicherung (§ 2 Abs. 2 Nr. 5 ArEV, § 3 Nr. 63 EStG) nebeneinander praktiziert, kann der Freibetrag je Einzelvorschrift nur ein Mal berücksichtigt werden. Entsprechendes gilt für die Gesamtbeiträge der nach § 40b EStG pauschal versteuerbaren Anlageformen. Dabei zählen § 40b EStG a. F. und § 40b EStG als zwei Vorschriften. Das bedeutet, dass für vor dem 1. 1. 2005 abgeschlossene Direktversicherungen nach § 40b a. F. i. V. m. § 52 Abs. 52a EStG und Pensionskassenzusagen nach dem 31. 12. 2004 im Umlageverfahren (§ 40b EStG) mit jeweils 1.752 EUR pauschal versteuert werden können und bei Erfüllung der Voraussetzungen von § 2 Abs. 1 Nr. 3 ArEV dem Arbeitsentgelt nicht zuzurechnen sind.

Bei einer Kumulierung der maßgebenden Freibeträge berechnet sich demnach der kalenderjährlich maximal anzusetzende Freibetrag eines Arbeitnehmers aus 2 × 4 v. H. der Beitragsbemessungsgrenze der allgemeinen Rentenversicherung sowie aus dem nach § 40b EStG in der jeweils geltenden Fassung pauschal versteuerten Betrag von 2 × 1.752 EUR (2005: 2 × 2.496 EUR + 2 × 1.752 EUR = 8.496 EUR).

Wird eine betriebliche Altersversorgung in mehreren Durchführungswegen finanziert, gelten dadurch ab 2005 jeweils folgende Freibeträge:

Mögliche Durch-führungswege	maximal steuerbe-günstigt je Kalen-derjahr pro erstem Dienstverhältnis	maximal mögliche Sozialversicherungs-freiheit je Kalenderjahr pro erstem Dienstverhältnis	
	§ 3 Nr. 63 EStG = steuerfrei § 40b EStG = pauschale LSt.	bei Arbeitgeberleis-tungen	bis 2008 bei Ent-geltumwandlung
Pensionskasse (Alt-zusage nach Aus-schöpfen der Steu-erfreiheit von § 3 Nr. 63 EStG und Neuzusage bei Um-lageverfahren) mit 20 v. H. pauschal versteuert lt. § 40b EStG a. F. bzw. § 40b EStG Direktversicherung (Altverträge) mit 20 v. H. pauschal versteuert lt. § 40b EStG a. F.	Insgesamt 1.752 EUR pauschal ver-steuerbar, im Ein-zelfall 2.148 EUR, wenn Durchschnitt maximal 1.752 EUR, Vervielfälti-gung bei Austritt (R 129 Abs. 11 LStR) **Ausnahme** Beim Zusammen-treffen von § 40b EStG a. F. und § 40b EStG kann der Betrag von 1.752 EUR je Vor-schrift in Anspruch genommen werden	Insgesamt 1.752 EUR, im Einzelfall 2.148 EUR, wenn Durchschnitt nicht über 1.752 EUR, Vervielfältigung bei Austritt	Aus Einmalzahlun-gen insgesamt 1.752 EUR, im Einzelfall 2.148 EUR, wenn Durchschnitt nicht über 1.752 EUR, Vervielfältigung bei Austritt (§ 2 Abs. 1 Satz 1 Nr. 3 ArEV)
Pensionskasse und Pensionsfonds, (Alt- und Neuzusa-ge) Direktversiche-rung (Neuverträge) lt. § 3 Nr. 63 EStG	Insgesamt 4 % der BBG RV steuerfrei, 2005 = 2.496 EUR plus 1.800 EUR	Insgesamt 4 % der BBG RV, 2005 = 2.496 EUR	Insgesamt 4 % der BBG RV, (§ 2 Abs. 2 Nr. 5 ArEV) 2005 = 2.496 EUR
Direktzusage und/oder Unterstüt-zungskasse (§ 11 EStG)	unbegrenzt steuer-frei (BMF-Schrei-ben vom 4. 2. 2000 und 16. 1. 2001)	unbegrenzt sozial-versicherungsfrei	Insgesamt 4 % der BBG RV, (§ 14 Abs. 1 Satz 2 SGB IV i. V. m. § 115 SGB IV) 2005 = 2.496 EUR

9   Auswirkungen auf das Jahresarbeitsentgelt in der Krankenversicherung

Die unter 7.7 dargestellte Verringerung des beitragspflichtigen Arbeitsentgelts durch Entgeltumwandlungen wirkt sich gleichermaßen bei der Ermittlung des für die Beurteilung der Krankenversicherungspflicht maßgebenden regelmäßigen Jahresarbeitsentgelts aus, d. h., die umgewandelten Entgeltbestandteile bleiben, soweit sie nicht zum beitragspflichtigen Arbeitsentgelt gehören, auch bei der Berechnung des regelmäßigen Jahresarbeitsentgelts im Sinne des § 6 Abs. 1 Nr. 1 i. V. m. Abs. 6 oder Abs. 7 SGB V außer Betracht.

Arbeitnehmer, die wegen Überschreitens der Jahresarbeitsentgeltgrenze krankenversicherungsfrei sind und deren regelmäßiges Jahresarbeitsentgelt auf Grund einer Entgeltumwandlung die auf sie anzuwendende Jahresarbeitsentgeltgrenze nicht mehr übersteigt, werden krankenversicherungspflichtig. Die Krankenversicherungspflicht beginnt bei Umwandlung von Einmalzahlungen mit dem Tag, an dem der Arbeitnehmer die Entgeltumwandlung gegenüber seinem Arbeitgeber wirksam erklärt. Dies gilt auch dann, wenn die Erklärung bereits erhebliche Zeit vor dem erstmaligen Beginn der Entgeltumwandlung abgegeben wird, z. B. wenn bereits zu Beginn eines Kalenderjahres die Umwandlung des im November oder Dezember zustehenden Weihnachtsgeldes erklärt wird. Bei Umwandlung von laufendem Arbeitsentgelt tritt die Krankenversicherungspflicht ggf. mit dem Monat ein, in dem erstmals laufendes Arbeitsentgelt umgewandelt wird.

Sofern die Erklärung zur Entgeltumwandlung widerrufen wird, ist das regelmäßige Jahresarbeitsentgelt vom Zeitpunkt des Widerrufs an neu zu berechnen. Wird auf Grund dieser Neuberechnung die Jahresarbeitsentgeltgrenze überschritten, scheidet der Arbeitnehmer nach § 6 Abs. 4 Satz 1 SGB V mit Ablauf des Kalenderjahres des Widerrufs aus der Krankenversicherungspflicht aus. Dies gilt nach § 6 Abs. 4 Satz 2 SGB V allerdings nicht, wenn das regelmäßige Jahresarbeitsentgelt die vom Beginn des nächsten Kalenderjahres an geltende Jahresarbeitsentgeltgrenze nicht übersteigt.

Die vorstehenden Ausführungen gelten entsprechend, wenn der Arbeitnehmer die Höhe der Entgeltumwandlung verändert.

10   Übertragung von Versorgungsanwartschaften bei Arbeitgeberwechsel (Portabilität)

§ 4 Abs. 2 BetrAVG regelt die Übertragung von Versorgungsanwartschaften und Versorgungsverpflichtungen in Fällen des Arbeitgeberwechsels.

Eine Übertragung der Betriebsrentenanwartschaften kann in der Weise erfolgen, dass entweder die Versorgungszusage vom neuen Arbeitgeber übernommen wird (§ 4 Abs. 2 Nr. 1 BetrAVG) oder der Wert der vom Arbeitnehmer erworbenen unverfallbaren Anwartschaften auf den neuen Arbeitgeber übertragen wird und dieser dem Arbeitnehmer eine dem Übertragungswert wertgleiche Zusage gibt (§ 4 Abs. 2 Nr. 2 BetrAVG). In diesem Fall gelten für die neue Anwartschaft die Regelungen für die Entgeltumwandlung, d. h. diese ist sofort unverfallbar und damit insolvenzgeschützt.

§ 4 Abs. 3 Nr. 1 BetrAVG gibt dem Arbeitnehmer ein Recht auf Übertragung, wenn die betriebliche Altersvorsorge bisher über einen Pensionsfonds, eine Pensionskasse oder eine Direktversicherung durchgeführt worden ist. Um den alten Arbeitgeber und den aufnehmenden neuen Arbeitgeber nicht zu überfordern, kann dieses Recht nur ein Jahr nach dem Ausscheiden beim alten Arbeitgeber geltend gemacht werden und der Anspruch auf Übertragung ist auf Anwartschaften begrenzt, deren Wert die im Jahr der Übertragung geltende Beitragsbemessungsgrenze der allgemeinen Rentenversicherung (2005: 62.400 EUR) nicht übersteigt.

§ 3 Nr. 55 Satz 1 EStG regelt, dass keine steuerlichen Folgerungen aus der Übertragung nach § 4 Abs. 2 Nr. 2 und Abs. 3 BetrAVG gezogen werden und stellt den vom bisherigen Arbeitgeber nach § 4 Abs. 5 BetrAVG gezahlten Übertragungswert steuerfrei, wenn die betriebliche Altersversorgung sowohl beim alten als auch beim neuen Arbeitgeber bei einem Pensionsfonds, einer Pensionskasse oder einer Direktversicherung durchgeführt wird. Auf Grund dieser Steuerfreiheit handelt es sich bei dem Übertragungswert nicht um Arbeitsentgelt im Sinne der Sozialversicherung (§ 1 ArEV).

XXII.
Zahlen zur betrieblichen Altersversorgung

Grenzbeträge / Obergrenzen im Jahr 2005 – Ein Überblick

	EURO
Lohnsteuer-Pauschalierung bei Direktversicherungen (§ 40b EStG)	
Höchstbetrag im Kalenderjahr je Arbeitnehmer	1.752
bei Durchschnittsberechung möglich bis zu (je Arbeitnehmer)	2.148
Beitragsbemessungsgrenze in der GRV	
pro Jahr (West)	62.400
4% der BBG pro Jahr (West)	2.496
pro Monat (West)	5.200
4% der BBG pro Monat (West)	208
Bezugsgröße (§ **18 SGB IV**)	
West / Jahr	28.980
West / Monat	2.415
1/160stel der Bezugsgröße West (§ **1a Abs. 1 S. 4 BetrAVG**)	181,13
Abfindungs-Höchstbeträge (§ **3 BetrAVG**)	
laufende Leistungen: 1 % der Bezugsgröße (West)	24,15
Kapitalleistung: 12/10 der Bezugsgröße (West)	2.904
Höchstgrenze der Insolvensicherung (§ **7 Abs. 3 BetrAVG**)	
West	7.245
Steuerfreie Abfindungen (§ **3 Nr. 9 EStG**) allgemein	7.200
ab 50. Lebensjahr/15 Dienstjahre	9.000
ab 55. Lebensjahr/20 Dienstjahre	11.000
Höchstgrenze des Übertragungswertes (§ **4 Abs. 3 S. 1 Nr. 2 BetrAVG**)	62.400
Zusätzlicher Freiraum im Rahmen von § **3 Nr. 63 EStG**	1.800